高质量发展阶段
学校办学自主权研究

蒲 蕊 著

国家社会科学基金重点项目研究成果

科学出版社

北京

内 容 简 介

转向高质量发展阶段要办好人民满意的教育，建设高质量教育体系，培养德智体美劳全面发展的社会主义建设者和接班人，中小学亟待持续增强自身的办学活力，提升自主办学、依法治校的能力。本书立足于我国高质量发展的阶段性特征，从法律、行政、组织、伦理、教育等多维视角对中小学校办学自主权开展全方位探讨。本书力图通过系统研究，明晰学校办学自主权的来源及边界，总结改革开放以来我国落实和扩大学校办学自主权的主要政策动态及实践经验，系统分析学校办学自主权落实现状、难点问题及影响因素，详细梳理当前西方发达国家教育分权与学校自主管理改革的主要趋势，提出具有中国特色的落实和扩大学校办学自主权的机制创新策略。

本书适合教育研究者、教育行政管理者、中小学校长、教育类专业的本科生和研究生、中小学教师参考阅读。

图书在版编目（CIP）数据

高质量发展阶段学校办学自主权研究 / 蒲蕊著. —北京：科学出版社，2024.1

ISBN 978-7-03-077444-6

Ⅰ. ①高…　Ⅱ. ①蒲…　Ⅲ. ①中小学-学校管理-研究-中国　Ⅳ. ①G637

中国国家版本馆 CIP 数据核字（2023）第 253007 号

责任编辑：郝　悦 / 责任校对：贾娜娜
责任印制：张　伟 / 封面设计：有道设计

科 学 出 版 社 出版

北京东黄城根北街 16 号
邮政编码：100717
http://www.sciencep.com

北京盛通数码印刷有限公司 印刷
科学出版社发行　各地新华书店经销

*

2024 年 1 月第　一　版　开本：720 × 1000　1/16
2024 年 1 月第一次印刷　印张：14
字数：282 000

定价：152.00 元
（如有印装质量问题，我社负责调换）

序

蒲蕊与我有师生之缘，一九九九年在全国教育学研究会的上海年会之际，她不远千里来访，表达寻师深造之意，历经努力终遂心愿。读博期间，她刻苦用功，深入思研，时常夜以继日，孜孜以求，颇有成效，在《教育研究》上初露锋芒，引人瞩目。毕业后，任教于武汉大学教育科学学院，专攻教育管理，兼教育科学学院副院长，她在多年艰苦历练中奋发成长。教学与工作俱佳，科研成效尤为显著，《高质量发展阶段学校办学自主权研究》便是闪光的一例。她邀请我为该文作序，我年事已高，思想迟钝，难当重任，但师生情深，既可相互学习、交流，又能相互促进，也是一大幸事，故我欣然同意。

写作的立意，即确定其中心思想或主题，是写作首先要解决的根本问题。蒲蕊积二十余年长期学习、思研及考察之经验，敲定"高质量发展阶段学校办学自主权研究"为写作主题，是慎重的、有基础的，是经过长期关注与深入思考确定的，该主题也是富有理论新意和实践参照价值的。公办中小学自主权问题一直是教育管理学关注的一个基本问题。当然，办好学校首先要靠党和政府的领导，社会各方面的关怀、支持，但是，弘扬学校自身内在蕴含的活力也特别重要。学校是育人的专门组织机构，引导文化、知识、品行、能力传承的校长与教师，以及其带动下生动活泼、主动发育成长的学生，都是具有能动性、自主性的人。随着社会主义现代化的迅猛发展，人们的民主意识迅速提升，在处理复杂的学校工作运转与发展，多种变化的人际关系协调，以及校内外各种关联的帮扶与协作，都迫切需要学校拥有相当自主的不可替代的自主权。当前欣逢百年未有之大变局，研究和改进学校自主办学权也成为办好学校举足轻重的问题。

新中国成立后，党和政府一贯高度重视加强与改进教育系统及学校的领导和管理，在总结长期实践经验的基础上，包含学校自主管理权在内，对教育与学校领导管理逐步做出了明确的政策规定。2010 年 7 月，《国家中长期教育改革和发展规划纲要（2010—2020 年）》中明确指出"推进政校分开、管办分离。适应中国国情和时代要求，建设依法办学、自主管理、民主监督、社会参与的现代学校制度，构建政府、学校、社会之间新型关系"。十八届三中全会通过的《中共中央关于全面深化改革若干重大问题的决定》又将"深入推进管办评分离，扩大省级政府教育统筹权和学校办学自主权，完善学校内部治理结构"作为教育领域综合改革的重要内容。为了进一步深化"放管服"改革，激发中小学校办学活力，

2020 年发布的《教育部等八部门关于进一步激发中小学办学活力的若干意见》，强调了"保障学校办学自主权"和"增强学校办学内生动力"。特别是党的二十大报告明确提出，"落实立德树人根本任务，培养德智体美劳全面发展的社会主义建设者和接班人"，"加快建设高质量教育体系"[①]。这均需要发挥学校的办学自主性、积极性和创造性，激活学校办学的内在活力。

该书的著述颇有章法，目的明确，论述清晰，理论厚实。紧紧围绕中小学办学自主权这个基本概念，对其来源、边界、内涵，以及行使的现状、成效和困惑等问题进行了系统的论述和深刻的分析。注重理论基础的探讨与阐释，从法律、行政、组织、伦理及教育等多维度阐明了学校作为专业性组织、法人组织、公共性组织的特性；论证了学校办学自主权的法律授权、行政委托、专业赋权的权力基础。同时，考察分析了学校办学自主权的行使必将受到学校外部和内部的约束与规范。这些论述系统、全面、深入，有理有据，富有创新，是该书理论阐述上的精华。

该书注重总结改革开放以来我国落实及改进学校办学自主权的主要政策、举措及主要的经验。用实证方法研究分析学校办学自主权落实的现状、难点、问题及影响因素，并梳理了当前西方主要国家教育分权与学校自主管理改进的主要举措与趋势。这些论述和见解，富有实际内涵、可信度和时代新意，富有研究与参照价值。

有关学校办学自主权问题的研究，不仅有难度，而且易生顾忌，但作者本着无所畏惧的科学精神攻坚克难深入研究，作出了敢为人先、富有价值的科研成果，值得学习与肯定。我相信该本著作的出版，将会引发学界和中小学教育工作者的进一步思考与研究，也为教育政策的制定者与中小学校长等管理人员解决工作问题提供丰富的资源和理论的参照。当然，该书中对学校办学自主权方面的研究也还有一些可以进一步深化的空间，期盼作者能在今后的学术道路上，继续深化对这一问题的研究。

郭文安

2023 年 1 月

---

① 高举中国特色社会主义伟大旗帜 为全面建设社会主义现代化国家而团结奋斗——在中国共产党第二十次全国代表大会上的报告，https://www.gov.cn/xinwen/2022-10/25/content_5721685.htm[2023-10-24].

目　　录

第一章　绪　　论

第一节　问题提出与研究意义

自 1985 年出台的《中共中央关于教育体制改革的决定》首次在国家文件中提出"实行简政放权，扩大学校的办学自主权"以来，政府简政放权、落实和扩大学校办学自主权逐渐成为我国教育管理体制改革的重要内容。1995 年 3 月 18 日，第八届全国人民代表大会第三次会议通过了《中华人民共和国教育法》，2021 年进行了第三次修正，其第二十九条明确规定了学校及其他教育机构拥有的九项权利。这九项权利通常被称为学校办学自主权的内容，也是落实和扩大学校办学自主权的法律依据。

党的十八大以来，在习近平新时代中国特色社会主义思想指导下，为了实现社会主义现代化和中华民族伟大复兴的总目标，教育管理体制开始了全方位系统化改革，管办评分离、落实和扩大中小学办学自主权得以进一步推进。十八届三中全会通过的《中共中央关于全面深化改革若干重大问题的决定》，明确指出"深入推进管办评分离，扩大省级政府教育统筹权和学校办学自主权，完善学校内部治理结构"。其后，教育部出台多个落实和扩大中小学办学自主权方面的政策，如2015 年出台的《关于深入推进教育管办评分离促进政府职能转变的若干意见》、2017 年教育部印发的《义务教育学校管理标准》、2020 年发布的《教育部等八部门关于进一步激发中小学办学活力的若干意见》。

纵观三十多年来我国落实和扩大中小学办学自主权的改革实践，在取得诸多进展的同时，由于缺乏明确的学校办学自主权边界及政府简政放权方面的相关法律依据和放权标准，面临的困境及挑战也不容忽视：一方面，为避免"一放就乱"，学校的办学自主权一直没有得到有效落实，一些基本办学自主权不升反降；另一方面，尽管学校章程建设及学校内部治理不断推进，但是依章程办学的意识未深入人心、学校章程的法律效力在执行中被漠视、章程建设缺乏民主有效的监督，学校治理结构尚需优化。

我国教育改革发展已经进入新的历史阶段。要将学校办学自主权落到实处，以此激发学校的办学活力，建立高质量教育体系，培养德智体美劳全面发展的社会主义建设者和接班人，必须系统研究学校的办学自主权，厘清政府与学校间的关系及其权责边界，探析学校办学自主权的来源及其行使，探索适合我国教育发展与改革实践落实及扩大学校办学自主权的机制体系。所以，本书选择公办普通中小学校（包括小学、初中和高中，不涉及民办学校和高等院校）办学自主权开展系统研究，具有重要的政策价值、理论价值和实践价值。

第一，政策价值。2010 年颁布实施的《国家中长期教育改革和发展规划纲要（2010—2020 年）》明确提出"推进政校分开、管办分离""建设依法办学、自主管理、民主监督、社会参与的现代学校制度，构建政府、学校、社会之间新型关系"。十八届三中全会通过的《中共中央关于全面深化改革若干重大问题的决定》将"深入推进管办评分离，扩大省级政府教育统筹权和学校办学自主权，完善学校内部治理结构"作为教育领域综合改革的重要内容。十八届四中全会决议提出全面推进依法治国的重大战略。《中华人民共和国国民经济和社会发展第十四个五年规划和 2035 年远景目标纲要》明确提出了"建设高质量教育体系"，并将"落实和扩大学校办学自主权，完善学校内部治理结构，有序引导社会参与学校治理"作为建设高质量教育体系的重要内容。这就意味着，"十四五"期间，高质量教育体系的建设需要政府继续推进"简政放权、放管结合"，落实并扩大学校的办学自主权。为此，需要研究政府与学校的法律关系、行政关系，明确学校办学自主权的边界，构建中国特色的学校办学自主权落实的机制体系，为政府依法管理教育和学校依法自主办学提供科学依据。

第二，理论价值。我国学校办学长期存在对学校管得太多、干扰太多、激励不够、保障不够等突出问题，主要原因之一是没有研究好政府和学校之间的权力关系及其限度，没有厘清政府该管什么、该放什么，学校该有哪些办学自主权及如何行使这些自主权。因此，本书立足新的历史发展阶段，围绕政府与学校的权力关系，从法律、行政、组织和伦理等维度，在教育治理体系和治理能力现代化的语境下，从公办中小学校的性质与功能出发，阐释学校办学自主权的来源，界定办学自主权的边界，分析办学自主权行使与构成内容及其影响因素，在总结现阶段我国学校办学自主权落实改革经验、存在问题及借鉴西方发达国家教育分权改革与学校自主管理有益经验的基础上，构建具有中国特色的、落实和扩大学校办学自主权的机制体系。这些研究不仅是对学校管理难题的突破，也是对我国教育管理理论的丰富和发展。

第三，实践价值。明确政府和学校的权力关系、权力边界是政府依法治教、学校依法自主办学的前提和基础，也是创新型人才培养和经济社会发展的需要，构建具有中国特色的、落实和扩大学校办学自主权的机制体系同样是保障学校办学自主权有效实施的根据。当前学校管理活动的复杂性、权利义务关系的多样性显著增强，不仅需要学校更为灵活自主，同时需要来自学校外部的更为有效的监督和支持。因此，本书在界定学校办学自主权边界及政府与学校的权责关系的基础上，采用质化与量化相结合的研究方法，分析我国学校办学自主权落实现状、进展、存在问题，进而构建具有中国特色的、落实和扩大学校办学自主权的机制体系。这些研究可以为构建政府、学校与社会的新型关系，政府转变管理学校的方式和手段，学校依法自主办学的改革实践提供有益的指导。

第二节　国内外相关研究的学术史梳理及研究动态

为探究国内外有关学校办学自主权的研究情况，把握国内外学校办学自主权的研究趋势，研究采用 CiteSpace 工具，以 CNKI[①]和 Web of Science[②]核心合集中学校办学自主权的相关文献为研究对象，通过对文献进行数据描述、机构合作分析、关键词聚类分析及突现词分析等，对国内外 1985 年至 2020 年间学校办学自主权的相关文献进行系统梳理，把握国内外有关学校办学自主权方面的研究热点和研究趋势，以便为本书奠定理论基础。

一、数据分析

研究对国外的 WOS 核心合集数据库和国内的 CNKI 数据库进行检索，获得的数据样本在一定程度上能反映国内外相关主题的研究情况。

在 WOS 中选择"WOS 核心合集"，使用高级检索，设置检索式为（TS[③] ="school autonomy" OR TS ="school based management" OR TS ="site based management"）AND 语种 =（English）AND 文献类型 =（Article），时间跨度为 1985 年至 2020 年，选择的期刊来源为 SSCI[④]和 SCI-Expanded[⑤]，由此共检索到 343 篇外文文献，手工剔除文献 20 篇，用于分析的文献共有 323 篇，作为研究的样本。

国内的文献数据选择 CNKI 数据库为对象，在 CNKI 数据库中设置检索式为（主题 ="学校自主" OR 主题 ="校本管理" OR 主题 ="办学自主权"），时间跨度为 1985 年至 2020 年，选择的期刊来源为 CSSCI[⑥]和北大中文核心期刊，由此共检索到 612 篇中文文献，手工剔除文献 146 篇，用于分析的文献共有 466 篇，作为研究的样本。

---

① CNKI 数据库全称为 China National Knowledge Infrastructure，中文名为中国知网。本书中提到的 CNKI 均为该数据库名称。

② Web of Science 简称 WOS，中文名称为科学文献数据库。本书中提到的 WOS 均为该数据库名称。

③ TS 表示包含文摘和关键词的信息。

④ SSCI 数据库全称为 Social Science Citation Index，中文名为社会科学引文索引。本书中提到的 SSCI 均为该数据库名称。

⑤ SCI-Expanded 数据库全称为 Science Citation Index Expanded，中文名为科学引文索引扩展。本书中提到的 SCI-Expanded 均为该数据库名称。

⑥ CSSCI 数据库全称为 Chinese Social Sciences Citation Index，中文名为中文社会科学引文索引。本书中提到的 CSSCI 均为该数据库名称。

（一）发文量趋势分析

外文文献从 1986～1995 年逐步发展到顶峰，1995 年的文献数量为 14 篇。1996～2006 年发展波动较大，其中 2001～2002 年文献数量仅有 4 篇。2007～2017 年外文文献数量整体处于增长阶段，2016 年有关学校自主或校本管理的文献数量达到历史最高，为 32 篇。2018～2020 年，平均发文量为 25 篇，2020 年发文量突破历史最高值，达到 35 篇。

国内关于"学校自主""校本管理""办学自主权"的研究起步较晚。1985～1995 年，累计发表文章数量 9 篇，1994 年数量最多，为 6 篇。1996～2006 年，发文量处于快速增长阶段，并于 2004 年达到了历史发文量峰值，该年发表的文献数量为 44 篇。2007～2017 年，相关文献的发表数量有所回落，但发文量仍然较多，如 2013 年发文量最低，文献数为 13 篇。2018～2020 年国内文献数量波动较大，2019 年出现增长小高峰，相关的文献数量为 16 篇。

结合以上分析和图 1.1，国内有关学校自主方面的研究起步要晚于国外，国内从 1992 年开始关注这一领域的问题，国外于 1995 年已出现一次高峰时期，发文量为 14 篇。我国从 2000 年至 2015 年发文量始终高于国外对这一领域的研究，国内外发文量从 2009 年到 2013 年均呈现出下降趋势，国外由 10 篇降为 6 篇，国内由 31 篇降为 13 篇。从 2016 年至 2020 年，学校自主这一主题仍然是研究的热点所在，国外在此期间发文量增长迅速，且高于国内研究数量，并于 2020 年达到峰值 35 篇。从整体上来看，国内外有关学校办学自主权和办学自主这一主题研究的发文量自进入 21 世纪后，增长速度尤为明显，凸显了国内外对该主题研究的关注度。

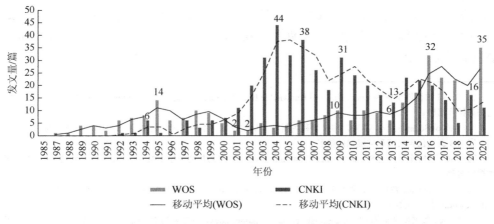

图 1.1　发文量随时间变化趋势图

（二）国家发文数量分析

从图 1.2 可以看出，美国的发文数量占比 36.8%，超过全球关于学校办学自主相关研究总量的 1/3。其次是英国，占比 16.1%。澳大利亚、中国、德国对办学自主的研究分别占比 9.9%、5.6%、5.3%。以色列、荷兰、西班牙、比利时等国家的发文数量位于全球前十，其他的国家，如南非、韩国、加拿大等发文量累计占比12.7%。由此可以看出，在学校自主领域的研究上，美国占据主导地位，对学校自主或校本管理的研究与发展具有显著的影响。

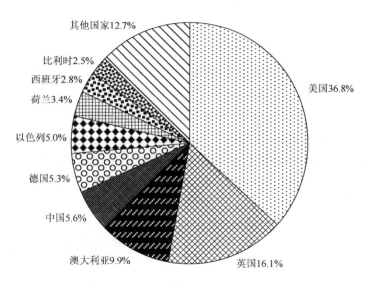

图 1.2 各个国家发文量占比分布图

图中为经过四舍五入的数据，可能存在合计数不等于 100%的情况

（三）研究机构发表文章情况分析

本章对 WOS 和 CNKI 文献中机构发文及合作情况进行了分析。设置 time slice（时间切片）为 10，选择 institution（机构），共生成节点 24 个，5 条连线，将 threshold 的值设为 3，将英文大小写表示的同类机构进行合并，显示 threshold ≥3 的节点后得到图 1.3，共有节点 13 个，4 条连线。图 1.3 中节点大小表示机构发文的频次，节点之间的连线表示机构之间的合作，连线的粗细程度反映机构之间合作的强弱。

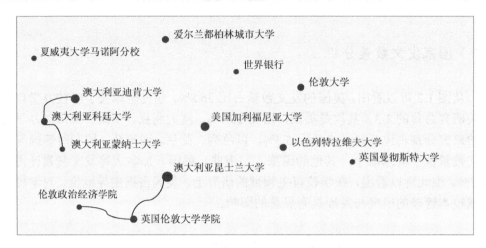

图 1.3 WOS 文献中机构合作分布图

从整体上来看，国外研究机构发表文章次数最多的为澳大利亚的昆士兰大学（University of Queensland）（8 次），澳大利亚迪肯大学（Deakin University）（6 次）、美国的加利福尼亚大学（University California）（6 次）位于其次。其他机构，如澳大利亚科廷大学（Curtin University）、爱尔兰都柏林城市大学（Dublin City University）、以色列特拉维夫大学（Tel Aviv University）、英国伦敦大学学院（University College London）等，发文次数均为 5 次。还有一些机构，如夏威夷大学马诺阿分校、英国曼彻斯特大学等发文次数大于等于 3 次。其中，澳大利亚迪肯大学与澳大利亚科廷大学、澳大利亚蒙纳士大学合作发表过文章；澳大利亚昆士兰大学、英国伦敦大学学院、伦敦政治经济学院联合发表过文章。

设置 time slice（时间切片）为 10，选择 institution（机构），共生成节点 51 个，8 条连线，将 threshold 的值设为 3，显示 threshold≥2 的节点后得到图 1.4。图中节点大小表示机构发文的频次，节点之间的连线表示机构之间的合作，连线的粗细程度反映了机构之间合作的强弱。从整体上来看，发文次数最多的研究机构为北京师范大学教育管理学院（10 次），北京师范大学教育学部（7 次）、首都师范大学教育科学学院（6 次）、华东师范大学教育管理学系（6 次）及华中师范大学教育学院（5 次）紧随其后。其他机构，如华东师范大学教育学系、华东师范大学课程与教学研究所、福建师范大学教育科学与技术学院、北京教育科学研究院等，发文次数均为 4 次。其中，北京师范大学中国基础教育质量监测协同创新中心与北京市十一学校有过合作，四川师范大学教育科学学院与中央教育科学研究所有研究合作，华东师范大学教育学部与华东师范大学基础教育改革与发展研究所联合发表过文章。

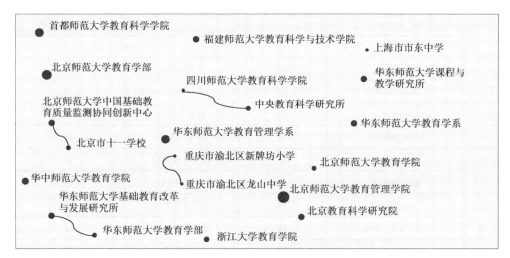

图 1.4 CNKI 文献中机构合作分布图

总之，从国内外研究机构发表文章情况来看，有关学校办学自主权研究的机构以大学为主，如国外的昆士兰大学、迪肯大学、加利福尼亚大学、伦敦大学学院等，国内的北京师范大学、华东师范大学、首都师范大学、华中师范大学等。此外，国外以大学之间的合作为主，国内研究包含高校之间、高校与中小学及中小学之间等多元合作模式。但整体而言，研究群体较为独立，尚未形成较大范围的机构合作群体。

二、研究热点分析

从表 1.1 可以看出，WOS 中出现的高频关键词主要有 school autonomy（学校自主）、school based management（校本管理）、education（教育）、leadership（领导）、reform（改革）、accountability（问责制）、policy（政策）、governance（治理）、autonomy（自主）、decentralization（分权或非集中化）、management（管理）、impact（影响）、achievement（成绩）、principle（原则）、performance（绩效）等。从 CiteSpace 提取的高频关键词来看，与当前学校自主或校本管理的研究主题或趋势基本匹配。

表 1.1 国内外高频热点关键词

序号	WOS		CNKI	
	高频关键词	频次	高频关键词	频次
1	school autonomy	55	校本管理	134
2	school based management	51	学校自主发展	22
3	education	41	中小学	16

续表

序号	WOS		CNKI	
	高频关键词	频次	高频关键词	频次
4	leadership	33	校本培训	16
5	reform	32	校长负责制	16
6	accountability	32	办学自主权	14
7	policy	31	教育行政部门	13
8	governance	30	权力下放	13
9	autonomy	29	校本研究	13
10	decentralization	28	现代学校制度	12
11	management	22	学校管理	11
12	impact	22	学校自主办学	11
13	achievement	21	学校变革	11
14	principle	18	学校自主管理	9
15	performance	18	校本课程开发	9

CNKI 中出现的高频关键词主要有校本管理、学校自主发展、中小学、校本培训、校长负责制、办学自主权、教育行政部门、权力下放、校本研究、现代学校制度、学校管理、学校自主办学、学校变革、学校自主管理、校本课程开发等。

三、关键词共现分析

（一）国外文献关键词共现分析

使用 CiteSpace 5.1.R8，对 WOS 中主题词为"school autonomy" OR "school based management" OR "site based management"，发表时间为 1985 年到 2020 年的题录信息展开关键词的聚类分析。

通过反复尝试，当选择 topN = 50%，采用最小生成树（minimum spanning tree）对其进行剪枝处理时，构建的关键词聚类表现出比较好的性能。其中，Modularity = 0.623（大于 0.4 说明聚类之间差异显著）；Mean Silhouette = 0.8042（大于 0.7，说明同一聚类内部的同质性较高）。如图 1.5 所示，一共形成 8 个关键词聚类。

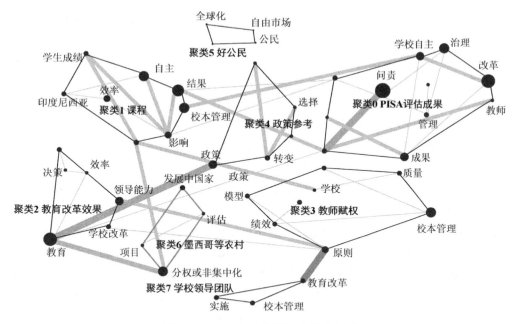

图 1.5 WOS 文献关键词聚类分布图

　　第一，在聚类 0 中，提取的主题关键词为 PISA 评估成果（achievement），与之相关的关键词最多，如管理（management）、成果（achievement）、问责（accountability）等。研究中针对学校自主成效的检测，主要是以学生成绩的提高程度作为衡量的标准。PISA（program for international student assessment）是一项由经济合作与发展组织实施的大型学生学习质量比较研究项目，测试对象为各国正在学校就读的 15 岁少年，以卷面方式从阅读能力、数学能力和科学素养三个方面进行测试。在国际研究中，通常将学生的 PISA 测试成绩与学校管理、自主权、制度等方面联系在一起。Fuchs 和 Woessmann（2004）指出学生绩效不仅与外部考试和预算机制有关，还与学校在选择课本、招聘教师和校内预算分配方面的自主性有关联。Verschelde 等（2015）将 PISA 2006 年学校水平和学生水平的详细数据与半参数层次模型相结合，发现学校工作人员的自主性对教育绩效具有很大的促进作用。Dumay 和 Dupriez（2014）通过对 2006 年 PISA 数据库的二次分析得出的结论是：准市场调节（学校自主和招生竞争）与有效性无关，反而与学校的社会构成和学生成就之间的联系更紧密。

　　Wöβmann（2003）通过研究总结了对学生的成绩有积极影响的学校因素，包括集中考核和控制机制、学校人事和程序决策自主权、教师个人对教学方法的影响、教师工会对课程范围的影响、对学生成绩的审查及来自私立学校的竞争。Herbst 和 Wojciuk（2017）则运用 PISA 数据，指出国家教育体制改革方式之间的差异主要体现在教育分权模式、学校自治水平、问责制和资助机制等方面，而这可能会促成捷克、斯洛伐克、匈牙利和波兰在 PISA 项目中取得不同的成就。Yi（2015）对韩国学校的研究表明，问责制对学生数学成绩的影响不显著，而学校在课程和评估方面的自主权与数学成绩有着积极的关系。还有学者通过2000～2009 年的 PISA 面板数据，指出学校自主性对不同发展水平国家的适用性：自主性在发展中国家和低效率国家对学生成绩有负面影响，但在发达国家和高效率国家则呈现积极的态势。以上研究均表明，学校办学自主权和自主办学对学生学业成就与教育绩效有巨大的积极作用。

　　第二，聚类 1 强调的是学校自主或校本管理的课程与经验方面的内容，包含的关键词有自主（autonomy）、影响（impact）、结果（outcome）、学生成绩（student achievement）等。例如，Fairbrother 和 Kennedy（2011）提出公民教育改革者应该考虑限制课程实施中的学校自治的成本。Salas-Velasco（2020）通过随机前沿分析（stochastic frontier analysis，SFA）结果表明：学校自主权、学校对资源分配权的提升与效率提高相关。政府可以通过赋予公立学校更大的自治权（基于学校的管理），激发教师士气，提高学校效率。马来西亚政府试图在选定的公立学校中进一步分散自治权，这标志着该国家自独立后其集中式教育结构的转变。Lee 和 Samuela（2020）通过研究指出可通过权力下放方式进行重新授权。Arar 和 Nasra（2018）指出学校自我管理的各个方面（决策、资源和人事管理、资源的可用性和组织结构）与学校效能之间存在正相关关系。Urbanovic 等（2019）通过定性研究分析立陶宛不同地区的 24 名中小学校长，调研结果表明：对学校之间关系的重大影响来自与学校自治、学校选择、资金分配、学校排名等相关的政府决策。

　　Yamauchi（2014）评估了校本管理对菲律宾学生考试成绩的影响结果，指出：实行校本管理后在三年内全国平均测试成绩提高了 4.2 分，数学增加了 5.7 分。Khattri 等（2012）对菲律宾学校的数据分析结果表明：参与校本管理的平均成绩总体综合得分高 1.5 个百分点，数学成绩高 1.2 个百分点，英语成绩高 1.4 个百分点，科学成绩高 1.8 个百分点。这些结果表明，引入校本管理对菲律宾 23 个学区的平均学校考试成绩具有统计学意义，尽管很小，总体上也有积极影响。Kameshwara 等（2020）基于 2015 年 PISA 数据，分析认为权力下放可能更多是虚假承诺和无效措施。Hahn 等（2018）指出私立学校在人事决策方面具有更大的灵活性，其校长和老师面临更强的绩效激励。同时，私立高中比公立高中学生成绩表现更好，对学生具有积极影响，这一结论可由人事决定权的自主性解释。

　　Hoque 等（2011）研究了领导者角色对制度改进的影响，指出如果校长特别强调战略规划、支持性和综合性角色，减少对共同决策的重视，则可以实现显著的学校改进。Witziers 等（2003）重新探讨了校长领导对学生成绩可能产生的影响，并采用定量分析的方式评估了校长直接影响学生成绩的程度。Shin 等（2013）分析了韩国、墨西哥和美国的校长感知领导水平、学校自主性、考试成绩与学生阅读素养之间的关系。研究发现，阅读素养和学习成绩之间存在着正相关的关系，学生成绩与资源匮乏之间存在负相关关系。社会、经济、文化地位与阅读素养呈正相关关系。West 等（2010）通过比较德国和英国的权力下放与学生成绩之间的关系，发现通过权力下放而推行的某些政策可能与不同的教育成果相关联。Marks 和 Louis（1997）指出教师赋权可以通过学校组织间接地影响教学质量和学生的学习成绩。德国的学校治理新方法包含教师协作（在具有高度自主权的情况下进行专业自我调节）和校长个性化的员工发展（在具有责任感的管理型自我调节意义上）两个方面。Bach 等（2020）对 658 名教师和校长的调查结果显示，学校的改善和效能，在很大程度上取决于教师不断发展他们的专业能力。

第三，聚类 2 强调的是各国教育改革的效果，强调了校长和教育部门在这一改革进程中的关键作用。聚类中包含的关键词有学校改革（school reform）、效率（efficiency）、领导能力（leadership）等。Malen（1994）在研究中强调，校本管理除了可以提高学校表现的能力之外，还可以加强该地区处理冲突和保持合法性的能力。Hess（1999）分析了芝加哥的校本管理改革，发现成功的校本管理改革包括三个基本组成部分：一是要提高教师对学生的期望；二是让学校采取不同的方式，包括额外的资源、提高教师的能力，以显著提高教学水平；三是仅以学校为基础的管理并不足以使所有学校都有进步，还需要强化问责制。Woods 和 Simkins（2014）认为，英国结构性改革的目的是希望建立一个公立资助的独立学校的完整体系。在教育政策趋势的背景下制定联合政府的政策，阐释这些政策如何与学校自治、中央控制和多元化的规定相联系，并逐步将其理论化，进而从治理、合法性及机构的多样化方面构建改革的经验框架。Botha（2013）梳理了南非的教育改革经验，指出各国正在转变教育制度，学校领导的角色和期望也发生了变化，校长不能再单纯地以古老而传统的方式领导，学校需要有创造性的领导力。基于改革发展，未来根据学校的特殊需要，校长将会获得更多自主权来领导和指导学校发展（Addi-Raccah and Gavish，2010）。Ezenwaji 等（2019）的调查结果显示校本管理委员会增强了埃努古州公立中学的办学质量。政府应该让校长们了解校本管理委员会的作用，以确保尼日利亚埃努古州公立中学的质量。澳大利亚通过最新版本的独立公立学校使学校领导者在工作方面拥有更大的自由度（Gobby et al.，2018）。

Addi-Raccah 和 Gavish（2010）指出学校改革权下放后，学校与环境的关系与过去相比呈现出更加活跃和多元化的变化。在校长看来，学校与教育部门之间的权力关系是互惠的。校长有兴趣与地方教育当局建立良好和紧密的关系，以获得地方教育当局对学校的财政和教育资源支持。这种做法间接增强了教育部门在学校的权力，但同时学校也会通过参与地方层面有关学校问题的决策影响教育部门。Swanepoel（2008）指出，虽然校本管理最近已成为实现决策权力下放到学校层面的工具，但校长对自身领导角色的期望及其对教师专业角色履行程度的判断会影响其让教师参与课堂外更多责任的决定。实证调查结果显示，校长和教师对彼此参与校本管理的态度与意愿存在误解，校长对教师参与校本管理的期望低于教师实际参与的意愿，同样，教师对校长参与校本管理的期望也低于校长实际的支持程度。校长与教师之间的误解会对实际的校本管理及教育改革的总体实施产生一定影响和阻碍。Smith 和 Rowley（2005）研究则表明：通过增强教师参与同教学相关的专业进修和提高教师队伍的稳定性对于拥有更强组织承诺策略的学校可能更容易实现其改革目标。校本管理推动了校长决策权的出现，学校理事会的高度参与有助于提供更好的教学环境。也就是说，有效实施校本管理政策与更健康的教学环境和学生学习成绩提高密切相关（Bandur，2018）。

第四，聚类 3 凸显的主题是教师赋权。聚类中包含的关键词有校本管理（school based management）、质量（quality）、绩效（performance）等。Verschelde 等（2015）指出学校工作人员的自主性对教育绩效具有很大的积极作用。Wan（2005）通过研究为学校领导提出了一个有效实施教师赋权的战略组合。这个组合分为三个级别：教师、管理员和学校级别。在每个层面上，确定了赋权的基础，并讨论了赋权的行动。Marks 和 Louis（1999）通过多层次的分析发现，组织学习与教师赋权之间存在着强有力的一致性关系。教师赋权和其他改革目标之间的关系表明：①赋权似乎是获得教师工作方式和教学实践真正改变的重要而非充分的条件；②赋权对课堂实践的影响取决于教师影响力的着重点；③教师赋权通过学校组织的指导间接地影响教学质量和学生学习成绩。Hanushek 等（2013）认为自主可能有利于学生在完善的系统中取得成绩，但在低效的系统中是有害的。同时，也有研究表明，学校不应该放弃实施有效的学校管理以追求教师赋权和自治实验所带来的不确定目标（Taylor and Levine，1991）。英国当前的举措极大程度地促进了学校的自主权，再加上严格的、集中的问责制，因此，Earley 等（2016）指出应加强外部机构对学校领导人的监督。他们认为外部顾问发挥了重要朋友的作用，良好的治理是有效的校长绩效管理的核心，它们两者是互补的。外部顾问的作用在帮助理事机构确定校长目标和决定薪酬与加薪方面表现得尤其明显。

第五，聚类 4 是关于政策参考部分的内容，涉及的关键词有转变（transition）、选择（choice）、政策（policy）等。这部分的内容主要涉及各个国家在推行学校改革发展的过程中出台的一些政策文本。同时也包括不同国家在不同的发展时期为了更好地促进学校发展，而采取的改革政策和措施。Wohlstetter 和 Odden（1992）强调未来的政策和研究应该扩大校本管理的范围，不仅将预算、人事和课程决定委托给学校，而且应将校本管理作为一项治理改革以及课程和教学改革，以提高改进教育实践的可能性。奥地利的学校自治政策允许学校制定具体的课程概况，其权力下放政策尽管没有明确的基于市场的方法，但推动了学校之间的竞争性协调，使得学校和班级出现分化和层级化，为学生的选择提供了新的切合实际的机会（Altrichter et al.，2014）。Khattri 等（2012）建议校本管理下一步研究的顺序是回答有关改革的政策相关问题，包括改革的哪些方面会产生预期的结果，对亚洲人群有不同的影响吗，教育改革存在的潜在缺点是什么。Liu 等（2020）指出学校自治对教育包容性的影响并不统一，并且取决于学校以前的表现和社会经济构成。

　　第六，聚类 5 是对好公民的关注，其中包含的关键词有全球化（globalization）、自由市场（free market）、公民（citizens）等。Shatkin 和 Gershberg（2007）认为，如果家长在学校能够获得有意义的决策权力，非政府组织为家长提供培训和宣传，校长积极推动家长参与，可能实现家长和社区参与学校管理对社区发展产生积极影响的结果。同时，也有利于增加公民民主参与学校的运作。然而，让外行更多地参与公立学校管理的情况，容易产生企图把商业文化带到学校，减少职业教育者对教育影响力量的隐患。Verger 和 Curran（2014）肯定了新公共管理作为一项全球教育政策在学校自治、校长专业化、标准化评估和教师问责等方面的作用，并在研究中分析了新公共管理作为全球教育政策的构建方式。Rodall 和 Martin（2009）结合对新公共管理的研究指出一些治理方法为人们提供了更多的机会来了解政府和公民社会之间的关系，以及在公民社会中，政府与墨西哥教育的关系。学校需要更多的支持来做出自主的选择，并且要更清楚地表达他们的期望，此外还需要更深入地了解可行、连贯的方法，将公民教育纳入强调基本技能的核心课程（Bron and Thijs，2011）。

　　第七，聚类 6 研究的主题是对以墨西哥、印度尼西亚等农村地区为案例而开展的研究。其中，包含的关键词有分权或非集中化（decentralization）、发展中国家（development country）、评估（evaluation）等。Channa 和 Faguet（2016）指出分散管理能够提高各种公共服务的技术效率，而分权也有助于改善教育中的偏好匹配。Gertler 等（2008）分析了墨西哥 AGE 项目，包括为家长协会提供资金、让家长参与小学助学金的管理来鼓励家长参与。结果表明，AGE 在一年级到三年级降低了 7.4% 的等级失败率和 5.5% 的等级重复率。结果同时也显示，AGE 虽然在贫困社区有效，但对极端贫困的社区没有影响。印度尼西亚从 1998 年开始民主化进程，2002 年以来提出教育分散化，新的校本管理制度要求更多的社区和家长参与学校治理。然而 Parker 和 Raihani（2011）的研究表明，父母和社区参与伊斯兰教学校治理的水平低下，家长觉得他们在学校治理或教学中没有地位。Leer（2016）认为权力下放的改革实施依赖于当地的资源和管理能力。他利用差异模型估计分权对印度尼西亚教育成果的影响，结果表明没有发现整体成效，反而对教师的努力产生了负面影响，特别是在农村地区和失去活力的学校。

Vegas（2007）指出，严重的预算紧张和教师培训能力的不足，推动了发展中国家尝试各种各样的改革，包括兼职或助理教师、试验薪酬激励措施，以及使用校本管理。中美洲的这种改革减少了教师缺勤率，增加了教师的工作时间，增加了家庭作业，改善了家长与教师之间的关系。Vegas（2007）认为，这些变化在教育质量低的学校尤其有效果。Kwan 和 Li（2015）通过文献研究提出，权力下放、授权校级管理和边缘化中级治理，可以更好地调配学校资源，更好地满足各利益攸关方的需求。但是，在香港特有的历史文化背景下，文献中的权力下放优势尚未完全实现。Benavot 和 Resh（2003）指出，教育分权的持续趋势不仅鼓励了学校的自主权，而且也促进了课程多样化。当地学校的教学内容决策权在不断扩大，并有效地决定着教师的教学。

第八，聚类 7 的焦点在于学校领导团队的构建及学校自主权的实施，包含的关键词有校本管理（school based management）、实施（implementation）、教育改革（educational reform）。Chrispeels 等（2000）提出学校领导团队是校本管理中的一个方面，体现出以教师为主导、面向课程和学校改革的特点。在校本管理中，学校领导团队接受培训，学习如何共同努力，以改善学校教学，进而影响学生的成绩。该研究结果显示：①培养团队解决问题能力的重要性体现在其可作为对其他积极关系的预测因素；②团队内形成的强专业关系突出了其对积极的区域关系、数据使用和教学关注的预测价值；③团队需要倾听家长和学生的声音，更好应对团队中存在的对专业关系的负面影响。Chrispeels 和 Martin（2002）提出学校领导团队承担着四种角色，即沟通者、员工开发者、问题解决者和变革的领导者。

van der Mescht 和 Tyala（2008）指出，南非自 1994 年民主的出现和教育系统的重组之后，学校领导团队的概念正式形成，并在官方文件中充实了这一概念。他们阐述了学校管理小组的组成形式，即团队合作和分布式领导两种。尽管团队管理受到校长的欢迎，但在团队背景下，围绕着校长的领导角色，存在着根本性的紧张关系。Wohlstetter 等（1994）指出改革者面临的一个主要挑战是使学校能够改变他们提供服务的方式来创造高绩效。文中探讨了校本管理作为一种促进学校改进的方法，并应用于私营部门的高参与管理模式，以确定校本管理的工作原理和条件。Robertson 等（1995）指出，当与高参与度组织相关的条件（即权力下放、知识和技能、信息和奖励）到位时，校本管理可以更有效。学校自治的条件和效果是要加强对所有学校管理机构的监测和监督（Wilkins，2015）。Naper（2010）根据挪威学区教师聘用实践与教育效率的关系指出，在分权招聘的地区，由校长或学区层级做出的教师聘用决策效率是最高的。Dimmock 和

Hattie（1994）在研究中指出，校长和教师都预言，地方分权和权力下放都将增加他们的工作量。校长需要更多的人力和技术管理能力；教师会承担更多的非教学任务。尽管校长和教师认为分权和学校系统重组会面临困难，但相信重组会带来更好、更有效、更高效的学校。Holloway 和 Keddie（2019）通过对澳大利亚 13 位自治学校校长的访谈调查，指出学校自治一方面为个别校长提供了行使被认为是社会公正的酌处权的机会，而另一方面，可能以破坏更大的公共教育系统的凝聚力为代价。Bandur（2018）指出为了使校本管理政策和计划取得显著成果，需要为校董会成员和校长提供足够的培训，以改善教学环境和提升学生成绩。培训的重点包括学校领导、学校发展规划及在校本管理改革下学校领导的角色转变。

（二）国内文献关键词共现分析

对 CNKI 中主题词为"学校自主"或含"校本管理"或含"办学自主权"，发表时间为 1985 年到 2020 年的题录信息展开关键词的聚类分析。通过反复尝试，当选择 top$N$ = 50%，采用最小生成树对其进行剪枝处理时，构建的关键词聚类表现出比较好的性能。其中，Modularity = 0.647（大于 0.4，说明聚类之间差异显著）；Mean Silouette = 0.5607（大于 0.4，说明同一聚类内部的同质性较高）。如图 1.6 所示，一共形成 7 个关键词聚类。

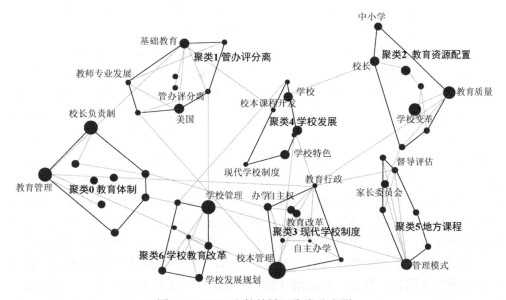

图 1.6　CNKI 文献关键词聚类分布图

　　第一，聚类 0 中，提取的主题关键词为教育体制，其中包含的关键词有教育管理、校长负责制等。例如，孙绵涛（2010）认为，教育体制是教育机构与教育规范的结合体；制度是调节人与人、人与组织及组织与组织之间活动的规范；教育机制是教育现象各部分之间的相互关系及其运行方式。教育体制改革与制度机制创新之间既存在不同又有联系。教育体制改革与教育机制创新在内容，即内涵和外延上是不同的，同时也在诸多方面有联系，如二者在产生发展的过程上是相关的，结构上是相融的，性质与功能上是互补的，范围上教育机制创新又包含了教育体制改革。褚宏启（2018）指出，当前，基础教育行政管理还存在政府越位、缺位和错位严重，利益相关者参与管理不够等问题。在推进教育现代化的大背景下，我国基础教育行政改革的未来走向是教育行政现代化，主要包括教育行政的科学化、民主化、法治化、专业化四个方面。范国睿和孙闻泽（2018）认为，改革开放 40 多年的教育体制机制改革经历了教育制度的恢复与重建、教育体制改革的展开、教育体制改革的探索、教育体制改革的持续及教育体制机制改革的深化等五个发展阶段。在此过程中，教育体制机制改革表现为不同层级的政府及其部门之间，政府与学校、社会组织、市场间，以及学校领导、教师与家长间不同教育利益主体教育权力和利益的合理配置与博弈，是一个从重建教育秩序进而力图突破规制、以法治赋权、推进协商共治的过程，一个寻求不同教育利益主体间适度张力与激发其活力的过程，一个从规制走向赋能的过程。杨润勇（2011）指出，国家行政管理体制改革是教育管理体制政策调整的最大促进因素，教育管理体制政策实施过程中存在的现实问题是政策调整的直接原因。教育管理体制的政策调整，必须与深化教育办学体制、培养体制、保障机制及投入机制等改革统筹考虑、协调展开，才能推动教育管理体制改革更加深入有效。

　　在民办教育方面，孙霄兵（2015）对民办学校的自主办学制度进行了研究。在他看来，在全面依法治国的背景下，民办学校要坚持社会主义办学方向，贯彻国家教育方针，以制定章程、完善法人制度、健全治理结构为重点，全面推进依法治理，构建政府依法管理、学校自主办学、社会依法参与的治理格局。国家要通过修改完善民办教育法律法规，为民办学校依法治理提供制度支撑。叶冲和李化树（2016）认为，在全面深化教育领域综合改革，努力推进依法治校、依法办学，建立和完善现代教育治理体系新目标、新任务、新要求的背景下，优化顶层设计、加快政策转型，已成为民办教育新一轮发展的突破口。国家层面要切实完善民办教育改革发展的顶层制度设计；省级层面要不断强化政府民办教育宏观管理的职能转变；学校层面要努力增强民办学校自主办学、科学发展的内生动力。

　　第二，聚类 1 强调的是管办评分离的内容，包含的关键词有基础教育、教师专业发展和美国等。例如，杨志刚（2014）认为，推进管办评分离，需要根据不同权力的性质，从治理的角度，重新厘定政府作为行政管理者、学校作为具体办学者、社会作为评价者的关系，形成政府科学管理、学校自主办学、行业自律、社会参与、协同共治的开放互动的教育治理体系。徐玉特（2015）从管办评分离的反面阐述了危害性，即带来政府管理职能缺位、越位和错位，学校自主权受到抑制，社会中介组织独立性和自主权缺损；约束政府和保障学校与社会权责的制度供给不足及有效性不高等困境。史华楠（2015）则从政府角度，强调了中小学管办评分离的重要性，认为管办评分离是大力推进教育治理体系和治理能力现代化的关键所在，是加快政府教育职能转变和迈向教育善治的必由之路。高博（2015）则从评估教育质量的角度，强调了管办评分离的关键在于实现权力和责任的均衡与对等，使得政府、学校及社会三者之间，形成政府管教育、学校办教育、社会评教育的新格局。蒲蕊和柳燕（2016）认为明确政府、学校和社会三者的权责范围具有重要现实意义，并指出政府应成为"有限政府""服务政府""责任政府"，学校应成为依法自主办学的主体，社会应参与教育评价。魏叶美和范国睿（2017）认为，在教育管办评分离的背景下中小学会具有更大的办学自主权，"权力分享"和"责任共同体"并存，第三方参与学校办学的力度将加大，针对中小学自主办学的策略主要是提高学校的行业自律水平，重视学校章程建设，以及多元共治体系的建构。樊明建等（2020）通过成都市双流区基础教育"管办评"综合改革试点实践，开展了"政府主导、国企参与、学校自主"（简称"两主一参"）的教育管理体制改革，能有效助推区域内新建学校的良性发展。潍坊市高新区提出了构建"党委全面领导、政府部门依法管理、学校自主办学、社会广泛参与、各方共同推进"的现代教育治理体系，以激发学校办学活力（冯元民和张竞，2019）。

操太圣和卢乃桂（2006）对教师赋权领域进行了研究，他们认为在强调教师增能的时候，也要注重教师赋权，赋权增能是一个整合概念，缺一不可，同样要警惕虚假的赋权。王丽华和褚伟明（2015）则从机制上进行了国际比较研究，他们认为良好的机制是教师持续研究的根本保障。研究表明，促进教师研究的学校内部机制大致有三类，学校自主建构的促进教师研究的内部机制，校外人士帮助学校构建的促进教师研究的内部机制，多方联动下学校促进教师研究的整合机制，并由此为我国教师研究机制的发展提出了完善意见。张颖（2016）以教师赋权为背景，认为中国存在教师赋权不够、教师参与学校管理程度过低等现实问题，并从教师权利和优质教育质量追求两个方面分别阐述了教师参与学校管理的合理性。在此基础上提出相应对策，以期改变现状，解决问题。

另外，在管办评分离的领域中，众多学者也对美国的状况进行了研究。李素敏和马洁（2006）对美国的校本管理理论基础进行了系统研究，校本管理是首先在美国发起的一场学校管理改革运动，其理论基础是多元化的：一是分权化理论，体现为权力重心下移和教师授权；二是参与管理理论，体现为人本管理及分享决策；三是权变管理理论，体现为多层面自我管理及效率提升。王建梁和张业琴（2008）对美国中小学校长的自治现状及影响因素进行了研究。他们认为，中小学校长的职责不断加大，但是相应的权利并没有随之增加，只有平衡这种责权关系才能进一步促进校长的管理。李为民（2010）从美国自主管理中的合理性原则出发，对合理性原则的内容进行了结构分析，既突出了保护受教育者权利的目的，又体现了对学校自主管理权的尊重，为学校管理的依法运行确立了行动指南。张晓峰（2015）对美国的教育政策进行了系统研究，他认为当前美国的教育政策中落实学校自主权、尊重家长教育选择权及强化绩效问责制等三个方面，相互之间联系密切，并且共同推动着教育的革新和进步。

第三，聚类2强调的是教育资源配置，聚类中包含的关键词有教育质量、学校变革、中小学、校长等。在教育配置方面，王寰安（2008）认为教育资源配置是社会资源在教育和其他生产部门之间及教育内部的分配，可以采用计划和市场两种基本方式，相比之下，市场方式可以更好地解决教育资源配置中的信息和执行动力问题。针对我国目前教育资源流动的问题，应该发挥市场机制在教育资源配置中的作用，并且从竞争性教育产品市场、竞争性教育生产要素市场、学校自主办学、政府调控下的学费自主定价机制四个方面来构建有效的教育竞争机制。昌红梅（2016）强调优化教育资源配置，需要夯实高均衡发展基础，正确处理政府、学校、社会三者之间的关系。彭波（2015）认为，要促进我国义务教育均衡发展就要制定国家质量标准体系，加强质量监控；加强区域、城乡之间的统筹规划；倡导学校的自主发展；推进课堂教学改革和加强学校文化建设等。杨志刚（2016）则从影响教育质量的因素出发，分析了经费保障、设施设备、师资、生源等物质性因素；管理能力、制度建设水平、学校凝聚力等制度文化因素；政府与学校关系、学校自主发展等外部环境因素。

在学校变革方面，杨天平和陈光祥（2006）指出，学校变革要进行学校与政府关系的重新定位、学校内部治理结构的改革，以及学校与社会、家庭关系的重建，以构建学习型学校作为学校变革的基本策略。柏成华（2008）从新公共管理理论视野提出了学校变革的策略，包括引入市场机制、实施教育分权、实行绩效管理、强化顾客导向等方面。孙翠香和范国睿（2008）则认为具有"渐进性"特征的"强制性与诱致性"结合的过渡型学校变革方式，以及具有"渐进性、诱致性"特征的学校自主变革将成为学校变革的最佳选择。陈佑清（2012）对影响学校变革的因素进行了探讨，其中教育行政推动、社会需求驱动和学校自主选择是影响学校变革的三种主要力量。为此，他提出，一方面要尽力改进教育行政管理和引导社会对教育的需求，为学校变革创造支持环境；另一方面要从学校自主选择切入，培育推动学校变革的力量。

在学校自主的校长研究方面，李树峰（2006）以我国中小学实施的校长负责制为背景，在借鉴美国教育问责制和我国行政问责制理论的基础上，从对我国校长负责制权责不对等根源的探索实践中构建出了一种范式——校长问责制，它是以调动教职工潜能为基础、以培养高素质的学生为目的、以履行对公众的教育承诺为己任、以追求效能为宗旨、全面接受责任追究的监督体制。张爽（2010）从校长的领导力方面进行了探讨，他认为校长领导力的实施需要遵循如下原则：从行政命令走向专业引领；从以监督管理为主到重视能力建设。左慧（2014）以校本管理理念与学校改进模式的世界性改革潮流为背景，对其中的校长负责制进行了探讨，认为现有的校长负责制属于行政控制型校本管理模式，存在着种种不足，随着办学规模的集约化发展，重心下移，扁平化的二级管理模式更能满足教育与学校变革的需求。董君武（2019）指出学校变革需要校长具备以下四种能力：问题诊断与战略预见力、组织设计与执行力、课程与教学改进力、文化建构与再造力。任天舒和李艳辉（2018）认为校长能否有效领导学校受到管理体制因素、学校组织内部因素及校长自身个人特质等因素的限制。为克服这种障碍，校长首先应被充分地授予管理权限，同时，应尽可能地打破学校组织系统内部的壁垒鸿沟，实行全员参与管理，提高自身的领导、科研、管理才能。

第四，聚类3的主题是现代学校制度，包含的关键词有办学自主权、校本管理和教育改革等。叶忠（2009）认为建立现代学校制度，核心在于政府教育职能的转变与重新定位，在于学校自主办学动力的激活。许杰（2014）则认为，现代学校制度建设旨在通过对不同主体权力关系的重构，还学校以本真，还教育以本真，学生的充分全面发展是现代学校制度最重要、最根本的目标。陈建吉（2000）认为校本管理最基本的定义就是权力下放至学校，教育局给予学校更大的权力和自由，目的是改革学校的管理系统，优化教育资源，以提高教育质量。黄崴（2002）认为校本管理的基本理念是把学校作为真正的办学和管理的主体，发挥学校成员的积极性、自主性和创造性，提高教育的质量和效率，并且提出了校本管理实施的基本模式，即行政控制、专业控制、社区控制和平衡控制等。刘卫宁和崔金英（2009）将校本管理和传统管理思想进行了对比，他们认为校本管理主要是通过分权和落实参与各方权利等措施，赋予学校更大的办学自主权和自主决策的空间。我国在借鉴校本管理时，必须研究校本管理产生的社会文化背景与制约因素，分析校本管理主要模式的制度和文化特点。

在教育治理方面，张杰（2015）从教育治理的主体出发，认为教育治理是新时期教育改革的目标，其核心在于构建政府、学校、社会的新型关系。作为一种重要的社会主体，教育中介组织应该能够在教育治理中发挥重要作用。其角色应定位于政府管理的参与者和协调者、学校自主办学的引导者和支持者、社会参与的促进者和实践者。朱春芳（2016）则通过英国学校治理的研究，发现英国政府一方面以自治之名放松了对学校资源投入的控制，另一方面以问责之名强化了资源产出控制，监控方式由投入性控制变为产出性控制。但过度重视问责，使得学校自治仅限于资源操作层面，专业决策权仍由政府集权管理，导致学校管理日益商业化。她认为有效的教育治理需要真正形成政府、市场、公众和学校共担责任的大教育观，并建构相应的功能性支持体系以营造适宜的治理环境。蒿楠（2016）则对学校扮演的治理角色进行了研究，指出学校自主发展的关键因素是相应办学自主权的获得、学校内部治理体系的构建及学校文化的生成。学校治理的实质是建设民主、平等、自主的现代学校制度，重点在于自治和共治。办学自主权落实的核心是管理自主、用人自主、教改自主、经费自主（彭世坤，2020）。李汉学和柳燕（2019）在研究中指出推进高中办学自主权落实，转变政府职能是关键，核心是加强教育法规和制度的建设，培育普通高中的自主办学意识与能力是重点，建立有效的权力监督约束机制是保障。

第五，聚类4是关于学校发展的内容，涉及的关键词有学校特色、校本课程开发、现代学校制度等。姚本先和曹前贵（2006）认为，当前我国的学校特色建设存在特色表浅化、去特色化等问题，这些问题的产生与社会制约、学校制约和学生家庭制约等因素有关。针对这些问题应采取相应对策，解决学校特色建设过程中遇到的阻滞和问题，促进学校特色建设发展，成就学校个性和特色。郝琦蕾和常梦（2020）认为当前学校特色不足的主要原因在于：对学校特色发展的内涵认识不清，学校办学自主权不足，办学理念脱离实际，学校成员不能充分参与到学校特色发展中。为此，发展学校特色要从以下方面着手：提高学校办学自主权，实现学校自主管理；改进办学理念，强调育人目标；充分发挥校长领导力；充分利用校内外资源；开发特色课程；进行课堂教学创新；加强学校文化建设；重视学校办学特色的评价。王伟（2009）认为，独特、优质和稳定既是学校特色发展的核心内涵与根本属性，也是判定学校特色发展的内在标准。学校在与社会的关系中取得相对独立地位，学校在与同类其他学校的关系中以个体方式生存，学校在与自身发展的关系中体现出特色意识与创造个性，这是支撑学校特色发展的三重条件。政府与市场、学校与社区（社会）、学校与文化、学校与人的发展是影响学校特色发展实践的四个深层问题。学校组织文化建设、校本课程开发、校本研究、课堂教学创新与校本管理则是学校特色实践的主要途径。李松林和王伟（2009）认为，学校特色发展的实质与目的是学校的自主发展；学校精神的重建是学校特色发展的核心与灵魂；提高学校的办学效益和增强人的活动自由度是学校特色发展的两大课题。漆新贵和蔡宗模（2010）认为，学校主体地位的确立、对学校历史与现状的把握、制订学校发展规划并不断通过反思性实践予以调整三个方面不断循环往复的过程构成了特色学校内在生成的机制。张瑞海（2011）指出，政府引导与学校自主相结合是推进普通高中特色发展最为重要的策略；从提升学校竞争力的角度来说，实施差异化策略是推进学校特色发展的有效对策；从学校具体操作的角度来说，尊重学生个性差异，尽可能地为学生提供多样化、可选择的课程是推进学校特色发展的基本策略。黄超和代建军（2020）认为，学校应以自身为主体，立足学校实际，坚持"以人为中心"的理念，系统地对课程变革进行由"外源型"向"内生型"阶段的转变，促进学校内生式发展，打破学校层面课程统一性、同质性和保守性的枷锁。

针对校本课程建设领域，同样有大量学者做了相关研究。高翔（2010）强调学生在校本课程开发中的重要性，他认为校本课程是学校自主开发的课程，它是以学生活动为主，由学生自愿参加的课程。它与国家课程一起构成学校的课程体系，但它在课程目标、课程内容、教学形式与要求上与国家课程存在不同。校本课程更突出学生的自主性、自愿性和灵活性。叶波（2011）从学校的自主性出发，强调学校发展的自主性，这是构建特色学校的实质与目的；着力于学校文化的更新，这是构建特色学校的核心与灵魂；立足于学校的课程资源，这是建构特色学校的基础与条件；重视校本管理体制建立，这是构建特色学校的保障与支撑。针对现阶段校本课程开发过程中存在的问题，胡定荣（2020）认为，在未来，完善校本课程开发政策应明确学校层级的开发责权利；从三级课程管理走向协同治理；从学校自主开发走向区域、学校协同开发；全面提升学校课程领导力和教师的课程研发力。张阳（2020）认为，为避免校本教研走向虚化，应采取以下策略：一是构建项目组织框架，激活校本教研要素；二是确立校本教研测量指标，让项目内容可测可控；三是选择合理的校本教研项目管理工具。蔡军（2018）基于实践总结了"3+1"校本管理模式，即通过严管、实管、精管三种途径，实现齐抓共管的一种良好局面。

第六，聚类5研究的主题是地方课程，其中包括的关键词是家长委员会、督导评估等。在区域发展部分，谢梅和高霞（2013）以四川省的区域教育为例，对学校自主发展督导实践进行了研究。他们认为，要促进区域教育的发展，需积极强化学校主体意识，优化督导内容、评估指标和督导队伍，通过采取开放督导、督导分离、系统支持等策略，逐步建立起区域内学校主动发展、均衡发展、持续发展的良性运行机制，真正激励并帮助学校实现自主发展。山东省通过点式培育、链式嫁接、片式联盟、块式联动等方式搭建学校联盟发展平台，建立学校联盟发展机制（李红婷，2018）。江苏省探索了集团化办学模式，通过建立城乡学校联盟机制，以城区中心名校带动乡村薄弱学校共同发展的方式促进了区域教育教学质量整体提升（唐红松，2019）。

黄崴和贾汇亮（2004）则对校本评价进行了系统的研究，他们认为学校评价作为一种重要的学校管理手段，也逐渐走向了"校本"。校本评价的基本理念是发挥学校作为评价主体的自主性、积极性和创造性，最终提高学校教育的质量与效益。校本评价的方法主要有档案袋评价、讨论式评价等。校本评价对于改革我国现行的教育评价制度有重要的参考价值。卢立涛（2009）认为，我国现行的中小学校评价制度始终表现出规范和约束学校办学行为的倾向，严重影响了学校的自主发展。为此，从根本上转变学校质量观和学校评价观，创造和建设促进发展的评价文化，构建政府、市场、学校共同参与的开放性的发展性学校评价体系，是解决目前我国中小学校评价存在问题的关键之道。褚宏启（2009）则认为，为了使自我评估更好地促进学校改进，应将自我评估与外部评估有效结合起来。综合化的学校评估模式有利于学校有效改进，也有利于促进学校自我评估成熟度的提高，从而有利于自我评估在学校改进中发挥更大作用。

第七，聚类 6 研究的主题是学校教育改革，其中包括的关键词是学校管理、学校发展规划等。余进利（2004）对基础教育的改革方式进行了探讨，认为我国基础教育课程改革实行国家、地方和学校三级课程、三级管理，让学校自主开发一部分课程。校长是校务的最高领导人，学校课程改革进行得如何与校长密切相关。为此，教育行政部门应多为校长领导课程改革创造条件，校长要善于"顺势、造势、导势"，要发挥每位教师参与课程改革的积极性、主动性和创造性。黄忠敬（2009）则从领导层面对学校变革进行了研究，指出个人层面的学校变革要求学校领导成为变革型领导、关系型领导和道德型领导；组织层面的学校变革要求学校领导把学校建设成为学习型组织，以学校发展规划为抓手全面推进学校变革；系统层面的学校变革要求学校领导处理好学校之间、学校与国家地方之间及学校与家庭社区之间的关系，可采取的策略有区域联动、分权改革和家校合作。赵福庆和吕春玲（2009）对学校自主管理进行了系统研究，指出要实现学校自主管理，必须从夯实情感基础、培养学校成员的认同感开始；关注教师和学生的个体自主发展；同时，不断扩大组织数量，并施加其影响力，以促进师生个性发展、提升民主化和管理者领导力、促进公平。

程晋宽（2010）分析了各国的学校管理体制，发现世界各国都对其学校管理体制进行了改革，希望提高学校管理的效率和效能，满足社会转型、时代变迁过程中国家和民众对教育的新要求。其中，学校管理的独立自主、管理人员的专业化和管理的民主参与成为全球学校管理改革的基本趋势。张睿（2011）以公共生活为理念基础，认为我国基础教育阶段学校亟待改善现存的科层化的管理制度，应构建完整的以公共生活为理念的学校管理制度。这种学校管理制度具有主体的平等性、参与的广泛性、过程的协商性和价值的公共性等基本特征。贺菲和肖全胜（2010）认为要实现"学校发展规划"对学校自主发展的引导价值，必须要确保所制订的发展规划本身具有合理性，同时要使校长和教师能够充分理解发展规划的意义并将其有效实施。闫龙（2011）强调了学校发展规划的重要性，学校发展规划作为学校发展的指导性方案，有助于建立和完善校本管理机制，促进学校自主发展。赵德成（2013）则从区域发展角度提出学校发展规划要取得预期成效，必须重视与加强区域行政推动，在制度、技术、条件等方面提供有力的保障，切实保障学校办学自主权，建设现代学校制度，实现区域行政推动与学校自主发展的动态平衡。

四、研究前沿分析

使用 CiteSpace 对突现词进行探测可以了解某一时期的研究热点，把握研究趋势。从国外的相关研究来看，经分析一共有六个突现词，如图 1.7 所示，分别是校本管理、学校改革、政策、影响、领导能力、学校自主等。从图 1.7 可知，突现词的首次出现时间均为 1986 年，即出现相关关键词的研究最早开始于 1986 年。从其突现的时间段来看，校本管理突现的时间从 1996 年持续到 1999 年；学校改革突现时间为 2009~2013 年；学校自主开始于 2018 年，一直持续到 2020 年。通过 CiteSpace 对文献的突现词进行提取，结合文献分析研究结果可知，CiteSpace 提取的突现词与当前研究所关注的方向趋于一致。

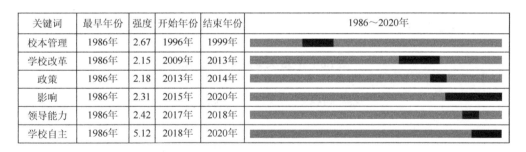

关键词	最早年份	强度	开始年份	结束年份	1986~2020年
校本管理	1986年	2.67	1996年	1999年	
学校改革	1986年	2.15	2009年	2013年	
政策	1986年	2.18	2013年	2014年	
影响	1986年	2.31	2015年	2020年	
领导能力	1986年	2.42	2017年	2018年	
学校自主	1986年	5.12	2018年	2020年	

图 1.7 1986~2020 年 WOS 文献中的突现词分布

黑色表示对应关键词成为研究热点的年份

从图 1.8 可以进一步获知有关学校自主在 1986~2020 年的研究历程及发展趋势。图中圆环代表具有高中心性的关键词。如图 1.8 所示，1986~1995 年，有关学校自主的研究最早关注的是校本管理、民主化、政策、改革、学校治理等方面的内容。其后，1996~2005 年，开始关注与问责制、成绩、自主权、绩效等有关的关键词。2006~2015 年，学校自主的概念开始出现，学校自主成为这一时期研究热点。此外，治理、领导能力、影响等关键词也得到极大的关注。这一时期尤为重视对学校自主管理效果的评价，如 PISA 国际数据成为这一时期衡量国家教育质量水平的重要参考标准。2016 年以后的研究，尚未形成明显的研究热点，但可以看出 2016 年以后相关研究关注的方向更为多元化，如公平、地方政府、系统等方面。图 1.9 为 2006~2015 年、2016~2020 年两个阶段 WOS 关键词聚类时区图的局部放大图。

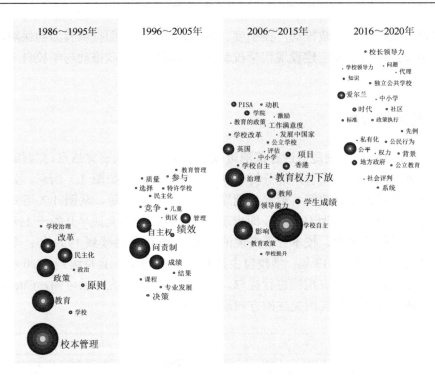

图 1.8　WOS 关键词聚类时区图

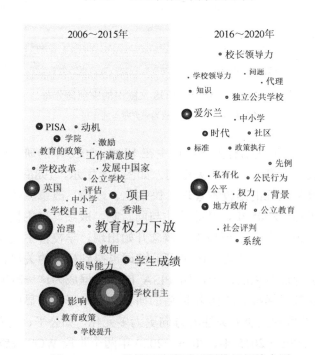

图 1.9　WOS 关键词聚类时区图的局部放大图

从国内的相关研究来看，使用 CiteSpace 工具发现 6 个突现词，如图 1.10 所示，分别是学校办学自主权、校本管理、学校自主发展、校长负责制、校本研究、教育治理等。从图 1.10 可知突现词的首次出现时间均为 1992 年，即出现相关关键词的研究最早开始于 1992 年。从其突现的时间段来看，学校办学自主权突现时间段从 1992 年持续到 1997 年；校本管理突现时间为 2002~2007 年；学校自主发展关键词突现时间为 1 年；校长负责制从 2003 年开始持续到 2007 年。教育治理开始于 2015 年，并一直持续至 2020 年。通过 CiteSpace 对文献的突现词提取，结合文献分析研究结果可知，CiteSpace 提取的突现词与当前研究所关注的方向趋于一致。

关键词	最早年份	强度	开始年份	结束年份	1992~2020年
学校办学自主权	1992年	3.56	1992年	1997年	
校本管理	1992年	8.81	2002年	2007年	
学校自主发展	1992年	2.72	2002年	2003年	
校长负责制	1992年	4.10	2003年	2007年	
校本研究	1992年	3.07	2005年	2008年	
教育治理	1992年	3.31	2015年	2020年	

图 1.10　1992~2020 年 CNKI 文献中的突现词

黑色表示对应关键词成为研究热点的年份

从图 1.11 可以进一步获知有关学校自主在 1990~2020 年的国内的研究历程及发展趋势。图 1.11 中圆环代表具有高中心性的关键词。如图 1.11 所示，因国内研究从 1992 年开始，故时间区域从 1990 年开始作为第一阶段。1990~1999 年，有关学校自主研究的主题较为集中，主要包括校本管理、学校办学自主权、办学自主权等关键词。2000~2009 年，相关研究更加丰富，增加了与之有关的学校管理体制、校长负责制、校本课程建设等方面的研究。2010~2019 年的研究重点为教育治理、管办评分离、校本课程管理及实践探索等方面的内容，并开始关注国家课程、地方课程、政府职能、教育督导制度、社区成员及内部治理结构等方面。2020 年后的研究关键词或研究方向尚未形成明显的聚类特点，现阶段研究的关注点为学校治理。图 1.12 为 2010~2019 年、2020 年以来两个阶段关键词聚类的局部放大图。

将国内与国外的突现词进行对比分析。从关键词上来看，早期国内外的研究均以校本管理为主，而后逐步延伸至办学自主权、学校领导、制度等方面。从时间上看，学校自主在国外研究的时间早于国内，并且一直持续至今。从具体阶段来看，1986~1995 年，国外关于学校自主方面的研究围绕校本管理、民主化等展

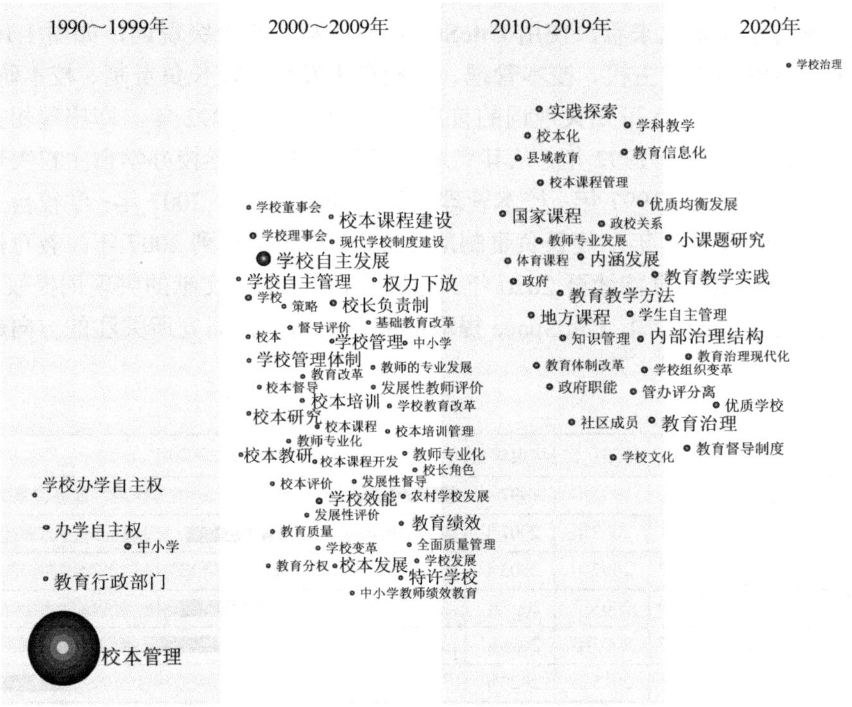

图 1.11　CNKI 关键词聚类时区图

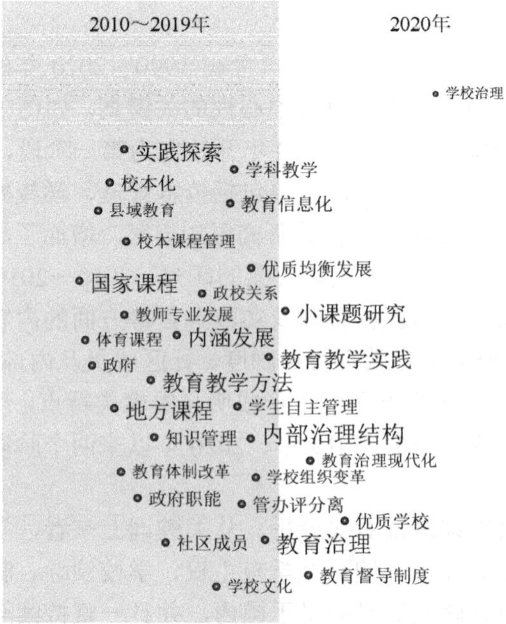

图 1.12　CNKI 关键词聚类时区图的局部放大图

开，而国内在这一时间段内关于学校自主的研究相对较少，相关研究自1992年开始起步。1996～2005年，国外开始关注与结果/表现、管理、自主等有关的关键词，国内开始对学校自主展开大量研究，研究热点包括校本管理、办学自主权、校本课程开发、校长负责制等。2006～2015年，学校自主成为这一时期国外研究热点。此外，学校管理、领导能力、影响等关键词也得到极大的关注。国内研究增加了与之有关的现代学校制度建设、学校管理体制等主题，关于校长领导、校长领导团队等方面的研究在这一阶段呈现增长趋势。从2016年至今，国外关注的方向更为多元化，如社区参与、政策应用、体系研究等。国内研究重点聚焦在教育治理、管办评分离、校本课程及实践探索等方面，并开始关注政府宏观管理、社区成员及内部治理等研究方向。

综上所述，近年来国内外学者在学校自主办学及办学自主权研究方面取得了丰硕的成果，形成了一系列有益理论和实践经验。但是，根据当前教育治理体系和治理能力现代化的要求，我国目前对学校办学自主权及依法自主办学的研究还存在一定不足：一是对政府的教育行政管理权的边界缺乏深入研究。现有理论研究和实践单纯强调政府放权以使学校拥有更多自主权，但对政府哪些权力该放、哪些权力该留、哪些权力该收，如何监督学校办学自主权的行使等缺乏深入系统探讨。二是对学校办学自主权的边界缺乏深入研究。对于学校应该拥有哪些办学自主权、如何行使自主权、有哪些责任担当、行使自主权需要哪些能力等问题研究得不够。目前的研究主要还是将关注重点放在学校办学的外部力量上，即政府的简政放权，缺乏对权力、责任、利益、能力相统一方面的研究。三是在研究的重点和取得的主要成果方面，主要还是思辨性的、理论性的成果，研究的实用性和实践指向性不强，缺乏对学校办学自主权落实机制的系统研究。四是在研究方法上也主要局限于文献法与理论思辨，研究方法较为单一，缺乏实证研究，特别是缺乏对于不同类别学校自主权需求的差异分析、基于学校视角及以"区域"为分析单位的实证研究。因此，本书以公办普通中小学校为研究对象，以法人制度理论、权利与权力理论、网络治理理论和机制设计理论为研究的理论基础，通过综合运用质性与量化的研究方法，对政府和学校的权力关系、学校办学自主权来源及其边界、改革开放以来我国学校办学自主权政策演变演进过程、现阶段学校办学自主权落实现状分析、学校办学自主权落实影响因素模型、我国学校办学自主权落实改革探索及存在问题、西方五国教育分权改革及学校自主管理、中国特色学校办学自主权落实机制体系构建等问题开展系统研究。

第二章 学校办学自主权概念界定与理论基础

自 1985 年 5 月颁发的《中共中央关于教育体制改革的决定》提出"实行简政放权，扩大学校的办学自主权"以来，推进教育管理体制改革、政府简政放权，落实和扩大学校办学自主权，促进学校依法自主办学逐步被提上了日程。2010 年颁发的《国家中长期教育改革和发展规划纲要（2010—2020 年）》明确提出要健全统筹有力、权责明确的教育管理体制。以转变政府职能和简政放权为重点，深化教育管理体制改革，提高公共服务水平。明确各级政府责任，规范学校办学行为，促进管办评分离。2012 年 11 月教育部印发的《全面推进依法治校实施纲要》再次强调"切实转变对学校的行政管理方式"以及"切实落实和尊重学校办学自主权，减少过多、过细的直接管理活动"。《中共中央关于全面深化改革若干重大问题的决定》将"深入推进管办评分离，扩大省级政府教育统筹权和学校办学自主权，完善学校内部治理结构"作为教育领域综合改革的重要内容。《中华人民共和国国民经济和社会发展第十四个五年规划和 2035 年远景目标纲要》明确提出了"建设高质量教育体系"，并将"落实和扩大学校办学自主权，完善学校内部治理结构，有序引导社会参与学校治理"作为建设高质量教育体系的重要内容。这就意味着，"十四五"期间，高质量教育体系的建设需要政府继续推进"简政放权、放管结合"，落实并扩大学校的办学自主权。

显然，要实现国家"十四五"规划和 2035 年远景目标纲要提出的建设高质量教育体系的目标，将学校的办学自主权落到实处，首先需要清晰界定学校办学自主权、落实机制、权利与权力等基本概念，分析学校办学自主权边界及其落实机制的理论基础，进而构建研究的理论分析框架。

第一节 概 念 界 定

概念界定是问题研究的逻辑起点，"概念引导我们进行探索"（维特根斯坦，1962）。通过对概念进行界定，人们才能形成判断，进行推理，从事抽象的知识建构，表达各种原创性的学理思想。因此，清晰界定学校、办学自主权、落实机制、权利与权力等基本概念，就成为本章研究的重点，也是本书立论的基础。

一、学校

学校是人类社会发展到一定历史阶段的重要产物，对人类和人类社会的发展具有重要的作用。那么，到底什么是学校？与其他的组织机构相比，学校具有哪些独有的特征？

国内外诸多学者对学校及学校的特征进行了研究和界定。Husen（1981）曾在 *The School in Question* 一书中提出了衡量学校的九条标准：①它是一种全日制学习的机构；②对入学和毕业有一定的年龄规定；③教学模式是教师"面对"学生的讲授式；④课程是分年级的；⑤校舍随学区的城市化和一体化而不断扩大；⑥学校规模不断发展；⑦学校的教学目标已从单纯的传授认知技能和能力扩展为多种目标；⑧学校的各方面有了更好的协调；⑨管理倾向于日益严密。

大河内一男等（1984）详细地分析了学校必须具有的一些特征，包括以下几点。

（1）学校是建立在固定的场所并有一定的设施及设备，在一定期间内连续存在的教育机关。学校进行教育活动的场所是固定的，而不是随时设置经常移动的那种机关。它必须具有一定的建筑设施，包括校址和校舍，校舍里要有进行教育的设备。学校的设备都是为了满足学校教育的需要而设置的，正是这些设备给学校创造了进行教育的条件。

（2）学校有专门从事教育活动的人员。在学校里开展教育活动的是人，没有人的学校是不存在的。但是，学校里的人是一些特定的人，他们为了一个目标聚集在一起，共同进行教育活动。社会教育设施则是面向一般民众的，其本质是使尽可能多的人能够自由利用。在学校里聚集的这一特定人群，也是有区别的。一般可以分为两类，一类是进行教育规划、实践或管理工作的人，这是教育者或称为教师，另一类则是接受教育的人，这是受教育者或称为学生。因此，从人的因素来说，缺少其中任何一方，学校都不能存在。没有教师，就不能对学生进行教育活动；反之，没有学生，教师再多，学校里的教育活动也开展不了。

（3）学校要有各式各样的教育活动。学校的教育活动，包括有目的、有计划、精心组织的教育活动和无特定目的、无计划、随时随地进行的活动。在这些活动中，应以教学活动为主。学校的主要精力是教学，教师的绝大多数时间也是对学生进行教学活动。正是这些教育活动，将教师和学生联系起来。在这些教育活动中，教师施展其教育影响，学生接受教育影响并得到发展。

（4）学校有确定的教育内容。这是根据教育目的或目标选择出来的知识、经验等，主要体现在教科书上。

（5）学校要有一定的管理制度。学校是社会为了达到教育目的而专门设置的机关，因此为了保证其活动的顺利进行，达到教育的目的，必须要有一定的管理制度。例如，对学生入学的条件做出规定，对学生学习的年限做出限定，对学习的内容、教育活动的开展、学校人员的行为等提出要求。当然，这些管理制度的内容可以是灵活的，随着社会发展不同需求而变化，但管理制度本身不可缺少。也正因如此，学校的具体形式在不同的国家、不同的时代也可以不同。

也有诸多的国家和地区从法律的角度对学校及其特征进行了规定。例如，英国 1998 年的《学校标准与框架法》规定：学校是指在继续教育部门和高等教育部门之外，提供基础教育、中等教育或者同时提供二者的教育机构，不论该机构是否提供适合小学生或者继续教育要求的业余教育。根据法律，学者研究认为，只要一个教育机构提供适合义务教育年龄儿童的全日制教育或者中等教育，就是学校；或者即使该机构也提供全日制中等教育，只要规定它单独提供全日制继续教育，也属于学校范畴（马怀德，2007）。

美国在不同的法律中对学校的定义并不完全相同。一般来说，在美国的法律中，学校是指承担教育功能，具有教育设施、配备法定教师的公立或者私立机构。例如，美国的《教育法典》中规定，学校是指在州教育机构或地方教育机构的管理之下的公立学校，或者是为执行《教育法典》第 5895（b）条所规定的目的，由办公署资助或者管理的学校。小学是指根据州法律，提供小学教育的日间或者住宿的学校。初级中学是指一个非营利性的日间或住校学校，它根据州法律的规定提供初级教育，并且它不提供任何 12 年级以后的教育（即只提供 12 年级之前包括 12 年级的教育）；或者是指根据《职业培训伙伴关系法》规定的职业联合中心（马怀德，2007）。

德国法律意义上的学校是指有计划地共同传授各种专业知识，教育和培养青少年，使他们活动并行使权利的机构。例如，《北威州学校法》规定，本法所指的学校是满足下列条件的教育设施：学校的课程独立于教师和学生的变动之外，课程是由学校主管机关根据本法确定或批准的教学计划来设的（姚金菊，2010）。《巴伐利亚州教育和教学事业法》规定：从法律意义上讲，学校为教育和教学机构，它按一定的方法有计划地向数量多的一群人传授普通教育课程或职业教育课程，以实现一定的教育和教学目的（沃尔夫等，2007）。

香港的《教育条例》规定，学校指一间院校、组织或机构，其中任何一天向 20 人或多于 20 人或于任何时间同时向 8 人或多于 8 人提供幼儿、幼儿园、小学、中学或者专上教育或以任何形式提供其他任何教育课程，包括以专人或者邮递服务交付的函授方式。其中，专上教育（post secondary education）是指高于中学教育阶段的教育（姚金菊，2010）。

综上所述，与从事生产、政治、社交等其他社会实践活动的组织机构相比，学校是依法设置的、专门从事教育活动、以培养人为目的的机构。也就是说，无论是何种类型的学校，其最根本的目的是通过各种有目的、有计划的、有组织的教育活动，来实现培养人的目的。这一点，就将学校与工厂、企业、政府等组织机构区分开来。

二、办学自主权

自从办学自主权问题进入人们的视野之后，诸多学者从不同的视角对学校办学自主权概念进行了研究，可谓见仁见智。

一些学者从教育的视角对学校办学自主权进行了界定，认为办学自主权主要是指学校在法律法规、教育方针的条件下所拥有的自我决策、处理内部事务的权力。例如，李晓燕和夏霖（2014）认为，办学自主权是指学校在教育行政部门指导下，在遵循国家教育管理方面法律、法规的基础上，所拥有的适当的招生权、教学权、科研开发权、财产权等权利。陈伯璋和许添明（2002）认为自主经营学校是指政府将经营的权力与责任下放到学校，但仍归属教育系统，即学校在政府规定的教育目标、政策、标准、绩效责任范围内，自主决定学校资源的分配。这里的资源，包括课程知识、教学技能、决定权力、教材教具、人事配置、时间分配、评量方法、科技资讯及经费财务等。也有学者指出现有的关于办学自主权的研究是有局限性的，包括学校内部自主权分配不够；个人和集体层面的文化自主权和内部结构自主权关注不够；自主权仅由校长裁定，不重视其他关键利益相关者的观点；缺少学校自主权和学习成果之间的概念联系，导致学校自主权对学生学习的影响不一致。为了克服这些局限性，学校自主权应被重新认定为功能自主权、结构自主权和文化自主权的组合。领导力也通过对三种领导活动进行分类来重新认识：功能性活动的领导力、结构性举措的领导力和文化活动的领导力。

一些学者从法律的角度对办学自主权的概念进行了界定。例如，劳凯声等（1997）指出学校办学自主权是学校及其他教育机构在法律上享有的，为实现其办学宗旨、独立自主地进行教育教学管理、实施教育活动的资格和能力。再如，刘敏和阮李全（2013）认为办学自主权就是学校组织体自身固有的一种治理权，具有一般意义上法人自治的内涵，也可以说是法人的自治权。法律通过规定学校权利的形式是对自主权的一种确认或宣示，而一直以来备受关注的办学自主权不应是下放而是回归。冯丽敏（2013）认为中小学享有的办学自主权应是在政府适度管制和监督下的法人所有权。基于权力与责任、权利与义务的考虑，学校的自主应是有限自主，应该被严格限制在教育教学活动领域。凡《中华人民共和国教育法》有关学校权利条款中没有列举的权利，都不属于学校办学自主权。

也有学者从产权的角度解读办学自主权。例如，葛新斌和胡劲松（2001）从产权角度认为，办学自主权在性质上是一种类似于企业经营权的学校运营权，且学校运营权只能通过政府的委托或授予而获得。持这种观点的还有罗朝猛（2009），他认为政府实施教育分权与放权是这种运营权能否落实的前提。

此外，诸多学者认为学校的办学自主权是有条件的，权力的行使不是无限的。例如，高云华和叶宏开（2000）认为办学自主权在本质上是一种公共权力，行使时必须符合国家和社会的公共利益，不得违背国家的教育方针、法律和国家主管部门的规制条件与程序，不得以主观性任意行使或放弃和转让。刘敏和阮李全（2013）认为政府、社会组织及个人，有义务保障学校办学自主权的实现，其他任何组织和个人不得干涉、强迫、侵害或者破坏。学校通过制定章程，依照章程自主办学，结合自身的目标定位和办学特点，各个学校因行为能力差异形成的章程权利，凸显了办学行为的主体性、能动性、自主性。葛新斌和胡劲松（2001）认为办学自主权只能是一种基于学校性质和任务的专门法律授权，而非学校无条件拥有的天然权力。学校在行使此项权力时，应在遵守相关方针、政策和法令的前提下，以完成学校教育教学任务为目的，并以学校本身的任务为界限。Pedró（1988）指出西方国家的教育分权改革，在促使学校获得了更多的灵活性、自主权并转向"自我调整"（self-regulation）的同时，政府通过各种政策杠杆加强了对公共教育的领导和干预，对结果的控制、责任成为自主的匹配物。周光礼和刘献君（2006）认为，作为政府举办的教育机构，无论是公立中小学还是高校，它们与政府的关系类似于内部行政关系，这就意味着学校的办学自主权都是有限的。张慧英（2009）认为办学自主权是一种公共权力，不得放弃和转让，有使用范围和权限，应该遵循特殊的法律规定性，有其必需的边界和限制。

综上所述，本书认为，学校办学自主权是指学校在依据国家的教育方针、法律法规的前提下，为实现学校的办学宗旨及保障其办学活动，能够依据自身的办学理念、充分发挥其功能所必须具有的自我决策、自我运行的资格与能力。学校的办学自主权是一种相对的、有条件、有边界的概念。一方面，办学自主权为学校办学所必须，这种权力只能局限于与学校办学有关的范围，以完成学校教育教学任务为目的，并以学校本身的任务为界限。另一方面，学校在行使办学自主权时必须符合国家和社会的公共利益，必须遵循国家的教育方针与法律法规的规定，必须以促进学生的发展为目的，不能违反规定而滥用职权。

三、落实机制

"机制"（mechanism）一词源于希腊文，最初用于物理学领域，是指机器的构造和运作原理，其本义就是机器各个部分之间的相互关系及其运行方式。《现代汉语词典》（第七版）对机制的解释主要包括：机器的构造和工作原理；机体的构造、功能和相互关系；某些自然现象的物理、化学规律；等等。把机制引申到不同的领域，就产生了不同的机制。

有学者认为机制是泛指一个工作系统的组织或部分之间相互作用的过程和方式。机制进入更广泛的领域指事物自身的构成及其运动中的某种由此而彼的必然联系和规律性（孔伟艳，2010）。美国社会学家 Elster（1998）认为，机制是指两个事物之间可能存在的因果关系。这种关系是经常发生的、易于识别的因果关系。总的来看，机制一般包含两个方面的含义：一是指达到某种结果的作用过程和技术；二是指有关或引起某种行为、反应或其他自然现象（如有机体进化）的物理或化学的作用过程。机制的要素包括：构成系统或有机体的要素；要素之间的关系。在一个完整的系统中，机制对维系各个组成部分的协调运行发挥着根本性的作用。某种机制一旦形成，该机制将促使系统内部维持相对稳定性。一个系统中同时存在多种机制，这些机制共同构成机制体系。

基于以上理解，本书认为，机制是指以系统或有机体及其内在要素为载体，反映系统或有机体与要素之间，以及要素内部之间的相互作用、相互制约和相互联系的互动过程和方式。办学自主权落实机制是指通过所有与学校办学自主权落实相关的机构、个人及其各要素之间的相互联系与相互作用，以最大限度实现学校办学自主权有效落实目标而形成的规则体系与运行方式。而且，学校办学自主权落实机制是一个体系，在该体系中存在着多种机制。

四、权利与权力

权利与权力是法与法学的一个核心范畴，两者有时可以通用，有时又有区别。因此，清晰界定权利与权力这一对概念，分析两者之间的关系，对于正确认识学校办学自主权及其边界是十分必要的。

（一）权利的概念

要界定权利的概念，首先需要注意是指何种意义上的权利。一般来说，我们在日常生活中会接触到几种不同意义的权利，如法律、道德、宗教意义上的权利；习惯上的权利；非国家组织规章中所规定的本组织成员的权利（如工会会员的权利）等。本书中所研究的权利是法律意义上的权利。

法律意义上的权利这一用语最早来源于罗马法，主要是指以财产权为中心的一般民事关系。到 17～18 世纪资产阶级革命时期，权利一词不仅适用于财产权，也扩大到公民权和政治权。国内外诸多学者对权利进行了解释和界定。美国法学家霍菲尔德（2009）认为权利包括四种含义：①狭义的权利，指人们可以要求他人这样行为或不行为；②特权（privilege），指人们能不受他人干涉而行为或不行为；③权力（power），指人们通过一定行为或不行为而改变某种法律关系的能力；④豁免（immunity），指人们有不因其他人行为或不行为而改变特定法律关系的自由。英国法学家米尔恩（1995）认为权利的要义是资格。说你对某物享有权利，是说你有资格享有它。他进而指出，权利是资格这种替换对于解释权利概念很有益处，这样有利于将注意力集中在权利的来源上。美国法学家庞德（2007）指出，在最普遍的意义上，权利是指公民生活中的一种预期。它在法律中有五种含义：第一种含义是利益，这种含义大量运用于探讨自然权利；第二种含义是指为了赋予利益以法律效力而要求另一个人或者其他人作为或者不作为的一种认可主张；第三种含义是指创设、剥夺或改变第二种含义上的权利的能力和因此而来的一种创设或改变义务的能力；第四种含义是指不受干涉的自然行为能力的某种一般的或者特别的条件，这种条件是法律不予干涉的，即法律留给某人以其自然能力的自由行使来保护其利益的情况，它们最后被称为自由和特权；第五种含义是将权利作为一个形容词，用来表示它与正义相一致的事物，或者确认道德权利并使道德权利发生效力的事物的性质。我国学者公丕祥（2008）认为，权利是规定或隐含在法律规范中，主体以相对自由的作为或者不作为的方式获得利益。张文显（2011）认为，法律权利是规定或隐含在法律规范中，实现法律关系中的主体以相对自由的作为或不作为的方式获得利益的一种手段。

以上释义从不同的角度试图揭示权利的核心特征，如利益、许可、资格、获得利益的保障、手段、法律手段等。在综合分析以上学者对权利定义的基础上，本书认为，权利一词应包含三层含义：第一，权利主体是法律关系主体或者享有权利的人，一般是指个人（公民、自然人）和法人，也包括其他团体、组织、作为民事法律关系主体的国家机关和国家。第二，权利的内容是法律关系主体可以这样行为或不这样行为，或者要求他人这样行为或不这样行为。第三，权利是由法律明文规定或隐含在法律法规中，权利的依据是法律规定。

（二）权力的概念

中国古代典籍中"权"字主要有两个方面的含义。一是衡量审度，如孔子曰：谨权量，审法度，修废官，四方之政行焉。孟子曰：权，然后知轻重。二是指制约别人的能力，如慎到认为，贤而屈于不肖者，权轻也。因此，中国传统意义上的"权"主要是指通过权衡、权度而对实务做出的应变处理，是居于特定位置的人通过自己的权度、权量、权衡来获得权力并实现其权威（钱俊君，2004）。

西方学者对权力的定义，主要包括"影响力说""强制力说""变更关系说""法律支配说"等。例如，古希腊时期的特拉西马克将权力界定为一种强制力，强调权力的强权特性，认为权力是社会中的强者为维护自己的利益而以法律的形式制定并规范的力量系统，政治权力的来源只是强权的合法化（刘绍贤，1987）。韦伯（2010）则认为，权力就是在一种社会关系内部某个行动者将会处在一个能够不顾他人的反对去贯彻自身意志的地位上的概率，不管这种概率的基础是什么。庞德（2007）认为，权力是法律确认和授予的创设、剥夺或者改变权利、权力和特权，以及创设义务和责任的一种能力。在《大不列颠百科全书》中，权力是指一个人或许多人的行为使另一个人或者其他许多人的行为发生改变的一种关系。

总之，尽管对权力的定义还存在诸多分歧，权力本身的含义也在不断发展变化，但是权力在本质上仍然是一种力量和能力，即在某种社会关系中，一个行为者或机构影响其他行为者或机构的态度和行为的力量与能力。

（三）权利与权力之间的关系

尽管在词源语义上，权利与权力具有同源同根性，但是在现代法律制度中，权利与权力一直是区别使用的，法学著作的趋势也是把权利与权力区分开来。

例如，美国的《独立宣言》，以及《宪法》及其修正案在使用权利（right）与权力（power）两个词时，含义都很明确，即公民享有权利，政府行使权力。在我国的《宪法》中，对中央国家机关使用了职权一词，对地方国家机关使用权限一词，对公民则使用了权利一词。美国法学家霍菲尔德认为，尽管权利一词包含要求、特权、权力和豁免四种情况，但是法律中的权利一词并不与权力同义，前者实际上包含了二者之间既有联系又有区别的关系。郭道晖（2005）认为，权利与权力是一对矛盾统一体，两者之间相互渗透、相互依存、相互转化。权利与权力之间也存在冲突，权利限制权力或否定权力，权力限制权利或否定权利，权利制衡权力。

王莉君和孙国华（2003）认为，权力表征是一种有效的约束力，而权利则融合了正当性和有效性的双重属性。在法律活动中，一方面，法律规范的内容本身就是权力斗争的产物，法律的实施也往往会受到现实权力关系的渗透、干扰甚至操纵；另一方面，法律活动也会反过来改变权力的面貌。经过一定的权力博弈与立法者的价值选择，有一些权力得到法律制度的认可与支持，这部分权力就转化为一种具有法律的正当性的权力，即法律权利。

综合以上观点，本书认为，权利与权力有着重要的区别。第一，从行为主体来看，权利的主体是人民，权力的主体是政府。第二，权利一词通常与私人利益联系在一起，权力一词则只能代表国家或集体利益，而不能是权力行使者的任何私人利益（沈宗灵，1998）。第三，将权利界定为法律承认并保护法律关系主体具有从事一定行为或不行为的资格或能力时，一般并不意味着法律要求他必须这样行为。但是权力（或者职权）一词不仅指法律关系主体具有从事这种行为的资格或能力，而且也意味着此主体必须从事这种行为，否则就成为失职或者违法（沈宗灵，1998）。第四，国家机关的权力是与强制力密切相关的，权力的强制力是直接的。权利的强制力是间接的，公民的权利受到侵犯，一般只能要求国家机关保护，而不能由公民自己来强制实施其权利。第五，在现代国家里，一般实行权利推定，即法律没有明文禁止，即可推定公民享有权利。但是国家机关的权力则不能推定，而必须以法律授权为限，即法无授权不可为，否则就是越权。

第二节　理　论　基　础

要系统研究高质量发展阶段的学校办学自主权，明确界定学校办学自主权的边界，探析学校办学自主权的来源、构成及其行使，构建具有中国特色的学校办学自主权落实机制，不仅需要探讨与之相关的现实背景，更需要系统分析研究的理论基础，探析学校办学自主权来源、边界、构成、行使及办学自主权落实机制的理论依据。

一、法人制度理论

显然，研究学校的办学自主权，需要系统分析学校办学自主权的来源，明确学校的法律主体地位，分析学校的法人资格，完善学校内部治理结构。因此，法人制度理论是本书的重要理论依据之一。

（一）法人内涵

法人是社会经济高度发展的结果。在早期的商品经济活动中，只有自然人作为民事权利主体进行商品交换。随着经济发展，自然人之间的交易已经不能满足社会发展需要，出现了由若干人组成的团体，但当时并没有出现法人的概念。为了适应商品经济高度发达的资本主义社会发展，1896 年制定、1900 年实施的《德国民法典》首次规定了法人制度。也就是说，法人制度的出现纯粹是经济发展的需求导致法律技术进步的结果，是一种经济生活的客观现实与法律技术运用相结合的产物（马俊驹，2004）。

法人是相对于自然人而言的。自然人是以生命为存在特征的人，法人则不同。法人即团体人格。团体的人格已经与生物人的人格完全分离，它是一种具有独立社会价值的主体，是一种与自然人截然不同的主体，即法人（马俊驹，2004）。我国的《民法典》第五十七条对"法人"概念做出了明确规定，第五十八条规定，法人应当依法成立。法人应当有自己的名称、组织机构、住所、财产或者经费。法人成立的具体条件和程序，依照法律、行政法规的规定。第五十九条规定，法人的民事权利能力和民事行为能力，从法人成立时产生，到法人终止时消灭。第六十条规定，法人以其全部财产独立承担民事责任。正如有学者指出的：法人的本质特征有二：一是它的团体性，二是它的独立人格性。前者说明它首先是一个团体、一个组织，是一个人的集合体，而不是一个个人，这是它有别于自然人的特征。后者说明它具有独立的民事权利主体和行为能力、能够独立享受民事权利并承担民事责任，因而它具有独立的民事主体资格，这是它有别于非法人团体的特征。这两个特征汇合到一起，就可以用最精练、最概括的语言给法人下一个定义：法人者，团体人格也（江平，1994）。

也就是说，学校是否具备法人资格，关键在于其是否具备法人条件。学校只有同时具备了以上条件，履行法定程序，才能取得法人资格。取得了法人资格，学校就能根据有关法律规定，行使法律所赋予的民事权利，履行民事义务，独立承担民事责任。

（二）法人的分类

世界上各个国家、地区尽管有一定的差异，但基本上都属于大陆法系的国家或英美法系的国家。在英美法系国家，由于其判例法传统，没有像大陆法系国家那样在民法典中对法人制度进行一般性规定，而是散落于其他公司和其他组织的立法中。大陆法系国家则在其国家的民法典中对法人分类做出了一般规定，并将法人按性质分为公法人和私法人，具体分类见图2.1。

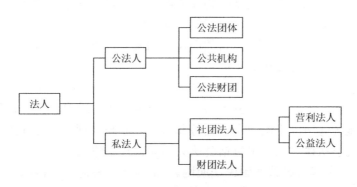

图2.1 大陆法系国家民法典的法人分类

公法人是指以公共利益为目的，即以提高政府效能、满足公众需求和改善公共福利为目的而设立的法人。私法人是指以私人利益为目的，即以其成员财产利益或其他利益为目的而设立的法人（江平，1994）。也就是说，公法人是由公法而设立，其存在的主要目的不是从事民事活动、享受民事权利、履行民事义务、承担民事责任，而是公共利益由国家创立和拥有，由公共资金支持且由权力来自国家的人员进行管理。可以从以下方面区分公法人与私法人：设立法人的法律为公法还是私法；法人设立者是国家或地方公共团体，还是其他私主体；法人是否行使或分担国家权力；法人存在的目的是增进社会公益还是增进私益。

根据设立的基础，私法人又分为社团法人和财团法人，前者设立的基础是自然人，后者设立的基础是特定财产。具体来说，二者有以下制度差别：①设立行为的差异。社团设立行为限于生前行为，并是两个以上设立人共同完成订立社团章程的法律行为；财团的设立行为不限于生前行为，法人设立须有设立人完成财产的捐助和订立捐助章程的行为。②治理关系的差异。社团成立以后，设立人和依据社团章程的参加者，成为社团成员。在社团，除了其他解散原因外，还可以依社员大会决议，自愿变更章程或解散社团；财团成立后，因设立人的意志已经体现在财团章程中，设立人在法律上已经与财团相分离，而具体事务由其聘任的执行者或管理者实施。在财团中，其目的、章程及组织的变更、管理方法的修改或财团解散，需由法定机关进行处理。③组织机构的差异。社团以社员大会为议事机关或权力机关，董事会或理事会依据其指示进行管理；财团法人则没有社员大会或议事机关，只有一个管理机关，依章管理，有时还有受益人（龙卫球，2002）。

大陆法系国家通常将公法人分为公法团体、公共机构（公务法人）和公法财团三类。公法团体是指依据公法而成立的人的团体，其是为了追求和保障公共利益及成员利益而设立的，如各级国家机关、律师工会。公法财团是指依据公法设立的具有财团性质的、以追求公共利益为目的的法人，如公募基金。公共机构（公务法人）是依据公法成立，由某些物和人组成的，以持续方式达成特定行政目的的组织体，如公立学校、公园、图书馆、博物馆、公立医院等。公共机构（公务法人）是国家行政主体为了特定目的而设立的服务性机构，享有一定的公权力。它与作为机关法人的行政机关不同，担负着特定的行政职能，服务于特定的行政目的，因而有别于正式做出决策并发号施令的科层式行政机关（马怀德，2000）。公共机构（公务法人）具有独立人格，与国家或者地方政府保持一定的独立性，独立担负实施公务所产生的权利、义务和责任，其与其利用者之间的法律关系既包括普通的民事法律关系，也包括公法关系即行政法律关系。

1986 年《中华人民共和国民法通则》①的颁布，标志着我国法人制度的正式确立。《中华人民共和国民法通则》中的法人分类，并没有采取大陆法系的普通分类标准，而是根据法人所从事的业务活动进行分类，分为企业法人、机关法人、

---

① 《中华人民共和国民法典》自 2021 年 1 月 1 日起施行。《中华人民共和国民法通则》同时废止。

事业单位法人和社会团体法人。其中，企业法人是指以营利为目的的、从事经济活动的法人。机关法人是指获得法人资格的国家机关，是依法直接设立的。事业单位法人是指被赋予民事主体资格的事业单位，是由国家财政拨款、从事公益事业的社会组织。社会团体法人是指由法人或者自然人组成，谋求公益事业、行业协调或同道志趣的非营利性社会组织，如协会、学会、研究会、基金会、联谊会、促进会、商会等团体。

随着中国经济社会的发展，新的组织形式不断出现，法人形态发生了较大变化，原有的分类已难以涵盖实践中新出现的一些法人形式，也不适应社会组织改革发展方向，因此有必要进行调整完善。2020 年 5 月 28 日，十三届全国人大三次会议表决通过了《中华人民共和国民法典》，自 2021 年 1 月 1 日起施行。《中华人民共和国民法通则》同时废止。按照法人设立目的和功能，《中华人民共和国民法典》将法人分为营利法人、非营利法人与特别法人。其中，营利法人是指以取得利润并分配给股东等出资人为目的成立的法人，包括有限责任公司法人、股份有限公司法人和其他企业法人等。非营利法人是指为公益目的或者其他非营利目的成立，不向出资人、设立人或者会员分配所取得利润的法人，包括事业单位法人、社会团体法人、基金会法人、社会服务机构法人等。特别法人是指营利法人与非营利法人无法涵盖的法人类型，包括机关法人、农村集体经济组织法人、城镇农村的合作经济组织法人、基层群众性自治组织法人。

（三）公司治理结构

从国内外相关研究成果来看，首先对公司治理结构进行系统研究的是经济学界。经济学界对公司治理结构的界定主要分为广义与狭义两类。广义而言，公司治理结构是指一组规范公司相关各方权责利关系的制度安排，是现代企业中最重要的制度架构，包括经理层、董事会、股东和其他利益相关者之间的一整套关系。完善的公司治理结构可以激励董事会和经理层去实现那些股东、经营者和其他利益相关者的奋斗目标，也可以提供有效的监督，激励企业更有效地利用资本（李维安，2002）。狭义而言，公司治理结构是指股东，即所有者（本人）确保经理（代理人）的行为能够为本人带来与其投资风险相称的投资回报的一系列措施和机制（梁能，2000）。与经济学上重视公司治理结构追求股东及其他利益相关者利益最大化的目的不同，法学意义上的公司治理结构更关注相关的制度、机制、措施、程序是否符合法律制度的规范。也就是说，法学上的公司治理结构以责任归属为必要，强调公司规制的底线，在价值目标上追求各方利益的协调和均衡（金锦萍，2005）。

由于各国在历史文化传统、法律体系、金融体制、经济发展水平及政治制度上的差异，在公司治理结构方面的制度安排上有很大的不同。从总体上看，大致可以分为两种类型：一是以美国、英国为代表的市场导向型；二是以欧洲大陆国家和日本为代表的网络导向型。例如，在美国，法律要求公司实行一元委员会体制，董事会是美国公司法人治理结构中的核心组织。董事会负责监督高级经理层，批准有关企业的重大决策，在极端情况下董事会可以撤换公司的主要执行官和公司管理层的其他成员。股东通过董事会这一内部治理机制、控制对市场的代理权争夺以及在股票市场上抛出所持公司的股本股票等方式实现对经营层的有效监督。这些方式在一定程度上有效地抑制经理人员的机会主义行为，使其为股东利益尽最大努力。

在德国，公司治理结构的一个特征是法律要求企业建立监事会和管理董事会，形成二元委员会体制，实现管理与监督的完全分离。管理董事会负责公司管理和运作，对公司的经营管理活动负有直接责任，并在法院内外的活动中代表公司。监事会则是一个地位高于董事会的机关，享有督促董事会尽职尽责所必需的全部权力。德国公司治理结构另一个重要特征是"职工参与决策制度"，涉及两个方面的决策参与：一是有关职工利益的决策，二是重大经营方面的决策。

毋庸置疑，法人制度相关理论为学校办学自主权来源的探析、办学自主权边界的界定及落实机制的构建提供了重要的理论依据。法人的分类、公司治理结构等相关理论研究有助于我们进一步明确学校的法律地位，揭示学校的法人属性、办学自主权属性及其来源，界定政府教育管理和学校办学的权责边界，切实落实学校的办学自主权。

二、权利与权力理论

国内外诸多政治学家、法学家、社会学家对权利和权力进行了大量的研究与著述，这些丰富的研究成果，为学校办学自主权的研究奠定了坚实的理论基础。

（一）权利理论

美国法理学家庞德（1984）认为，在罗马法中，也没有明确的权利分类或权利概念，现代意义上的权利一词直到中世纪末期才出现。在中世纪，托马斯·阿奎那首次解释性把 jus 理解为正当要求，并从自然法理念的角度把人的某些正当要求称为天然权利。中世纪末期，资本主义商品经济的发展使各种利益独立化、个量化，权利观念逐渐成为普遍的社会意识。于是 jus 作为权利才明确地区别于 jus 作为正当和作为法律（张文显，2006）。

17～18 世纪西方先进的思想家、法学家用自然法、自然权利观念，在新生资产阶级反对封建专制斗争的背景下，使自然权利脱离神学，形成了西方近代的自然权利观。英国思想家霍布斯、哲学家洛克，荷兰哲学家斯宾诺莎，法国思想家卢梭等分别从不同角度阐释了自然权利理论。他们认为，自然权利是个人与生俱来的、普遍的、先在的权利，是国家权力的界限，个人所拥有的自然权利先于和独立于政府的承认，具有不依赖法律存在的道德性质。

当然，这种具有个人主义色彩的自然权利观受到了诸多学者的批评和质疑。个人功利主义、自由主义政治和法律的奠基者边沁（1983），从实证主义的角度分析了权利与法律的关系。在他看来，权利是一个法律概念。如果追求幸福的权利是不可剥夺的权利，为什么限制盗贼通过盗窃而获得幸福呢？为什么限制谋杀者通过杀人而获得幸福呢？在一个多少算得上文明的社会里，一个人之所以拥有一切权利，能抱有各种期望享受属于他的东西，唯一的来由是法律。奥地利法学家、实证主义法学的代表人凯尔森（1996）同样认为权利是法律的派生物。在他看来，尽管权利居先存在的理论在政治上极端重要，但是在有法律之前就不能有什么法律权利。原因在于，个人有权或无权拥有物品的陈述，只有在有这一陈述的人预定一个关于所有权的一般规范的存在（意思就是效力）时，才是一个在逻辑上以至心理上有可能的价值判断……不预定一个调整人的行为的一般规范，关于权利的存在与否的陈述是不可能的。社会连带主义学说的代表、法国宪法学家狄骥（1959）关注社会整体利益，强调社会义务，否定主观权利概念。他认为，主观权利概念来自一种形而上学的心理状态。正是这种心理状态促使法学家和立法者在一切受到社会保护的活动后面放上形而上学的特质来解释这种保护。他还提出，自由权和所有权不再是一种权利，而是一种"社会职务"，人只有在为社会完成了其职务要求后才能受到社会的保护。德国法学家耶林则主张，个人的存在既是为自身也是为社会，所以个人通过斗争来维护自己的权利不仅是权利人对自己的义务，也是对社会的义务。因为人通过主张自己的权利能够维护法律，维护法律也就是维护了社会所不可或缺的秩序。

关于权利的性质，西方学者有不同的观点，集中体现为利益论、意志论和权力论。英国的思想家边沁是利益论的代表，他反对天赋人权。在边沁看来，自然的不可剥夺的权利说只是信口雌黄，人们之所以提出并相信自然权利（天赋人权）说，其原因在于人们想用一种虚构幻想的形式来表达对某些人生权利的渴望……其最终动因仍是功利动机，因为人的本性是趋乐避苦（Waldron，1987）。德国法学家耶林也是利益论的代表。与边沁只关注个人利益不同，耶林强调个人利益与社会利益的平衡，并将权利界定为法律保护的利益。也就是说，所有的利益并不都是权利，只有为法律所承认和保障的才是权利（庞德，1984）。当代西方法学家拉茨、麦考密克等也是利益论的代表，他们认为，无论权利具体客体是什么，它对权利主体来说总是一种利益（张文显，2006）。主张意志论的学者认为，法律的目的是赋予人们以最大限度的自我主张，因此，权利就是人的意志的内在属性。

例如，黑格尔认为，权利的依据不是个人的理性，而是一种超越个体的自由意志。权利的基础是精神；它们的确定地位和出发点是意志。意志是自由的，所以意志既是权利的实质又是权利的目标（夏勇，2007）。也有学者将权利与法律上的力量或者制度上的力量联系在一起。例如，美国哲学家 Wellman（1997）认为，权利是一定范围的决定权，这种决定权应被其他人尊重，并被社会保护。德国法学家 Windscheid（1900）认为，权利是法律赋予的意志力，是一种法律命令所认可的意志支配力。为此，他提出两种主观权利，第一种范畴的主观权利表现为权利主体具有发动强制反对意志的实质强力，这是一种对抗拒者的强制权利；第二种范畴的主观权利是判定第一种范畴、消灭或变更既定权利的意志能力，即权利主体对自身权利的意志支配力。

国内外诸多学者从不同角度、不同标准对权利的类型进行了划分。总的来看，主要包括以下分类。

1. 基本权利与普通权利

基本权利与普通权利的划分依据是权利所体现的社会内容（社会关系）的重要程度。基本权利是人们在国家政治生活、经济生活、文化生活与社会生活中的权利，是人生而应当有的、不可剥夺、不可转让、不可规避且为社会所公认的权利，一般由国家宪法或基本法确定或规定。普通权利是非基本权利，是人们在一般经济生活、文化生活和社会生活中的权利，通常由宪法以外的法律或法规规定。

2. 公法权与私法权

公法权与私法权的划分依据是作为权利依据的法律类型，即公法与私法，主体包括国家、个人和法人。公法以规范和调整权力/权利关系为核心，首先需要理性设定权力/权利主体，实现公法主体设定和权力（利）义务配置的规范化与制度化（袁曙宏，2009）。公法包括宪法相关法、行政法、刑法、刑事诉讼法、行政诉讼法等。私法包括民商法，以及按照所依附的不同实体法而有所区别的程序法，如民事诉讼法。

3. 对世权利与对人权利

对世权利与对人权利的划分依据是权利的效力范围。在法律上，对世权利也被称为绝对权利或一般权利，其特点是权利主体没有特定的义务人与之相对，而以一般人（社会上的每个人）作为可能的义务人。国家的安全权、独立权、公民的各项自由权、财产权均属于对世权利。对人权利也被称为相对权利或特定权利，其特点是权利主体有特定的义务人与之相对，权利主体可以要求义务人做出一定行为或者抑制一定行为。

4. 行动权利与接受权利

行动权利与接受权利的划分依据是权利主体实现其意志和利益的方式。这一划分来自英国政治学家拉斐尔，他把美国法学家霍菲尔德权利四分法中的"自由"称为行动权，将"主张"称为接受权。享有行动权是有资格去做某事或用某种方式去做某事的权利。享有接受权是有资格接受某物或以某种方式受到对待的权利（米尔恩，1995）。也就是说，行动权利是使主体有资格做某事或者以某种方式行动；接受权利是使主体有资格接受某物或以某种方式被对待。

5. 原有权利与补救权利

原有权利与补救权利的划分依据是权利是否独立存在。原有权利也被称为第一性权利，是直接由法律赋予的权利或由法律授权的主体依法通过其积极活动而创立的权利。补救权利也被称为第二性权利或救济权利，是在原有权利受到侵害时产生的权利。补救权利的产生仅在于保护或者实行原有权利。

6. 专属权利与可转移权利

专属权利与可转移权利的划分依据是权利是否可以转移。专属权利是指只能属于特定人所有，不能转移的权利，如人格权、人身权。可转移权利是指可以转移给他人的权利，如一般物权、债权。

7. 个人权利、集体权利、国家权利与人类权利

个人权利、集体权利、国家权利与人类权利的划分依据是权利主体的不同。个人权利是指自然人依法享有的公民权利，包括政治权利、经济权利、文化权利和社会权利等。集体权利是社会团体、企事业单位、法人等集体所享有的各种权利。国家权利是指国家作为法律关系的主体，以国家或社会的名义所享有的各种权利。人类权利是指人类作为一个整体共同享有的权利。

（二）权力制衡理论

基于人性的弱点及权力的扩张性，如果不对权力进行有效的制约和监督，就容易导致权力的滥用和社会混乱。因此，必须对权力进行制衡，保障权力结构不发生倾斜。总体上来说，学界对权力制衡问题的研究主要形成了以下三种观点。

第一，以权力制约权力。以权力制约权力的根本目的是为权力设定界限，通过分权实现权力各部间的制约和监督。这一思想的萌芽开始于亚里士多德的政治学说。其后，洛克在《政府论》中将政府权力区分为立法权、行政权和结盟权，

并将其分属于不同的政府部门，不由一个政府部门掌管所有权力。孟德斯鸠是近代政治思想史上第一位正式提出"三权分立"的思想家。他在《论法的精神》一书中系统阐述了"三权分立"的思想。孟德斯鸠（1961）指出：一切有权力的人都容易走向滥用权力，这是一条千古不变的经验。从事物的性质来说，要防止滥用权力，就必须以权力约束权力。为此，应将三种国家权力（行政、立法、司法）交给不同的国家机关掌握，并通过法律规定的方式，使三种权力相互制约。

第二，以权利制约权力。这一理论以权力与权利之间内在的逻辑关系为基础。从权力与权利的关系来看，权力来源于权利，权利是主体，权力则是派生的，主体对派生天然拥有控制权。显然，以权利制约权力，不仅意味着主体必须具有较高的权利意识，也意味着有较为完善的法治保障公民权利。也就是说，富有权利意识的人以法治作为制约权力的武器，才能使"以权利制约权力"发挥有效作用。

第三，以社会制约权力。19世纪法国政治思想家托克维尔提出了"以社会制约权力"的思想。在托克维尔（1995）看来，仅有制度的安排，不足以保证个人和社会不受国家权力的侵蚀。因此，一种由各种独立的、自主的社会团体组成的多元社会可以对权力构成"社会的制衡"，即以社会制约权力。也就是说，在一个多元的社会中，独立的报纸、出版物，作为一种独立职业的律师，政治社团及其他社团组织，都能监督和牵制国家权力。其后，达尔（1999）提出了多元社会观点。在他看来，一个国家要维系民主就必须有各种各样的独立社团和组织，也就是说，必须有一个多元的市民社会。社会对权力的制衡比以权力制约权力的宪法制约更重要。因为，多元的社会意味着意见的多元性、利益的多样性和权力的多元性，各种独立的、自主的社团客观上造成了一种新的权力分配和制约关系，国家和政府不再是唯一的权力中心。

显然，权利理论和权力制衡理论为理顺政府与学校关系、科学划分政府教育行政管理权限、学校办学自主权边界，以及学校办学自主权落实和行使提供了重要的理论支撑。一方面，作为一种公权力，政府的教育行政权和学校办学自主权既不能随意放弃，也不能随意行使，政府的教育行政权和学校的办学自主权都是有限的，而且需要有效的监督和制约。这种监督和制约既有外部的监督和制约，也有内部的监督和制约。对于学校来说，学校内部的决策机构、执行机构和监督机构的建立和健全，可以有效形成办学自主权的内部制衡机制。同时，政府在法定权力范围内行使教育行政权，对学校办学进行合理干预和监督，可以形成有效的办学自主权的外部制衡机制。另一方面，权力来源于权利，权利是权力的基础，权利是本位的，权力是基于保障和实现权利而产生的。因此，政府的教育行政权和学校办学自主权的行使，必须以保护教师、学生和家长的合法权利为目的，杜绝权力异化，通过权力保障教师的教学自主权、学生的学习自主权和家长的教育参与权。

三、网络治理理论

网络治理理论是 20 世纪 90 年代以来在美国兴起的公共治理理论。该理论是介于科层治理模式和市场治理模式之间的一种新兴治理模式，世界很多国家在政府治理中都有相关实践，是支撑本书的重要理论之一。

（一）网络治理理论的发展

随着经济全球化和社会信息化，新事物、新业态、新技术层出不穷，社会环境越来越复杂多变，各种事务管理的界线也越来越模糊，加上国家与公民社会区别的消解，科层治理模式和市场治理模式都不能实现很好的治理，且两者之间的依赖性不断加强，网络治理理论由此产生。主要主张有以德国麦斯·普朗克学派为代表的行动者中心制度主义，以荷兰学者克林等为代表的管理复杂网络。

（二）网络治理理论的主要观点

首先，在治理目标上，网络治理的目标是协调和维护。美国学者 Jones 等（1997）认为，网络治理的目标在于协调与维护交易，使其能够适应多变的环境。如表 2.1 所示，网络治理不同于科层治理和市场治理。科层治理是控制严密、命令等级、单边运行、正式权威的关系；市场治理则是自愿化、个体化的行为和契约关系；网络治理是正式或非正式的组织和个体以共同价值为链接的共同治理。网络治理受到社会环境、市场等因素的影响，需要行动主体之间不断沟通、调整，从而达成共识，有效维护网络的整体功效、运行机制，保障多元主体参与者的利益，不然网络就会解散。因此，协调和维护是网络治理的基本目标，既包括治理过程中的协同、信任等过程目标，也包括实现资源优化配置、共享治理成果等结果目标。

表 2.1　网络治理与市场治理、科层治理的比较

比较内容	特征		
	科层治理	网络治理	市场治理
目的	中央执行者的利益优先	合作者的利益优先	提供交易场所
垂直一体化	高，生产投入所有权集中化	可变（静态网络中等，动态网络较低），所有权单元分散化	无，生产投入所有权分散
信用	低	中等偏高	低

续表

比较 内容	特征		
	科层治理	网络治理	市场治理
冲突解决	详尽的合约；行政命令	关系的/周期性的合约，共同协商，互让互惠	市场规范；法庭，法律体系
边界	固定、刚性、内或外强，典型的静态连接或联合	柔性，可渗透，相对，潜在连接；强和弱，常常动态连接或联合	离散的，完全细微的；远距离、近距离、一次性连接或联合
联系	不间断；通过渠道（垂直）；一点到多点或多点到一点	当需要时；直接；多点到多点	短期存在；直接；多点到多点
任务基础	功能导向	项目导向	一致性（一个当事人从开始到结束）
激励	低，预先确定过程步骤和产出，主要取决于固定工资	较高，业绩导向；利益来自多重交易	高度强调销售额或市场
决策轨迹	自上而下，远距离	共同参与或协商，接近行动地点	即时，完全自主
信息收集	静态环境中的较低搜索度；通过专业化机构	分布式信息收集；中等搜索度	通过价格传递信息；价格向量极其重要，需要寻找价格
控制/权威/影响模式	地位或规则为基础；命令/服从关系	专业技能或声誉基础，重说服；通过形成连接影响控制	通过价格机制达成共识

资料来源：李维安（2003）

其次，在治理主体上，各个主体都能充分发挥作用。网络治理理论认为，在现代社会中，没有一个行动者处于绝对的支配地位，政府不可能垄断一切权力，已经没有绝对的支配力量去支配其他行动者，每一个行动者都有其优势，应该充分发挥各个行动者的作用，让其各尽所能，这样才能实现良好的治理。要使网络上所有主体都发挥有效作用，政府必须进行科学合理的转权、让权、赋权，保障其作用的发挥。

再次，在治理结构上，网络治理特征与科层治理、市场治理不同。网络治理结构位于科层治理结构和市场治理结构之间，其特征可以从其与科层治理、市场治理的不断比较中得出。一些专家学者认为网络是科层、市场之间的中间体，有的专家学者认为网络是糅合体（鄞益奋，2007），行动者中心主义的代表德国著名学者 Scharpf 等（1997）认为网络更偏向于科层，Heclo（1978）认为网络更偏向于市场。不论哪种观点，在网络治理结构中，每一个组织都相互依赖，并在参与中发挥自己的比较优势。

最后，在治理机制上，网络治理具有信任、互动、协调、整合四种机制。一是信任机制。信任机制是网络治理的前提，在没有绝对意义上的层级和缺少法律硬性约束的情况下，行动主体之间若没有信任就不能形成有效链接，网络就无法形成。正是由于行动主体之间的信任，才能最大程度消除障碍，通力合作，为实现彼此间共同目标贡献自己的力量。二是互动机制。互动机制是网络治理的内生机理，网络治理行动主体之间通过互动，能有效促进行动者之间的思想交流或资源共享，增加行动者之间的信任，避免不必要的误解。同时，通过互动，为个体或团体直接或间接融入其他个体、团体圈子，获得其他个体或团体隐性资源或知识提供了机会。三是协调机制。协调机制是网络治理的关键，正如 Stoker（2006）所提出的，网络治理的关键是在网络中建立和发展良好的关系，由于内外部环境是动态变化的，网络中各行动主体之间信任关系的巩固，需要根据环境的变化进行协调，离开协调，行动主体之间的利益关系、合作网络关系就无法得到有效维护，导致网络治理解体。通过协调，可促进行动主体间达成一致行动。四是整合机制。整合机制是网络治理的显著特征，在面对复杂性任务和不确定性需求的情况下，需要通过整合团队的资源，合力完成任务。特别是通过对行动主体间关系序列的有序重组，使多元行动主体能迅速形成强大的攻坚团队。在整合机制上，具有水平整合、垂直整合两大特点。由此可见，网络治理的各项机制之间是相互补充、相互依存的，信任和互动是网络治理有效发挥作用的驱动力，协调、整合则是网络治理不断适应环境变化达成治理目标的调和剂。

网络治理理论是在弥补科层治理和市场治理不足的情况下产生的，其核心思想就是单一的主体不能有效地发挥作用，需要各行动主体之间通力合作，实行资源优化组合，充分发挥行动主体的优势，从而实现善治。因此，网络治理理论对系统研究学校办学自主权同样具有重要的指导意义和理论适切性。

第一，网络治理理论认为各行动主体没有一个绝对的权力中心，强调行动主体间的合作，通过合作最大程度发挥各行动主体的作用，从而增强聚集效应，达到"1＋1＞2"的效果。依据网络治理理论，各级政府应重新审视自身在教育治理中的职能、职责，这是明晰学校办学自主权边界及自主权落实的重要前提。落实和扩大学校的办学自主权，建立健康的政校关系，首先需要政府转变职能，既不能是"全能"型政府，也不能是"无为"型政府，需要在两者之间找准有效的结合点，合理确定其管理方式、范围。在管理方式上，通过让权、放权、赋权等方式，综合运用规划、政策、资金、评估等措施，对义务教育进行全过程的引导、控制和监管等。在管理范围上，厘清政府间、政府与学校、社会在教育中的职能职责界限，科学合理确定各级政府部门的教育管理职能职责范围，把该管的管住，把该服务的服务好，把该放下去的权全部下放给相关利益主体，并明确各主体的权责，使各主体权责一致，调动多元主体在学校办学中的积极作用，建设高质量教育体系。

第二，网络治理理论认为任何一个主体都不可能具备有效解决动态、复杂的问题的能力，要协调好各个行动主体的利益，利用好每一个行动主体的资源，发挥每一个行动主体的优势，形成强大合力。政府简政放权、学校办学自主权边界划分及有效落实涉及政府、市场、社会组织、学校、教师、学生、家长、社区等的相关利益群体，不同的利益群体有不同的利益诉求，故无论是政府还是学校，都需要在这一过程中倾听教育相关利益主体的声音，协调不同利益群体的诉求，凡是涉及教育方面的重大决策、重点事项，必须多途径、多方式听取各相关利益主体的意见，有机整合各相关主体的利益诉求，在共同利益价值下，建立彼此信任、互动、协调、整合的机制，并通过建章立制，使信任、互动、协调、整合机制制度化、常态化，从而有效调动教育相关利益主体的主动性和积极性，为实现目标努力奋斗。

第三，网络治理理论认为，对行动主体科学有序整合，能激发各个主体创新活力，形成强合力。学校办学自主权及学校依法自主办学，涉及政府间的权责关系调整，政校间的权责关系调整，学校内部关系调整，学校与家长、社区之间的关系调整，各种权责关系的调整涉及多元利益主体，涉及多样化的教育需求和利益诉求，因此，需要根据不同的任务、需求和诉求，科学整合不同主体，这样才能形成强大合力。若不科学有序整合，则不仅不能形成强大合力，可能还会导致管理低效甚至无序，存在治理失败的可能。

四、机制设计理论

机制设计理论的思想源头通常可以追溯到 20 世纪 30 年代国际经济学界以恩尼科·巴罗尼（Enrico Barone）、奥斯卡·兰格（Oskar Lange）为代表的左派，以及以路德维希海因里希·艾德勒·冯·米塞斯（Ludwig Heinrich Edler von Mises）、弗里德里希·奥古斯特·冯·哈耶克（Friedrich August von Hayek）为代表的右派对社会主义经济制度的效率问题所展开的大论战（Lange，1936）。在这场旷日持久的论战中，双方的争论焦点共同落脚在信息与激励问题上，即无论是以市场经济"看不见的手"实现资源配置还是以计划经济"看得见的手"进行资源配置都会遇到信息不对称与激励不足等问题。伴随着论战的不断深入，经济学家思考的问题不再局限于分散化的社会主义经济机制能够最终导致资源有效配置问题，而开始转向一个更加一般化的问题，即机制的取舍与判断标准问题（朱慧，2007）。

机制设计理论的奠基人是赫维茨（Hurwicz）。Hurwicz 在 1960 年发表的《资源配置中的最优化与信息效率》一文中首次提出机制设计理论，于 1972 年提出激励相容概念，1973 年提出机制设计理论的初步框架。随后，马斯金（Maskin）将博弈论引入机制设计理论中，专注于实施理论的研究，提出了"马斯金定理"。迈尔森（Myerson）将显示原理运用于机制设计理论的执行过程中，降低了机制设计问题的复杂程序，提出任何一种机制的任意均衡结果都可以通过一种激励相容的直接机制实现，只要找到这种直接机制就可以实现"讲真话"的均衡结果。这三位经济学家在创立和发展机制设计理论方面做出了卓越的贡献，于 2007 年共同获得诺贝尔经济学奖。

机制设计理论致力于研究如何在信息不对称、不均衡的条件下，设计一种激励相容机制进而实现资源的有效配置，在这个机制中要用最少的信息资源消耗获取最佳的效益，同时也要调动参与者的最大积极性，使个体利益与集体利益相一致，进而实现整体利益最大化。其中，信息成本与激励相容是其研究的核心问题。机制设计理论在某种程度上可以视为一种冲突解决方案，它要求设计者首先确定要达成什么样的目标，然后根据给定的条件设计一种能够实现的机制（杨卫安和邬志辉，2012）。该机制实现的关键之一是要设计出能够充分调动各方参与者积极性的激励，使参与者愿意达成机制设计者所设想的结果，进而让利益冲突的各方达成最大公约数的共识。

（一）激励相容

Hurwicz（1960）指出机制的实质为一个信息交流系统，在这个系统里所有的参与者都在不断地互相传递信息，而这些信息并不一定能真实反映参与者对公共物品的支付意愿，但每个参与者都在尽力谋求自身利益的最大化。因而，在制度或规则的设计者不了解所有参与人基本信息的情况下，制度设计的一个尤为重要的原则就是，使参与者显示真实偏好策略成为占优的均衡策略，这就是激励相容的制度设计。也就是制度设计者所制定的机制能够激励每个参与者，在保证各参与者实现个人利益的同时也能实现机制设计者所追求的整体利益，各主体之间是激励相容的良性合作循环。激励相容还要施加一个约束条件，即没有人因参与这个机制而使情况变坏。

（二）显示原理

机制设计理论是一个典型的不完全信息博弈过程。第一阶段，委托人设计一个机制，机制代表了博弈规则，根据这个规则，代理人发出信号，实现信号决定配置结果。在第二阶段，代理人选择接受还是不接受委托人的机制。在第三阶段，接受机制的代理人根据规则进行博弈（张维迎，1996）。要在激励相容的参与约束条件下设计一个最优机制，是一个十分复杂的数学问题。显示原理的发现较好地解决了这一问题。美国经济学家 Gibbard 于 1973 年用公式明确表述了显示原理，迈尔森将显示原理应用到许多经济学问题中并于 1979 年提出了显示性偏好原理（李文俊，2017）。显示性偏好原理主要指在不完全信息的博弈背景下，在贝叶斯均衡状态下可以找到一个三阶段的信息诱导机制，使得所有参与者在第二阶段接受该机制，在第三阶段显示真实偏好（弗登博格和梯若尔，2015），在这一直接机制中，每个理性参与人都会真实报告自己的信息。这就是迈尔森提出的任意一个机制的任何一个均衡结果都能通过一个激励相容的直接机制来实施（祖强，2008）。根据显示原理，在寻找最优机制时人们可以通过直接机制简化问题，这极大地减少了机制设计的复杂性。

（三）执行理论

由于显示原理没有涉及多个均衡问题，马斯金在 1999 年发表的论文《纳什均衡和福利最优化》中提出并论证了机制设计理论执行的充分和必要条件。马斯金指出，如果一个机制能同时满足单调性和无否决权这两个条件，那么这种社会机制就是可执行的。单调性主要指某一种社会方案在一种经济运行环境中是可取的，在另一种社会经济环境中也是可选择的最优方案，那么这种方案就应该总是社会选择的结果；且如果同时假定存在纳什均衡，则被执行的社会目标函数一定要满足单调性这一条件，就能实现显示原理与社会目标函数之间的激励相容（李文俊，2017）。马斯金进一步指出，仅仅满足单调性这一个条件并不能完全保证机制是可实施的，还要满足另外一个条件——无否决权。无否决权主要指在大于等于三人的博弈中，没有任何人具有否决权（祖强，2008）。例如，政府设计税收制度，既不能挫伤人们的工作积极性，同时还要通过税收实现社会公平，改善一部分人的生活水平，那么这种制度就是可实施的。也就是说，在一定条件下，人们可以找到实现社会目标的机制，而且该机制的结果一定和社会目标是一致的。

显然，机制设计理论提供了一种评判机制设计优劣的基本标准：激励相容、资源有效配置、信息有效利用（拉斯穆森，2009）。这一评判标准为本节在既定的经济与社会环境下，设计出一套使各参与者与整体目标相一致的学校办学自主权落实机制，提供了在信息不完全、个体理性、自由选择与分散决策等条件下的最优机制选择。

总之，本章在对国内外相关研究文献进行梳理及分析的基础上，对书中涉及的核心概念，包括学校、办学自主权、权利与权力、落实机制等进行了明确界定。本章认为，学校办学自主权是指学校在依据教育方针、教育规律、法律法规的前提下，为实现其办学宗旨及保障其办学活动，能够依据自身的办学理念、充分发挥其功能所必须具有的自我决策、自我运行的资格与能力。学校的办学自主权是一种相对的、有条件、有边界的概念。一方面，办学自主权为学校办学所必须，这种权力只能局限于学校办学有关的范围，以完成学校教育教学任务为目的，并以学校本身的任务为界限。另一方面，学校在行使办学自主权时必须符合国家和社会的公共利益，必须遵循教育方针与法律法规的规定，必须以促进学生的发展为目的，不能违反规定而滥用权力。

与此同时，本章认为，法人制度理论、权利与权力理论、网络治理理论和机制设计理论是本书的重要理论基础。法人分类、公司法人治理结构等相关理论研究有助于我们进一步明确学校的法律地位，揭示学校的法人属性、办学自主权属性及其来源，界定政府教育管理和学校办学的权责边界，切实落实学校的办学自主权。权利理论和权力制衡理论为理顺政府与学校关系、科学划分政府教育行政管理权限、学校办学自主权边界及学校办学自主权落实和行使提供了重要理论支撑。网络治理理论有助于我们重新定位政府、学校及社会的角色，明确多元主体在教育治理中的权责。机制设计理论提供了一种评判机制设计优劣的基本标准。这一评判标准为本书在既定的经济与社会环境下，设计出一套使各参与者与整体目标相一致的学校办学自主权落实机制，提供了在信息不完全、个体理性、自由选择与分散决策等条件下的最优机制选择。

第三章 学校办学自主权的来源及边界

今天，政府简政放权、落实和扩大学校的办学自主权已经成为世界范围内教育改革的共同特征，并成为增强学校办学活力、激发教师创造性、彰显学校办学特色的重要举措和保障。然而，对于以下这些问题依然没有较为明确的答案：学校的办学自主权从何而来？学校应该享有哪些办学自主权？学校应该享有多大的办学自主权？学校办学自主权的边界和限度何在？显然，对这些问题的回答，涉及对学校办学自主权的来源及学校办学自主权边界划分的研究。

第一节 学校办学自主权的来源

显然，对学校组织性质和功能的系统把握是研究学校办学自主权来源及划分学校办学自主权边界的前提和基础。

一、学校的性质和功能

学校是一个复杂的社会系统。一方面，与其他的社会组织相比，学校同样需要对组织内部、组织外部的各种资源进行计划、组织、管理、指挥、协调；另一方面，学校又与其他的社会组织不同，学校因其教育对象的复杂性及培养人的职能而具有独特的组织和管理问题。

（一）作为专业性组织的学校

作为一种社会组织，学校具备一切社会组织所共有的特征。第一，特定的目标。组织以特定的目标为纽带，将一些人结合起来组成正式群体，通过不同阶段组织目标的实现获得自身发展。对于学校来说，育人就是学校组织的特定目标，通过育人这一目标，将学校管理者、教师、学生、家长等诸多利益相关者整合在一起。第二，明确组织中每个成员的位置及权责。组织是一个整体，每个成员都是组织中不可或缺的组成部分。但是，组织不是成员个体的简单集合，而是通过分工、权责配置、层级节制等将组织中的成员整合在一起。也就是说，在学校中，需要明确每个成员的角色和工作性质，赋予他们一定的工作权责，并要求成员间彼此配合。第三，满足组织成员的需要，根据社会发展及时调整组织结构。组织在激励成员主动、高效地完成预定的工作任务、实现组织目标的同时，应该尽可能地满足成员的物质需要和精神需要，对其工作绩效予以充分肯定和回报。同时，组织内外部环境处于不断变化中，因此，为了自身的生存和发展，学校组织必须根据社会发展和学校自身发展变化而变革。

与此同时，从教育学来看，学校既是一种社会组织，又是一种不同于其他社会组织的特殊机构。作为有目的、有计划、有组织进行系统教育的机构，学校除了具有一般社会组织的特征和功能外，还具有特殊性，即教育性是否得到满足和尊重。

第一，学校是从事教育教学活动的专业组织，是由知识和一群围绕知识而工作的群体组成的，学校管理者及教师都是从事教育教学和管理的专业人士与知识劳动者，其劳动的个体化程度较高，因而，对他们的管理必须体现民主性，使其拥有管理自己工作的自主权，以便发挥他们的主动性和创造性。在 Drucker（1999）看来，20 世纪的公司最宝贵的财富是它的生产设备，而 21 世纪的机构（无论是工商机构还是非工商机构），最宝贵的财富将是它的知识劳动者及他们的生产能力。为了提高知识劳动者的生产能力，Drucker（1999）鉴别了包括教育部门在内的所有部门必须应对的六个问题：①知识劳动者的生产能力要求我们回答这样的问题，他们的任务是什么？②知识劳动者必须拥有管理他们自己工作的自主权。③知识劳动者极为重要的任务是必须持续地创新。④持续地学与持续地教是其任务根本。一旦知识劳动者停止学习，那这个人就不要再试图去教什么了。⑤知识工作的生产率要求数量与质量的平衡。⑥知识劳动者应当被看作一种资本财富（capital asset），生产工具在他的头脑中是完全可以携带的，而不是一种系于产品机器的具有固定价值或可以交换的部件。

由此可见，对于作为知识劳动者的教育者来说，他们的知识生涯包含了知识的获取、知识管理及知识向下一代的传递。要提高他们的知识生产力，学校管理者和教师需要拥有管理他们自己工作的自主权。学者汉森（2005）分析了作为专业人士的教师在教学过程中的自治行为，并将其概括为四种表现方式。

其一，教师倾向于认为，他们在教与学的过程中具有主宰权，因为他们掌握某一特定领域的专门学问。如果问教师，谁是教学过程的主管时，典型的回答便是：按照我的教育哲学，我愿意求助于学区中与我的教学方法相一致的同学科教师。我认为在这幢大楼里没有什么支配我所教授的学科事务的主管。

其二，教师一般认为，他们有权按他们所选择的方式去组织学习过程。一位管理者评论道：每个教师都有权去开发内容，而这就使得他把教室当作最令人舒畅、最能获得成功的场所。我认为只要其结果值得称道，就应该给他们很大的自主权。如果在使用这种方式的时候突然发生什么故障或是学生有什么意外，那便是（管理者）对他们起作用的时候了。

其三，教学过程相对来说不受学校规章制度网络中对教与学活动所作相关规定的牵制。不涉及人情的学校规章的理性网络往往进不了教室。于是，在这方面，教师们开始系统地制定他们自己的人格化的、有弹性的规章以辅助其教学过程。

其四，我们问一位校长，在有些时候，当一个教师的回应与学区规定的方针或校长的指令不一致时，教师是否有可能对上级的指挥说不？这位校长答道："有可能，而且教师确实是这么做的。在某种意义上说，这正是许多人常说的我并非一定得那样做。但如果你有一位正在使其工作进程合理化，并在方法上属于人本主义的教师，我相信对于我和学区来说，说一声你必须改变将是非常困难的。"

第二，学校组织是一个松散结合的系统。卡尔·韦克认为，学校是松散结合型的组织。松散结合是指组织结构的组成部分尽管各自承担相应的责任，但是各个部分保持着其本性和可分离性的迹象。松散结合的特点是不确定性和模糊性。当组织目标和技术清晰明了时，决策中的参与卷入可以预见和具有实质性内容时，组织是紧密结合的。与之相反，学校组织是松散结合型的（中央教育科学研究所比较教育研究室，1992）。松散结合的假设认为，一个学校的不同子部门（如学术部门、学生指导办公室、校长办公室）都有它们各自的特点、作用和分界线，这些部门的连接既微又小。对此，Weick（1976）认为，松散结合倾向于传达这样一种思想：相结合的事件之间虽然反应敏感，但是，每个事件同样保持它自己的特点和某种物理或逻辑上的独立标志。

那么，什么原因导致学校组织成为一种松散结合的系统，而不是紧密联结的系统？主要的原因在于学校经常处于一种有组织的无序状态。对此，Cohen 等（1972）认为，教育组织由于具有三个特殊性质，最能被理解成有组织的无序状态。其一，教育目标是模糊的，且经常变化。一个古老的问题是，教育的目标是什么？事实上，每个人及他的同行——教师、管理者、橄榄球教练、家长—教师联合会主席、学校门卫，对任何给定的学校目标都有自己的看法。其二，行动的技术是不明确的，甚至对参与者来说也是如此。何为教学？课堂教学中的学习是如何发生的？为何一种特定的教学方法对某位教师起作用而对其他教师不起作用？在学校里，我们始终处于要求不断变革的压力之下，而这种变革是在我们既未能真正理解又未曾对两种方法做出评价的情况下，要求我们从一种不明确的教学或管理技术转向另一种同样不明确的教学或管理技术。其三，有组织的无序状态的主要特征是人员的流动性参与。参与者在任何特定问题上愿意花费的时间、投入的程度和精力各不相同。教师有自治和专业主义这两种准则。这两种准则给予他们在针对某个问题时该怎样做、做多少的某种自由斟酌权。

（二）作为法人的学校

从法学的角度来看，在一个强调法治的社会，必须分析作为法律关系主体的学校在法律中的地位和能力。法人是一种享有民事主体资格的组织，它和自然人的区别在于自然人是自然形成的，而法人则是法律创设的组织（董圣足，2010）。尽管不同国家关于法人的某些具体制度有所不同，但就法人的基本特征来说具有一致性：第一，法人是一种社会组织，其拥有的法律人格是一种团体人格。第二，法人拥有独立的财产。第三，法人能独立承担民事责任。第四，法人能以自己的名义参加民事活动。

学校是一种肩负着重要使命的社会组织。那么，学校是法人吗？如果学校是法人，如何理解公立中小学校的法人属性？

诸多国家通过立法对公立中小学校的法人属性进行了界定。法国是大陆法系的代表。大陆法系有严格的公私法人之分。公法人是指以公共利益为目的，即以提高政府效能、满足公众需求和改善公共福利为目的而设立的法人。私法人是指以私人利益为目的，即以其成员财产利益或其他利益为目的而设立的法人（江平，1994）。具体来说，第一，以法人设立依据的法律为标准，凡依公法设立的为公法人，凡依私法设立的为私法人。第二，以法人的设立者为标准，凡由国家和公共团体设立的为公法人，反之则为私法人。第三，以法人与国家之间的法律关系为标准，凡对国家有特别利害关系并受其特别保护的为公法人，反之则为私法人。第四，以法人是否行使或分担国家权力为标准，凡行使或分担国家权力或政府职能的为公法人，反之则为私法人。第五，依一般社会观念为标准，凡依当时的社会观念认为是公法人者即为公法人，反之则为私法人，而无一定的绝对标准（江平，1994）。在法国，公法人是除国家和地方团体之外的，依法从事一定公务活动的，独立享有行政法权利与义务的行政主体，如大学、研究机关、图书馆、博物馆等（胡建淼，1993）。也就是说，法国的公立中小学一般不具有完整的法人地位。发生诉讼时，公立小学校长不能代表学校参加诉讼，而是由督学代表学校出庭。公立中学校长可以代表学校出庭，但是重大的民事责任，学校不能独立承担，而是由国家承担。学区负责任命校长、副校长，评价和考评教师等。法国高等学校具有独立法人地位，是一类公务法人，在教育、研究、管理、财政等方面享有很高程度的自治权（马怀德，2007）。

德国的公法学者认为，公法人是在国家的监督下，国家赋予其存在的目的，承认它是服务于公共利益的行政主体，给予相当大的公权力，使之具有相当独立自主的法人性格的公法上的团体（罗朝猛，2014）。在德国各州的学校法中，公立中小学校不是独立的法人，也不具备独立的民事权利和行为能力。《北威州学校法》

第 6 条规定：公立学校是学校法定主体（即学校设立者）的一个不具有法律上权利能力的公法设施。《勃兰登堡州学校法》第 6 条规定：公立学校是无权利能力的公共机构，它可以根据举办者的授权并在其所支配的资源范围内施行对举办者产生影响的法律行为，履行相应的法律义务，以及签订有关使用其房屋和场地的合同（马怀德，2007）。也就是说，在德国各州的学校法中，公立中小学校不是独立法人，也不具有独立的民事权利和行为能力。日本的公立中小学校属于不具法人地位的公营造物，在这一点上，日本法与德国法具有很大的相似性（彭虹斌，2011）。

在我国，1986 年通过了《中华人民共和国民法通则》，这是我国第一次以法律形式规定法人制度。《中华人民共和国民法通则》第三十六条规定：法人是具有民事权利能力和民事行为能力，依法独立享有民事权利和承担民事义务的组织。对于我国学校的法人资格，《中华人民共和国教育法》第三十二条规定：学校及其他教育机构具备法人条件的，自批准设立或者登记注册之日起取得法人资格。学校及其他教育机构在民事活动中依法享有民事权利，承担民事责任。2021 年 1 月 1 日起施行的《中华人民共和国民法典》按照法人设立目的和功能的不同，将法人分类为营利法人、非营利法人与特别法人。其中，非营利法人包括事业单位、社会团体、基金会、社会服务机构等。《事业单位登记管理暂行条例》第二条第一款规定，本条例所称事业单位，是指国家为了社会公益目的，由国家机关举办或者其他组织利用国有资产举办的，从事教育、科技、文化、卫生等活动的社会服务组织。所以，我国的公办中小学校属于事业单位法人。

需要进一步讨论的问题是我国的公立中小学校是否属于严格意义上的法人，《中华人民共和国民法典》第五十八条、第五十九条、第六十条规定：法人应当依法成立。法人应当有自己的名称、组织机构、住所、财产或者经费。法人的民事权利能力和民事行为能力，从法人成立时产生，到法人终止时消灭。法人以其全部财产独立承担民事责任。结合《中华人民共和国民法典》和相关教育法律规定，本章认为，我国公立中小学校不是严格意义上的法人。一方面，对于我国公立中小学校来说，其产权归属于国家。《中华人民共和国教育法》第三十二条规定：学校及其他教育机构中的国有资产属于国家所有。《中华人民共和国义务教育法》第二条规定：国家建立义务教育经费保障机制，保证义务教育制度实施；第四十二条规定：国家将义务教育全面纳入财政保障范围，义务教育经费由国务院和地方各级人民政府依照本法规定予以保障。另一方面，考虑到公立中小学校教育活动的特殊性及其对国家利益的重大影响，以及公立中小学校的财产属于国家所有，我国的公立中小学校也不应独立于政府享有完全的民事权利、独立承担民事责任。这一点，正如有学者所指出的：我国公立学校充其量只能是一种民事权利能力、行为能力和责任能力都受到限制的不完全的准法人（胡劲松和葛新斌，2001）。此外，从西方国家教育发展来看，包括德国、法国、美国、日本等诸多发达国家，其公立中小学校也并不是独立法人。

此外，公立中小学校不仅是民法意义上的法人，同时具有公法人的性质。正如前文所述，公法人具有以下特征：依公法由国家和公共团体设立、对国家有特别利害关系并受其特别保护、行使或分担国家权力或政府职能、依法独立享有公法上的权利能力。尽管我们国家没有公法人和私法人的区分，但是公立中小学校作为教育教学的专门组织，由公法调整和国家设立，并对国家有特别利害关系而受其特别保护，以完成公益职能为目的，代表着国家行使部分专业性的公权力。由此可以说，公立中小学校具有公法人的性质，其办学自主权是一种公权力。这一点，正如有学者指出的：办学自主权是学校及其他教育机构专有的权利，是教育机构构成法律关系主体的前提。不享有此种权利，便意味着在法律上不享有实施教育教学活动的资格和能力，也不能称为教育机构。办学自主权在本质上是一种公共权利，学校及其他教育机构在行使这一权利时，必须符合国家和社会的公共利益，必须贯彻国家的教育方针，遵守法律、法规与政令，不得违反规定滥用权力，也不得自行放弃和转让。如果学校及其他教育机构违背国家法律和有关规定滥用这一权利，危及国家和社会的公共利益，或者有严重的渎职行为，侵害了受教育者、教职员工的合法权益，主管机关可以分别视情节轻重，予以行政处理，必要时剥夺某项自主权，直至勒令停办（劳凯声和郑新蓉，1997）。

（三）作为公共组织的学校

从政治学角度来看，学校特别是公立学校，是国家和政府投资兴办的教育机构，其运行费用全部或主要由国家和政府提供，为社会不特定人群提供服务，因此，学校特别是公立学校是以满足公共利益为宗旨的公共组织，具有公益性的特征。

公共利益是一个与私人利益相对应的范畴。公共利益中的"公共"是一个不特定的群体，这种不特定的群体具有开放性（王乐夫和蒲蕊，2007），即任何人可以，不封闭也不专门为某些个人保留，如某一城市的居民或某一街道的居民，他们虽因行政区域的划分而与别的城市相分离，而这只不过是通过地方的界限使某一群人聚居在某一区域，任何第三人都可以通过住所的设定而成为该区域的成员。所以，某一城镇因具有开放性的特征，其内居民也可成为公益的主体（王太高，2005）。这种"公共性"原则意味着只要大多数不确定数目的利益人存在，就属于公益。也就是说，公共利益指能为一定社会群体中不确定的多数人所认可和享有的利益（蒲蕊，2007a）。

与其他社会活动相比，学校教育活动的本质特征在于其育人的功能，学校教育活动的对象是具有主观能动性的、有多种发展可能性的鲜活的生命，学校教育活动是一种促进受教育者转化的活动。这一活动，使受教育者得以社会化，使他们的潜能及多种发展可能性转化为现实状态，学生的智慧与能力得到提高，品德得以养成，情趣、爱好得以发展，精神生活得以丰富。正是在这一意义上说，教育的本质不是财产流转而是思想流转。学校不是企业，而是交流思想的场所。现代学校制度是一种教育制度而不是经济制度；其主导价值追求是社会公平而不是经济效益；其立足点是教育，是学生的充分发展，而不是利润（褚宏启，2004）。

世界上几乎所有的国家都强调其教育的公益性质，承认教育是公益性事业，追求公共利益已经成为教育活动的基本价值取向。总的来说，作为为社会不特定人群提供公共教育服务的学校，其公益性主要体现在教育活动的非营利性、福利性、教育与宗教分离，以及国家、政府对教育投入的保障等方面。《中华人民共和国教育法》对教育的公益性作出了明确的规定。《中华人民共和国教育法》第八条规定：教育活动必须符合国家和社会公共利益。国家实行教育与宗教相分离。任何组织和个人不得利用宗教进行妨碍国家教育制度的活动。《中华人民共和国教育法》第二十六条规定：国家制定教育发展规划，并举办学校及其他教育机构。国家鼓励企业事业单位、社会团体、其他社会组织及公民个人依法举办学校及其他教育机构。任何组织和个人不得以营利为目的举办学校及其他教育机构。此外，学校的公益性还应该体现在，由学校所实施的教育活动必须符合国家和社会公共利益，学校教育目的和教育内容中必然包含着符合公共利益的基本价值观念和行为规范要求，学校教育活动不仅要保证和实现个人的权利和利益，更需要维护公共利益，推进社会公平正义。

显然，学校的公益性特征及追求公共利益的价值取向，规定了学校，特别是公立学校办学自主权的有限性。作为一种高度专门化的社会组织形式，学校的基本职能是利用一定的教育教学设施和选定的环境实施教育教学活动，为社会提供持久的知识支持和人才支持。为此，对学校教育机构的组织和调控就是现代国家的一项基本的权力和责任，并成为国家公共事务的一个重要组成部分（劳凯声，2011）。对于我们国家的各级各类学校来说，无论是公立学校还是私立学校，都不能脱离党和政府对学校的领导和管理，都必须坚持党对教育的全面领导，坚持社会主义办学方向。

二、学校办学自主权来源探析

作为专门培养人的组织机构，学校不仅具有一般社会组织的特征，还具有教育性、专业性、公益性及特殊法人性等特征。因此，学校办学自主权的来源也是复杂多样的。

（一）法律授权

在我国，行政主体是一个学理概念而不是法律概念。由于行政机关和授权组织具有基本相同的法律地位，在行政法学上，行政机关和授权组织被统称为行政主体，特点是享有行政职权，能以自己的名义行使行政职权，并能独立承担由此而产生的行政责任（张树义，2012）。在国家的公权力中，部分权力的行使由于涉及较强的专业性，行政机关本身并不行使这类权力，而是通过法律规定授权给某些特定的事业单位，因而在司法实践中形成了一类特殊的行政主体——法律法规授权的组织（杨挺和龚波，2012）。

从授权组织的构成来看，包括学校、医院、科研院所等在内的事业单位是重要的行政授权组织。也就是说，学校是一种不完全意义上的特殊的行政主体——法律法规授权的组织。作为不完全意义上的行政主体，学校能够通过法律法规的授权行使有限的行政权。从行政法学来看，行政权是国家赋予的、运用国家强制力对公共利益进行维护和分配的权力。它不同于公民、法人及其他组织的权利。公民、法人的权利是要求他人作为或者不作为，不具有强制力，在遇到妨碍时只能通过国家机关加以排除。行政权力则可以凭借国家强制力自行达成行政目标（叶必丰，1996）。由此可见，由法律法规授权而来的学校办学自主权具有公权力的性质，办学自主权的行使必须符合国家和社会的公共利益，既不能放弃，也不能滥用。

《中华人民共和国教育法》第二十九条明确规定了学校及其他教育机构拥有的九项权利。这九项权利通常被称为学校办学自主权的内容，也是落实和扩大学校办学自主权的法律依据。其具体内容如下。

（1）按照章程自主管理。

（2）组织实施教育教学活动。

（3）招收学生或者其他受教育者。

（4）对受教育者进行学籍管理，实施奖励或者处分。

（5）为受教育者颁发相应的学业证书。

（6）聘任教师及其他职工，实施奖励或者处分。

（7）管理、使用本单位的设施和经费。

（8）拒绝任何组织和个人对教育教学活动的非法干涉。

（9）法律、法规规定的其他权利。

（二）行政委托

行政委托是指由于某种事实原因（人员不足、装备不够、地理条件限制）和法律原因（应依法回避），行政主体将某项行政职能委托给其他机关、社会组织或个人的法律行为。

行政委托与行政授权不同（张树义，2012）。第一，职权来源不同。在行政委托关系中，委托组织的职权来自行政主体；在行政授权关系中，授权组织的职权来自法律法规的授予。第二，职权性质不同。在行政委托关系中，委托组织活动的职权不能独立行使，必须以委托的行政主体的名义行使；在行政授权关系中，授权组织获得的职权可以独立行使，以自己的名义实施行政管理。第三，法律后果不同。在行政委托关系中，委托组织的行为后果归于委托的行政主体；在行政授权关系中，授权组织的行为后果由其本身承担。第四，表现形式不同。行政委托关系是一种合约关系，一般应征得委托组织的同意；行政授权具有单方面意志性，不以授权组织的同意为前提，授权组织不得拒绝行政授权。

从总体上来看，学校办学自主权主要集中在与学校办学有关的领域，相应的政府的权力主要集中在人事、财政等领域。这些本属于政府的教育管理权可以通过政府授权或者委托的方式，交由学校来行使。特别是 20 世纪 80 年代以来，随着各国政府教育管理职能转变及对学校办学主体地位的确认，诸多国家政府逐渐将一些与学校办学及专业性联系紧密的管理权力转移或者委托给学校，成为学校办学自主权的一部分。当然，由行政机关委托而来的学校办学自主权，在本质上依然是政府的权力而非学校自己的权力。这就意味着政府随时可以根据需要通过撤销委托或者授权将这些权力收回。

（三）专业赋权

正如前文所述，学校是以培养人为使命的教育教学专业性组织，学校教育的对象是最具复杂性的鲜活的生命——学生。在学校组织中，从事教育教学工作的是具有专业知识、专业素养的知识劳动者——教师。对此，汉森曾指出，教师和警官、福利工作者、合法的助理律师、保健工作者及其他公共事业工作者一样，具有许多被利普斯基称为"街区层官僚"（street-level bureaucracy）的特征。这些人一般处于较低的层次，并直接与委托人或公众接触。他们普遍工作量大、收入低，负有影响他们所对待的对象的人生的职责。然而，为他们的工作提供的资源却是不充足的（汉森，2005）。此外，"街区层官僚"还有一些共同的东西，就是决策的自主权。因为这种服务性措施的性质要求由人做出判断，它既不能程序化，也不能被机器取代。显然，学校为了实现自身的办学目标和培养人的使命，需要一定的自由裁量空间，即这种基于组织的特殊性质及其教育任务而具有的一定的自主决定权。

当然，学校在办学过程中的自由裁量空间及决策的自主权，是一种在法律规定范围内的自由决定权，既可以成为学校法定权利的前身，也可以作为法定权利的补充与之并存。这不仅仅源于学校作为专业性组织的属性，也与成文法的局限性有关，即法律不可能列举出学校的所有权利。当然，学校在办学中行使这种自主决定权，必须要从育人的目的出发，必须遵循教育规律并符合公共利益。

第二节　学校办学自主权的边界及行使

对于学校的办学自主权来说，其边界的划分，就是要厘清政府与学校的关系，明晰政府与学校在管理教育事务方面的权责配置。

一、新中国成立以来政府与学校关系的演变与调整

新中国成立以来，为了适应政治、经济、文化及科学技术的发展与变化，我国政府与学校的关系出现了多次调整，教育管理权力配置、职责权限划分及权力运行机制等方面在政府间、政府与学校间出现了诸多变化。特别是 20 世纪 80 年代以来，伴随着社会主义市场经济体制的建立及政府自身的改革，出现了以公共教育管理权力转移为主要特征的政府与学校关系改革。

本节从五个发展阶段（曲折发展阶段、恢复与重建秩序阶段、改革计划管理体制阶段、统筹推进与逐步完善阶段、全方位系统化改革阶段）对新中国成立以来我国政府与学校关系的演变及调整情况进行分析（蒲蕊，2019）。

（一）曲折发展阶段（1949～1976 年）

1949 年 10 月发布的《中国人民政治协商会议共同纲领》明确规定了新中国教育的性质和任务，确定了新中国教育的走向。与计划经济体制和中央集权的政治体制相对应，这一阶段基础教育管理体制的基本特征是统一领导。1952 年教育部颁发的《小学暂行规程（草案）》和《中学暂行规程（草案）》规定：小学不论公办或私立，都由市、县人民政府教育行政部门统一领导；中学由省、市文教厅、局遵照中央和大行政区的规定实行统一的领导，省文教厅必要时得委托专员公署、省属市或县人民政府领导所管辖地区内的中学。对教育实行统一集中领导的基础教育管理体制，在确保我国基础教育事业的恢复与发展，确保社会主义教育的性质和培养目标的实现方面起到了重要的、积极的作用。权力过于集中的管理体制也容易导致政府对基础教育干预过多。

1958～1962 年，针对权力过于集中的基础教育管理体制出现的诸多弊端，国

家进行了改革，扩大地方管理基础教育的权限，实行以地方分权为主的管理体制。1958 年，中共中央、国务院发布《关于教育事业管理权力下放问题的规定》，将公办和民办的小学、普通中学、职业中学、一般的中等专业学校和各级业余学校的设置与发展交由地方自行决定。1959 年进一步明确提出，公办的一般全日制小学由公社直接管理，民办小学由生产大队直接管理。在文教财务管理方面，实行"统一领导、分级管理、条块结合、块块为主"的原则。这个时期进行的教育管理权力下放改革有利于解决过去权力过分集中带来的种种弊端，有利于调动地方政府办学的积极性。

1963 年，中共中央转发《全日制小学暂行工作条例（草案）》和《全日制中学暂行工作条例（草案）》，将教育行政权力收归中央，解决权力下放而导致的教育质量滑坡问题。教学计划、教学大纲修订及使用教材的权力，从地方政府收回到中央政府手中。这一阶段的改革不仅对稳定基础教育秩序、提高基础教育质量起到了积极作用，也为改革开放以来我国"地方负责、分级管理"的基础教育管理体制的形成奠定了基础。

由此可见，在该阶段，政府在教育事务的领导和管理上处于绝对领导地位，教育分权主要出现在中央政府与地方政府之间，政府与学校关系的调整尚未得到重视。

（二）恢复与重建秩序阶段（1977～1984 年）

1978 年，教育部重新颁发了《全日制小学暂行工作条例（试行草案）》和《全日制中学暂行工作条例（试行草案）》，规定全日制小学由县教育行政部门统一领导和管理；社队办的小学，可以在县的统一领导下，由社队管理。全日制中学原则上由县以上教育行政部门领导和管理；社队办的中学，可以在县的统一领导下，由社队管理。

1980 年 12 月，中共中央、国务院颁发的《关于普及小学教育若干问题的决定》明确提出：必须切实改革普通教育的领导管理体制。今后普通教育的发展规划和年度计划、事业经费、基建投资、人员编制，由各省、自治区、直辖市党委和政府统筹安排，组织实施。各级党委和政府应该把普及小学教育工作纳入重要工作议事日程，省、地、县党委和政府的主要负责人要亲自关心教育工作，县和公社的党、政机关要对本地普及小学教育工作切实负起责任（何东昌，1998）。

这些文件对我国的基础教育管理提出了明确规定，恢复了中小学校教育教学和管理的正常秩序，强调了地方党委及政府对发展基础教育和管理基础教育的责任，使我国的基础教育管理体制基本恢复到统一领导、分级管理的计划管理体制。

（三）改革计划管理体制阶段（1985～2001 年）

20 世纪 80 年代以来，伴随着我国经济体制由计划经济向社会主义市场经济的过渡，计划经济体制下形成的政府与学校的关系在变化了的社会关系面前不仅难以适应，甚至出现了激烈的体制性冲突，导致了种种弊端，由此真正开启了以政府简政放权、扩大学校办学自主权为特征的政校关系改革。

1985 年，颁布了《中共中央关于教育体制改革的决定》（简称《决定》），确定了我国政府间、政府与学校之间关系改革的指导思想和基本原则。《决定》指出：基础教育管理权属于地方。除大政方针和宏观规划由中央决定外，具体政策、制度、计划的制定和实施，以及对学校的领导、管理和检查，责任和权力都交给地方。省、市（地）、县、乡分级管理的职责如何划分，由省、自治区、直辖市决定（何东昌，1998）。此外，《决定》正式提出了校长负责制并沿用至今，赋予了校长在学校管理和学校变革中更大的权力。1993 年，中共中央、国务院印发了《中国教育改革和发展纲要》，对我国 20 世纪 90 年代教育行政体制改革的方向和目标做了明确规定，基础教育管理体制改革的重点是继续完善分级办学、分级管理的体制。同时，明确提出了中等及中等以下各类学校实行校长负责制。校长要全面贯彻国家的教育方针和政策，依靠教职员工办好学校（何东昌，1998）。这些政策的颁布，标志着我国基础教育管理权责下移，即从中央政府向地方政府放权、从政府向基层学校放权。

1994 年召开的全国教育工作会议通过了《国务院关于〈中国教育改革与发展纲要〉的实施意见》，对落实《中国教育改革和发展纲要》提出了具体的实施意见，尤其强调了县、乡政府在义务教育实施方面的主要责任，"以乡为主"的基础教育管理体制开始形成。显然，"以乡为主"的基础教育管理体制激发了地方（乡镇）的办学潜力和积极性，提高了基础教育的地方适应性，一定程度上扩大了中小学办学自主权和办学活力，但是，这一改革同样增加了乡镇政府和农民的经费负担，导致农村基础教育经费难以保障，农村基础教育质量严重滑坡。

1999 年，中共中央、国务院颁布了《关于深化教育改革全面推进素质教育的决定》，指出根据各地实际，加大县级人民政府对教育经费、教师管理和校长任免等方面的统筹权。2001 年，《国务院关于基础教育改革与发展的决定》在"地方政府负责、分级管理"体制的基础上，明确提出了"以县为主"的管理体制，强调由县级政府负责中小学的规划、布局调整、建设和管理，统一发放教职工工资，负责中小学校长、教师的管理，指导学校教育教学工作。这一文件的颁行，标志着我国基础教育管理从"以乡为主"转变为"以县为主"，地方负责、分级管理、以县为主的基础教育管理体制逐步形成。2001 年，教育部颁布了《基础教育课程改革纲要（试行）》，在课程管理中实行国家、地方、学校三级课程管理体制，学校有权开发或选用适合本校的课程。这一政策的颁行，意味着学校在课程方面的自主权得以扩大。

（四）统筹推进与逐步完善阶段（2002～2011 年）

2002 年，党的十六大提出了全面建设小康社会的战略决策，确立了科学发展观的指导思想[①]。2007 年党的十七大报告明确指出：教育是民族振兴的基石，教育公平是社会公平的重要基础[②]。因此，在这一阶段，基础教育管理体制及政府与学校关系改革主要围绕"推进教育公平"目标来进行统筹推进与完善。

2004 年颁布的《2003—2007 年教育振兴行动计划》指出：进一步落实在国务院领导下，由地方政府负责、分级管理、以县为主的农村义务教育管理体制。县级政府要切实担负起对本地教育发展规划、经费安排使用、教师和校长人事等方面进行统筹管理的责任。明确各级政府保障农村义务教育投入的责任；中央、省和地（市）级政府通过增加转移支付，增强财政困难县义务教育经费的保障能力。2018 年 12 月修正的《中华人民共和国义务教育法》再次明确义务教育实行国务院领导，省、自治区、直辖市人民政府统筹规划实施，县级人民政府为主管理的体制，并将义务教育经费全部纳入国家财政保障范围。新修正的《中华人民共和国义务教育法》不仅突出了省级政府对义务教育的统筹力度和统筹权力，也强调了中央政府在义务教育经费投入方面的重要责任，这对于义务教育的发展和教育公平起到了极大的推进作用。

2010 年颁布的《国家中长期教育改革和发展规划纲要（2010—2020 年）》将提高教育质量、促进教育公平作为教育改革和发展的重要目标。在基础教育管理体制改革方面，强调以转变政府职能和简政放权为重点，明确各级政府责任，促进管办评分离，形成政事分开、权责明确、统筹协调、规范有序的教育管理体制。此外，《国家中长期教育改革和发展规划纲要（2010—2020 年）》还着重强调了加强省级政府教育统筹，落实和扩大学校办学自主权，建设依法办学、自主管理、民主监督、社会参与的现代学校制度，构建政府、学校、社会之间新型关系，完善普通中小学和中等职业学校校长负责制。

（五）全方位系统化改革阶段（2012 年至今）

党的十八大以来，在习近平新时代中国特色社会主义思想指导下，为了实现

---

① 全面建设小康社会，开创中国特色社会主义事业新局面——在中国共产党第十六次全国代表大会上的报告，https://fuwu.12371.cn/2012/09/27/ARTI1348734708607117.shtml[2022-09-30]。

② 胡锦涛在党的十七大上的报告（全文），http://www.chinadaily.com.cn/hqzg/2007-10/25/content_6220107_8.htm[2023-05-21]。

社会主义现代化和中华民族伟大复兴的总目标，基础教育管理体制开始了全方位系统化改革，政府与学校的关系调整也呈现出由外向内的转变，即从单纯重视政府简政放权、落实和扩大学校的办学自主权，转向重视学校内部治理结构的完善及内部办学活力的激发。

2012 年党的十八大报告明确指出：努力办好人民满意的教育。教育是民族振兴和社会进步的基石。要坚持教育优先发展，全面贯彻党的教育方针，坚持教育为社会主义现代化建设服务、为人民服务，把立德树人作为教育的根本任务。大力促进教育公平[①]。2013 年，党的十八届三中全会通过的《中共中央关于全面深化改革若干重大问题的决定》明确了我国全面深化改革的总目标：完善和发展中国特色社会主义制度，推进国家治理体系和治理能力现代化。这一阶段，政府与学校关系改革的出发点和目标就是通过合理配置基础教育管理权责、转变政府教育管理职能及加快现代学校制度建设，推进教育公平，提高教育质量，办好人民满意的教育。

2012 年印发的《全面推进依法治校实施纲要》提出：切实转变对学校的行政管理方式。切实落实和尊重学校办学自主权，减少过多、过细的直接管理活动。形成政府依法管理学校，学校依法办学、自主管理的格局。2015 年发布的《关于深入推进教育管办评分离促进政府职能转变的若干意见》中提出，要推进政校分开，建设依法办学、自主管理、民主监督、社会参与的现代学校制度，依法明确和保障各级各类学校办学自主权。这充分体现出建立现代学校制度、促进学校自身发展的价值取向。2017 年教育部《关于印发〈义务教育学校管理标准〉的通知》中指出：落实学校办学自主权，提升校长依法科学治理能力，建立健全学校民主管理制度，推动学校可持续发展。这表达了学校办学自主权回归学校教育本真、致力于教育自身发展的初衷。2017 年党的十九大报告再次强调：优先发展教育事业。建设教育强国是中华民族伟大复兴的基础工程，必须把教育事业放在优先位置，深化教育改革，加快教育现代化，办好人民满意的教育。[②]

2020 年，教育部等八部门联合发布的《关于进一步激发中小学办学活力的若干意见》明确提出了"放管结合"的基本原则，即明晰政府、学校权责边界，处理好政府办学主体责任和学校办学主体地位之间的关系，既注重打破部门壁垒、做到应放尽放，又注重规范学校办学行为、强化事中事后监管。在保障学校办学自主权方面，提出了保证教育教学自主权、扩大人事工作自主权、落实经费使用自主权。与此同时，《关于进一步激发中小学办学活力的若干意见》强调要增强

---

① 胡锦涛在中国共产党第十八次全国代表大会上的报告，http://cpc.people.com.cn/n/2012/1118/c64094-19612151-7.html[2023-05-21]。

② 习近平在中国共产党第十九次全国代表大会上的报告，http://cpc.people.com.cn/n1/2017/1028/c64094-29613660-10.html [2023-10-24].

学校办学的内生动力，包括强化评价导向作用、强化校内激励作用、强化学校文化引领作用、强化优质学校带动作用。2022 年党的二十大报告明确提出了新时代新征程中国共产党的使命任务，系统阐释了中国式现代化的本质要求。在关于教育的论述中，党的二十大报告首次把教育、科技、人才合为一个部分进行论述，明确了新时代新征程教育改革和发展的目标和任务。习近平总书记在党的二十大报告中强调指出：教育、科技、人才是全面建设社会主义现代化国家的基础性、战略性支撑。我们要坚持教育优先发展、科技自立自强、人才引领驱动，加快建设教育强国、科技强国、人才强国，坚持为党育人、为国育才，全面提高人才自主培养质量，着力造就拔尖创新人才，聚天下英才而用之。办好人民满意的教育。①

二、学校办学自主权的边界划分

在新中国成立七十多年来政府与学校关系调整与改革的演进历史分析中，可以清晰发现当前我国的政府与学校关系调整的主要特征是"简政放权、放管结合"，目的不仅是提高政府管理教育的质量和效率，更是要激发学校的办学活力。对于政府来说，"简政放权、放管结合"意味着政府既要精简政务，政府机构和行政管理人员应将"不该管"和"管不好"的教育事务下放给下一级政府、学校和社会，又要管好应管的事务，注重规范学校办学行为。对于学校来说，不仅需要确立学校的办学主体地位、保障办学自主权，更需要用好办学自主权，并以此来激发自身的办学活力。

权力应该有边界，这是学界的共识。要真正做到政府简政放权、激发学校的办学活力、增强学校内生的办学动力，仅仅界定政府的教育管理权限是不够的，还更需要明晰学校的自主办学权限，并划分权责边界。这样，不仅能够保障学校办学自主权不被侵犯，也能避免学校办学自主权的滥用和误用。依据前文对学校组织属性及其办学自主权来源的分析，学校办学自主权应该具有法律边界、专业边界和伦理边界。

（一）法律边界

如前所述，学校的办学自主权具有公权力的性质。从现代行政和法律的关系讲，公权力必须是法律赋予的，运用强制力维护和分配公共利益。因此，学校办

① 高举中国特色社会主义伟大旗帜　为全面建设社会主义现代化国家而团结奋斗——在中国共产党第二十次全国代表大会上的报告，https://www.gov.cn/xinwen/2022-10/25/content_5721685.htm[2023-10-24].

学自主权的法律边界意味着学校办学自主权是由法律授予的，办学自主权的内容和范围应以法律明确规定为限，办学自主权的行使必须遵守法律，依法行使，不得超越法律范围，否则就是越权或滥用办学自主权。也就是说，公立学校从事教育活动的权力，本质上属于国家教育权的性质，是代行国家的教育权力（秦惠民，1998），学校的办学自主权只能是一种基于学校性质和任务之上的专门法律授权，而非学校无条件拥有的天然权力（葛新斌和胡劲松，2001）。所以说，学校的办学自主权必然是有限的和法定的，而不是自定的。

世界上诸多国家都颁布法律，明确学校的法律地位及其权限。例如，在1992年《俄罗斯联邦教育法》中对学校权限进行了详细规定：①可以争取从事教育活动所需要的经费，包括利用银行贷款；②可以选拔、招收和配置教学人员；③可以制定教育大纲和教学计划；④可以确定其管理机构、编制和设立领导方式；⑤可以确定员工的工资数额；⑥可以制定并通过其内部管理章程和校纪校规；⑦可以确定学生招生总数；⑧可以对学生进行阶段考试和成绩评定；⑨可以协助教师参加教育学术团体活动；等等（吴志宏，1998）。德国的学校法在确定政府与学校权责的时候，关注学校内部与学校外部事项的区分。学校法规定，一般而言，那些直接与学校生活和工作密切相关的事务均被理解为学校内部事务，包括教育和教学、教学计划和教学方法、考试和证书等内容。那些与建立和供养学校及办学基本条件和设施有关的事务，则通常被理解为学校的外部事务。按照这种区分，德国各州学校法严格区分了国家（州）与地方政府在学校事业发展中的权限和职能，即国家的学校主权及其学校监督职能主要指向学校的内部事务，而地方政府作为学校的举办者则被赋予了学校外部事务的管理职责（胡劲松，2004）。

在我国，《中华人民共和国教育法》从教育教学、招生、学籍管理、聘任教职工、管理和使用本单位的设施及经费等九个方面，明确规定了学校的办学自主权。此外，法规、规章赋予学校的自主权也属于法定的自主权。法规包括国务院制定的行政法规，省、自治区、直辖市人大或人大常委会制定的地方性法规，以及自治区人大或人大常委会制定的自治条例和单行条例，这些法规赋予学校的自主权也属于法定的自主权。规章则包括教育部在内的国务院各部委，省、自治区、直辖市人民政府制定的规章，也可以赋予学校办学自主权。

除了法律、法规、规章以外，有必要重视学校章程在划分办学自主权中的作用，以弥补法律刚性规定的不足。学校章程指为了保证学校正常运行，就办学宗旨、内部管理体制及财务活动等重大的、基本的问题，做出全面规范而形成的自律性基本文件（陈立鹏，1998）。学校章程是学校办学的纲领性文件，也是学校行使办学自主权的重要法律性依据。《中华人民共和国教育法》第二十七条和第二十九条将学校章程规定为设立学校及其他教育机构必须具备的基本条件之一，并赋予学校按章程自主管理的权利。1995年8月，国家教育委员会颁布了《关于实施

〈中华人民共和国教育法〉若干问题的意见》，进一步指出各级各类学校及其他教育机构，原则上应实行一校一章程。2012 年，教育部颁布了《全面推进依法治校实施纲要》，提出学校要依据法律法规制定和完善学校章程，经主管教育行政部门审核后，作为学校办学活动的重要依据。2016 年，教育部颁布了《依法治教实施纲要（2016—2020 年)》，再次提出要大力推进学校依章程自主办学，加快推进章程建设。到 2020 年，全面实现学校依据章程自主办学。由此可见，学校章程已经成为学校界定自主办学权限、行使办学自主权、调整学校内部各种关系的重要法律性依据。

此外，在一个稳定的时期内，一旦法律明确规定了学校的办学自主权，那么，这些办学自主权就成为学校办学的专属权利，只能由学校享有并合法正当行使，政府只能在法定范围内通过合法的手段进行监督，而不能侵犯学校的办学自主权。

（二）专业边界

教育是一种培养人的活动，教育的本质就是促进人的全面发展。学校是专门从事教育活动、以培养人为目的的机构，学校的直接对象是具有鲜活生命力的学生而不是物质产品，促进学生的全面发展是学校的根本属性和职能。学校教育对象的特殊性，导致具体的学校教育活动更为复杂多变，使学校教育活动、学校组织具有不同于其他社会实践活动、其他组织机构的特点，也必然使学校办学活动具有教育专业性的特点。

由于成文法的局限性及学校作为教育教学专业组织及其育人功能的特殊性，学校办学需要一定的自由裁量空间和自主决定权，以实现学校自身的办学目标和培养人的使命。由此，学校办学自主权在被法律边界保障并约束的同时，还应有专业边界，以保障并约束其在自由裁量空间中办学自主权的行使。这种专业边界，意味着学校办学活动应具有教育专业性的特点，学校及其组织成员在自由裁量空间的自主决策权时必须遵循教育规律，即遵循教育内外部规律。

那么，什么是教育规律？教育规律是指那些对教育发展起着本质作用并且始终起作用的东西，规律是客观存在的不以人的意志为转移的。有学者将教育规律归纳为教育外部关系基本规律和教育内部关系基本规律。教育外部关系基本规律指的是教育作为社会的一个子系统与整个社会系统及其他子系统——主要是经济、政治、文化系统之间的相互关系的规律，教育内部关系基本规律指的是教育作为一个系统，它的内部各个因素或子系统之间的相互关系的规律（潘懋元，1990）。

从学校与外部的关系来看，学校办学自主权的专业边界意味着办学自主权必然受到社会政治、经济、文化、科技等方面的制约，同时，学校通过办学自主权的合法正当使用，发挥学校教育对社会发展的积极作用。对于我国学校来说，在高质量发展阶段，学校办学自主权的专业边界意味着办学自主权的行使必须以实现学校教育的育人目标及教育的"四为服务"为目的。具体来说，在自由裁量空间中，学校办学自主权的内容、大小及其使用，必须有利于德智体美劳全面发展的社会主义建设者和接班人的培养，必须有利于立德树人根本任务的落实，把学生的德智体美劳全面发展作为目的本身，实现教育为人民服务、为中国共产党治国理政服务、为巩固和发展中国特色社会主义制度服务、为改革开放和社会主义现代化建设服务。

从学校内部关系来看，学校办学自主权的专业边界意味着要遵循教育的内部规律，不仅不能侵害教师的教学权和学生的学习权，反而应该通过自主办学来保障教师的教学自主权和学生的学习权。具体来说，第一，教师是具有专业知识、专业能力和专业精神的专业人士，教学活动是专业性非常强的活动，是富有创造性的精神活动，有其自身的专业规律。教育教学活动的对象——学生，是具有鲜活生命力的人，而不是物。教育对象的复杂性，决定了教师劳动必然具有复杂性和创造性的特征。这就要求学校在办学过程中，必须保障教师的教学权，赋予教师较大的教学自主权，使教师的教学活动免遭非法干预。这不单对教育本身，同时对教育的最终成效，对一个致力于民主主义生活方式的社会中的所有利益和活动，均是一个极其重要的问题（杜祖贻，2003）。如果教师在课堂上要促进思想自由，他们自己就应该享有这个基本的自由。如果他们要在学生身上培育个性，他们自己的个性就应该受到尊重。教师的自由是学生学会自由的一个必要条件（杜祖贻，2003）。

第二，以自主办学来保障学生的学习权。受教育权是公民的一项基本权利，涉及每一个人能否有尊严地活着，能否实现自身的权利，能否使自己的潜能得到全面的发展。因此，学校是专门从事教育教学活动，以培养人为目的的机构，必然要保障学生的受教育权，并通过教育教学活动使学生的受教育权得以实现。当然，受教育权的内涵不是一成不变的，学习权的提出意味着受教育权的内涵在当代的重要拓展。1985年联合国教育、科学及文化组织在巴黎举行的第四次国际成人教育大会上通过了《学习权宣言》，明确提出了"学习权"的概念。《学习权宣言》认为，学习活动是教育活动的核心，学习将每个人由外在力量制约其发展的个体，转变成自己创造自己历史的主体，因此，学习权不是少数人才能行使的权利，不是一个需要等基本需要满足之后才会到来的阶段，不是为了未来而保留的一种文化奢侈品，而是每一个人生存和发展不可或缺的条件（洪流，1986）。

学习权的提出意味着学习对于受教育者来说，不再是一种外在的、强制性的行为，而是一种通过重视学习者的选择和个性，彰显学习者的主体本位，使学习成为一种出于学习者自身需要的主动追求、主动探究的行为。基于此，以自主办学来保障学生的学习权，必须要从学生的学习和发展需要出发，尊重学生的个性和学习中的自主选择，通过构建一种弹性的、多元化的、可以自主选择的学习制度，以满足不同学生对于教育的不同需求，实现一种真正满足学生差异性发展的教育机会平等。

（三）伦理边界

与其他公共组织相比，学校教育承担着极为特殊的人类发展使命，学校办学活动不仅需要遵守法律、遵循教育规律，同样需要追求伦理价值。因此，学校办学自主权不仅要有法律边界和专业边界，也需要有伦理边界，使学校能够在行使办学自主权的过程中，遵循伦理规范，增进并维护公共利益，追求公正、公平、民主、责任等伦理价值。

首先，学校办学自主权的伦理边界，意味着学校自主办学权限及其行使必须以增进和维护公共利益为原则，不能损害公共利益，不能逾越这种伦理边界。从政治学角度来看，学校是国家和政府投资兴办的教育机构，其运行费用全部或主要由国家和政府提供，为社会不特定人群提供服务，因此，学校是以满足国家和社会公共利益为宗旨的公共组织，具有公益性特征。

那么，在高质量发展阶段，学校应坚守并维护什么样的公共利益？习近平（2021 年）在"七一"重要讲话中指出："江山就是人民、人民就是江山，打江山、守江山，守的是人民的心。"①因此，高质量发展阶段学校自主办学应坚守的公共利益，就是要始终坚持全心全意为人民服务的宗旨，践行以人民为中心的发展思想，增进并维护人民的利益。具体来说，一方面，应体现在学校的育人功能上，即通过办学自主权的有效合法使用，完善学校内部治理结构，增强自身的办学活力，为老百姓提供优质公平的教育，将学校办成让人民满意的学校，为党为国培育英才。在这里，尤其要重视学校教育对象的特殊性，中小学生是具有主观能动性的、有多种发展可能性的鲜活的生命，学校教育活动是一种促进受教育者转化的活动。通过这一活动，受教育者得以社会化，他们的潜能及多种发展可能性转化为现实状态，学生的智慧与能力得到提高，品德得以养成，情趣、爱好得以发展，精神生活得以丰富。另一方面，由学校实施的教育活动必须符合国家和社会公共利益，学校教育目的和教育内容中必然包含着符合公共利益的基本价值观念和行为规范要求，学校教育活动不仅要保证和实现个人的权利和利益，更是一个国家和社会维护公共利益、保障社会公平正义的基本途径。显然，学校的公益性特征及追求公共利益的价值取向，规定了学校办学自主权的有限性，也意味着学

---

① 习近平：在庆祝中国共产党成立 100 周年大会上的讲话，https://www.12371.gov.cn/Item/582681.aspx [2023-05-21]。

校在任何时候都必须坚持党和政府的全面领导与管理。

其次，学校办学自主权的伦理边界，意味着其在自由裁量范围内不可为所欲为，必须恪守公平公正、民主等伦理价值。公平与公正不是具体的法令条文，而是一种理念，一种精神诉求，同时又极具实践意义。坚持公平公正的伦理价值，意味着学校在自主办学过程中，学校及其成员，包括校长、中层管理者、教师等主体必须公平公正地行使教育管理权和教学自主权，学校的章程、具体规章制度的制定和实施应以公平公正的目标为前提和基础，学校内部的利益分配、教育资源配置及其相关规范应当实现平等对待，全体成员应当平等地成为教育领域的受益人。在课堂教学、班级管理、学生评价中应平等对待每一个学生，不让一些学生因家庭背景普通、经济条件较差、学习成绩不好受到漠视或被歧视。此外，在自由裁量的空间中，学校办学自主权的行使不能逾越社会对民主价值的期待。作为一种政治理想和世俗信仰，民主是人类追求的目标；而在现实的政治操作中，民主则是保障公共权力，为公共利益服务的政治手段。坚持民主原则，意味着学校在自主办学过程中，应以国家和社会的公共利益为出发点，根据民主的要求去建立和调整办学过程中的各种关系，平等对待每一位学生、教师和家长，在学校教育决策中鼓励家长、社区、教师和学生的积极参与，尊重每一个人的尊严与价值。

最后，学校办学自主权的伦理边界，还意味着学校办学自主权及其行使是一个权力/权利和责任/义务对等的领域。从法治的角度来看，有什么样的权利就应该有相应的义务，行使什么样的权力就应该承担相应的责任。也就是说，权力无法脱离责任而单独存在，权力与责任总是一致的，否则这种权力就是非法的、不合理的。事实上，在学校自主办学过程中，享有权力/权利的个体和组织同时尽相应的责任/义务是最起码的道德要求。特别是在政府简政放权改革的今天，学校正被赋予更为广泛的办学自主权，教师的专业自主权和家长参与学校治理权也在逐渐扩大，学校更需要增强责任意识，力主权责并重。校长、中层管理者、教师更应具有强烈的使命感和责任感，不忘初心，牢记为党为国培育英才的使命，对学校发展、学生的发展负责，不断增强为实现中华民族伟大复兴中国梦的责任担当。

总之，学校办学自主权是一个法定的、有限的、有边界的概念，而不是可以任意扩大或者随意自定的。在一个稳定的时期内，一旦法律明确规定了学校的办学自主权，那么这些办学自主权就成为学校办学的专属权利，只能由学校享有并合法正当行使，政府只能在法定范围内通过合法的手段进行监督，而不能任意逾越自身的教育管理权限侵犯学校的办学自主权。学校办学自主权的专业边界和伦理边界，则意味着学校在办学过程中的自由裁量空间及决策的自主权同样是有边界的，是一种在法律规定范围内的自由决定权，其行使要遵循教育规律，维护公共利益，而不可为所欲为。这种自由决定权的行使，既可以成为学校法定权利的前身，也可以作为法定权利的补充与之并存。当然，学校办学自主权的边界是一种动态的边界，不是一成不变的。相反，在一定情况下，原来属于政府的教育管理权可以通过立法转变为学校的办学自主权，学校的办学自主权也可以通过立法转变为政府的教育管理权。

三、学校办学自主权的行使

学校拥有的办学自主权是法定的、有限的，而不是可以任意扩大、自定的，因此，学校办学自主权的行使必然受到来自学校内部与学校外部的约束和限制。

第一，学校办学自主权的行使，必然受到来自外部的限制。一方面，学校办学自主权具有公权力的性质，主要源于法律的授权，因此，学校办学自主权的行使应受到法律的限制，在法律规定的框架内合法正当地行使办学自主权。在公法领域，在权力行使过程中，遵守法无规定即禁止的原则。因此，对于学校来说，《中华人民共和国教育法》规定的学校权利，是法律授予的权利，既是权利的上限，也是权利的全部。学校办学自主权的界限、范围及行使，必须在这个法律框架内而不能越权。

另一方面，学校是国家和政府举办的教育机构，党和政府具有教育领导权和管理权，依法对学校实施直接领导和监督、指导。因此，学校办学自主权的行使，应该受到政治权和行政权的限制，依法接受党和政府的领导、监督和指导。《中华人民共和国教育法》第十四条明确提出：国务院和地方各级人民政府根据分级管理、分工负责的原则，领导和管理教育工作。中等及中等以下教育在国务院领导下，由地方人民政府管理。高等教育由国务院和省、自治区、直辖市人民政府管理。1992 年颁行的《中华人民共和国义务教育法实施细则》第三十五条规定：县级以上各级人民政府应当建立对实施义务教育的工作进行监督、指导、检查的制度。第三十六条规定：实施义务教育的学校及其他机构，在实施义务教育工作上，接受当地人民政府及其教育主管部门的管理、指导和监督。

第二，学校办学自主权的行使，同时受到来自学校内部的限制。这种限制主要包括三个方面：其一，来自学校内部成员个人及群体权利的限制，即以权利制约权力。美国的法学家霍菲尔德指出，任何一个主体都是在这样四种情况下享有权利的：①有权提出对某种利益或行为的要求和主张，如退休老人有权要求领取养老金；缔约一方有权要求对方履行诺言。②有权自己决定自己的事情，如空暇时间随意打发；如果愿意，可以蓄胡须。③有权迫使对方做出或不做出某种行为，如警察要求证人回答问题。④有权不受某种对待，如某类宗教人士可以不服兵役。因此，权利就是特定的主体对特定的客体提出与自己的利益或意愿有关的必须作为或不作为之要求的资格（夏勇，2004）。对于学校办学自主权行使来说，以权利限制权力不仅意味着通过行使学校办学自主权保护全体教职员工、学生及家长的权利，还意味着通过完善学校内部治理结构，包括校务委员会制度、教职工代表大会制度、家长委员会等制度机制，杜绝校长的绝对权力和办学自主权的滥用，保障教师的教学自主权、学生的学习权及全体员工和家长的民主参与权。

其二，来自责任的限制。在权利限制方面，有学者认为，在社会人类学主体性意义上，权利的限制问题应当更多地表现为内在的限制，而不应简单地归于外在限制，对权利的限制往往同主体的社会责任感或义务感密切联系在一起。权利本身内在地包含着责任的要素（杨春福，2000）。显然，学校是有计划、有目的、有组织、有系统地进行教育教学活动的重要机构，它的重要使命和任务就是通过教育活动为全体学生提供优质公平的教育，进而促进全体学生德智体美劳全面发展。这正是学校区别于其他机构的本质特性，也是学校存在的依据（蒲蕊，2012）。特别是在政府简政放权改革的今天，学校正在被赋予更为广泛的办学自主权，教师的专业自主权和家长参与学校管理权也在逐渐扩大，学校更需要增强责任意识。根据管理原理，享有一定的权力，就应该承担一定的责任，权责必须对等。因此，在学校行使办学自主权的同时，权力和责任必须相称，必须承担起学校发展成败和学生发展的责任。

其三，来自学校自身办学能力的限制。世界范围内教育分权改革实践表明，学校能否自主办学，并不简单地取决于政府的简政放权，还与学校自身的办学能力有关。对于任何个人、组织机构的生存与发展来说，自主发展的意识与能力都是重要的。没有或者缺少这样的意识与能力，就难以保持自我的独立性、个性，难以变化、更新（蒲蕊，2005）。因此，在政府切实将权力下放至学校的前提下，学校对其办学自主权的行使，必然受到其主体意识及合法正当使用办学自主权能力的限制。正是因为不同学校有不同的办学能力，所以欧美一些国家在扩大学校自主权方面采取了"以绩效换自主"的原则。例如，美国在1994年的《改进美国学校法》中规定，按年度进步来评审学校，以确定是否降低其自主程度，是否对其实施纠错行动与冻结费用。如果学校的进步超出预期，则可以获得奖励，提高相应的自主管理程度。否则，学校将被实施纠错行动，来自联邦政府资助的项目经费将被冻结，自主管理程度也将被降低。英国在2001年《教育白皮书》提出了同样的举措，根据学校的办学绩效来决定政府放权的程度和方式，避免"一刀切"的武断。

第三节 学校办学自主权的构成内容

根据《中华人民共和国教育法》、其他教育法律、法规，以及2020年教育部等八部门联合发布的《关于进一步激发中小学办学活力的若干意见》等法律法规规章的相关规定，将我国学校享有的办学自主权概括为三大方面：教育教学自主权、人事工作自主权和经费使用自主权。

一、教育教学自主权

教育教学方面的自主权主要涉及三个层面。第一，学校层面的自主权。主要包括：一是学校有权结合本地本校实际探索办学模式和育人方式的改革，办出特色、办出水平。二是学校具有课程实施主体责任，在严格落实国家课程方案和课程标准的同时，享有校本课程权。三是学校有五个方面的教学自主权，即自主安排教学计划、自主运用教学方式、自主组织研训活动、自主实施教学评价、自主统筹实施跨学科综合性主题教学。四是享有对学生进行教育管理权。五是高中学校还享有招生自主权。

第二，教师层面的自主权。学校要充分发挥教师课堂教学改革主体作用，鼓励教师大胆创新，改进教育教学方法，开展丰富多彩的教育教学活动，积极探索符合学科特点、时代要求和学生成长规律的教育教学模式。依法保障教师对学生的教育管理权。

第三，在学生层面，学校和教师要尊重和保障学生在学习中自主进行选择、参与、表达、思考和实践的权利。

二、人事工作自主权

人事工作自主权主要包括以下五个方面。

第一，副校长聘任中的参与权和选择权。学校有权按规定的条件和程序提名、考察、聘任副校长，并报上级主管部门备案。

第二，内设机构及中层管理人员聘任自主权。学校可以根据办学实际需要，按照精简效能的原则，自主设置内设机构，自主择优选聘中层管理人员。

第三，教师招聘自主权和参与权。学校依据核定的编制、岗位数量及岗位结构比例和教育教学需要，提出教师招聘需求和岗位条件，参与教师招聘工作中的面试、考察和拟聘人员确定；一些地方的学校可以探索在先行面试的基础上组织招聘；对具备条件的学校，可放权由其自主按规定组织公开招聘，并按要求备案。

第四，职称评聘方面的自主权。按照核定的岗位设置方案，初中级职称和岗位由具备条件的学校依据标准自主评聘，高级职称和岗位按照管理权限由学校推荐或聘用。

第五，绩效工资分配权。学校在考核的基础上自主分配奖励性绩效工资。

三、经费使用自主权

经费使用方面的自主权主要包括三个方面：第一，根据预算管理有关规定和学校发展实际需要，学校有权提出年度预算建议，自主执行批准的预算项目。第二，自主统筹安排使用学校预算内经费和预算外经费，自主确定奖金及实物等的分配。第三，依法依规自主使用社会捐资助学的经费。

总之，本章主要研究了四个问题：第一，从学校性质与功能出发，分析学校作为专业性组织、法人、公共组织的特殊性，进而提出学校办学自主权的三个来源：法律授权、行政委托和专业赋权。第二，通过系统分析新中国成立以来我国政府与学校之间权责关系的演变历程，明确提出了学校办学自主权应该具有法律边界、专业边界和伦理边界。也就是说，一是学校办学自主权的内容和范围应以法律明确规定为限，办学自主权必须依法行使。二是由于成文法的局限，法律不可能将学校的办学自主权一一罗列无遗，这就需要专业边界。学校办学活动具有教育专业性的特点，并要求学校在办学中必须遵循教育规律，这正是学校办学自主权的专业边界。三是提出学校办学自主权不仅要有法律边界和专业边界，也需要有伦理边界，使之能够在办学自主权的行使过程中，遵循伦理规范，增进并维护公共利益，追求公正、公平、民主、责任等伦理价值。第三，系统分析了学校办学自主权的行使，指出学校拥有的办学自主权是法定的、有限的，而不是可以任意扩大、自定的，因此，学校办学自主权的行使必然受到来自学校外部和学校内部的约束与限制。第四，探究了现阶段我国学校应有的办学自主权内容，提出了学校办学自主权应包括教育教学自主权、人事工作自主权和经费使用自主权。

第四章　改革开放以来我国学校办学自主权政策演进分析

政策作为连接理论与实践的桥梁，是理论研究与实践转化的媒介。自政治社会学家哈罗德·拉斯韦尔于 20 世纪 50 年代提出"政策科学"并倡导"政策取向"的社会研究取向后，政策科学就成为社会科学研究领域新的研究范式（张虹，2013）。政策文本作为政策内容的物理载体，承载了有价值的政策内容和某种偏好的政策话语，它能敏锐地感知社会过程的变动与多样性，其演化反映着该领域社会结构和组织形态的变迁（Bell and Cowie，2001）。

因此，本章通过对改革开放以来我国学校办学自主权政策演变的梳理与分析，来揭示学校办学自主权政策的变迁样态、不同时期国家意志在教育领域中的表征，以及社会政治、经济因素对教育领域的影响，以期为新时代我国学校办学自主权的落实和扩大寻求适切的法律与政策依据，进而为学校办学自主权的落实和扩大创造良好的政策环境，提供有力的政策支持。

第一节　研究设计与分析框架

一、文本选择

政策文本的选择遵循以下三个基本标准：第一，权威性。研究选择中央发布的法律、行政法规、部门规章，以及地方性法规、政府规章、规范性文件，这些法律、法规、规章构成了本章的政策文本。第二，全面性。政策文本要反映一定时期内不同层次、不同类型学校办学自主权政策的演变轨迹。第三，系统性。政策文本的选择要遵循一定的规则，可以按照时间顺序、发布部门或不同对象进行筛选，以保证全面性，防止遗漏（孙绵涛，2007）。

为了便捷、全面、快速地获得 1978～2020 年的办学自主权政策，本章选择北大法律信息网开发的北大法宝（法条联想型数据库）作为样本来源。该数据库法规内容采用国家权威机构认可的法规文本，收录了 1949 年至今 20 余万篇法律文件，细分为 20 个子数据库，且数据库实时更新，便于研究人员获取精准的数据资料。

在北大法律信息网法律法规检索栏中输入检索字段"办学自主权",以"标题"和"内容"分别进行检索,并选择"中央法规司法解释""地方法规规章""立法背景资料"作为附加检索条件(截至 2020 年 12 月)。以"办学自主权"作为标题进行精确检索,最后得到 8 条有效记录;以"办学自主权"作为全文进行精确检索,共得到中央文件 282 篇、地方文件 1402 篇,合计 1684 篇(表 4.1)。

表 4.1　改革开放以来办学自主权政策检索结果　　　　单位:篇

项目	标题检索	全文检索
中央文件数	4	282
地方文件数	4	1402
合计	8	1684

为了从宏观上把握 1978~2020 年学校办学自主权政策的阶段变化趋势,本章统计了这一历史时期中央与地方的政策发文量(图 4.1)。从图 4.1 中可以看出,国家层面有关办学自主权的政策文件总体呈现平缓上升的趋势,在 1993 年(15 条)、2014 年(36 条)和 2015 年(39 条)出现小高峰。地方有关办学自主权的政策文件起伏变化明显,峰值较多。第一个峰值出现在 1995 年(11 条),之后分别是2001 年(27 条)、2003 年(29 条)、2006 年(72 条)、2011 年(127 条)、2014 年(162 条)、2015 年(177 条)。

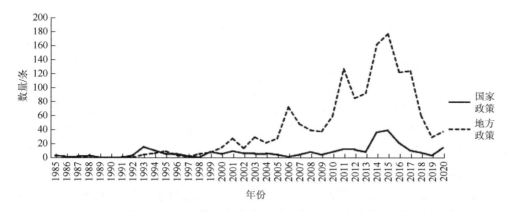

图 4.1　1978~2020 年中央与地方办学自主权政策发文量

二、研究方法

根据研究的目标与需要,本章主要采取三种研究方法。第一,政策文本的定量分析方法。主要是指对政策文本的主题词、发文单位、文件的年度分布等内容进行统计、分析，进而对政策文本的特点或规律做出描述（涂端午，2009）。政策文本的定量分析方法可以让研究者从宏观层面把握某一时期政策的演变与走向，形成较为完整的政策认知。

第二，话语分析方法。主要是对政策文本中的材料进行多角度的批判分析，通过关注、分析文本背后复杂的权力关系与社会结构，了解以文本形式存在的政策所要表达的政治目的、想要达到的效果及政策制定者所遵循的路径。

第三，政策文本的可视化分析方法。本章主要采用北京清博智能科技有限公司开发的清博词频统计软件，对政策文本中出现的高频关键词绘制词云图，进而以直观、生动的图片呈现部分研究结果。

三、分析框架

本章结合我国改革开放以来政治、经济、社会发展阶段，以及学校办学自主权政策历年发文量和阶段性特征，将改革开放以来我国学校办学自主权政策演进划分为三个阶段：第一阶段是 1978～1992 年，为改革开放初期。1992 年党的十四大不仅确立了社会主义市场经济体制的改革目标，而且明确了教育优先发展的战略地位，这是对我国社会主义初级阶段发展道路的正确定位，因此将 1992 年作为第一个阶段的终点。第二阶段是 1993～2011 年，为社会转型期。这一阶段是改革开放的全面提速与深入发展时期，随着科教兴国战略、《国家中长期教育改革和发展规划纲要（2010—2020 年）》的提出，学校办学自主权政策呈现出新的发展样态，党的十八大选举了新的中共中央领导层，因此将 2011 年作为这一时期的节点。第三阶段是 2012 年至今，为社会主义建设新时期，即党的十八大以来以习近平新时代中国特色社会主义思想为指导的社会主义建设新时期。

同时，本章将从四个维度，即政策发文量、政策价值取向、政策内容与政策工具，对改革开放四十多年学校办学自主权政策演变的不同历史阶段进行系统分析。为了从宏观上把握国家层面的整体发文情况，本章统计了 1978～2020 年政策文件的发文量和发布单位（图 4.2）。

在这些发文单位中，国务院各机构的发文量是 222 条，作为国务院下属机构的教育部一共有 181 条发文记录，占中央全部发文量的 64.18%。中共中央有关办学自主权政策的发文量虽然只有 13 条，但这些政策文件大多成为教育改革发展过程中重要的、具有转型意义的文件，如《中共中央关于教育体制改革的决定》（1985 年）、《关于深化教育改革全面推进素质教育的决定》（1999 年）、《国家中长期教育改革和发展规划纲要（2010－2020 年）》（2010 年）、《中共中央关于全面深化改革若干重大问题的决定》（2013 年）、《关于进一步激发中小学办学活力的若干意见》（2020 年）等。下面将分阶段阐述办学自主权政策演变轨迹。

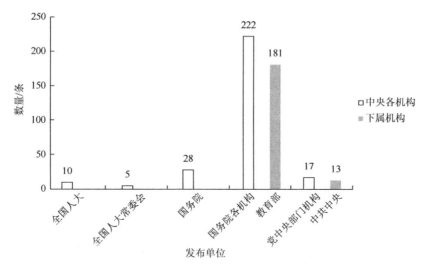

图 4.2　1978～2020 年办学自主权政策发文量和发布单位

第二节　改革开放初期的办学自主权政策分析

十一届三中全会将党和国家的工作重心转移到经济建设上来，开启了改革开放和社会主义现代化建设新时期。党的十四大确立了教育优先发展的战略地位，倡导通过提高全体人民的思想道德和科学文化水平实现我国经济社会现代化的基本目标。

一、政策发文量

从政策发文量来看，在这一时期，中央各部门有关办学自主权的政策共有13 个，地方暂无。本节选取 5 个重要文件作为主要分析对象（表 4.2），重点聚焦这些文件可以较为准确地把握中央层面在学校办学自主权政策上的变化及其趋向，探析这段时期我国学校办学自主权政策的变化规律。

表 4.2　改革开放初期部分办学自主权政策一览表

序号	发文单位	文件标题	发布时间
1	中共中央	《关于教育体制改革的决定》	1985.5
2	国家教育委员会	《关于进一步加强对企事业中小学领导的意见》	1987.7
3	国家教育委员会	《关于加强和改善企事业单位兴办中小学工作的意见》	1992.2
4	国家教育委员会	《关于国家教委直属高校深化改革，扩大办学自主权的若干意见》	1992.8
5	国家教育委员会	《国家教委党组关于加快教育改革和发展的若干意见》	1992.9

二、政策价值取向

从政策价值取向来看，是政府权威主导下的学校办学自主权的扩大与发展。改革开放初期，随着全国工作重心的转移，逐步确立了教育优先发展的战略地位，国家期望通过教育提高全民族素质，培养社会主义现代化建设所需的各种人才，因而，这一时期国家有意识地引导学校自主办学，开始了扩大学校办学自主权的改革探索。1985 年出台的《中共中央关于教育体制改革的决定》明确指出：为了解决政府对学校特别是高等学校管得过死的现状，必须改革教育管理体制，"实行简政放权，扩大学校的办学自主权"，"使高等学校具有主动适应经济和社会发展需要的积极性和能力"，同时提出"在有限的财力物力条件下，把教育搞上去，满足社会主义现代化建设的迫切需要"。1992 年出台的《关于国家教委直属高校深化改革，扩大办学自主权的若干意见》，提出要扩大学校办学自主权，增强办学活力，使高等教育"主动适应和服务于国家经济建设和社会发展需要"。

显然，改革开放初期针对办学自主权的专门政策并不多，有关办学自主权的相关规定均包含在中央一些重要的教育改革文件中，这些为数不多的重大政策表达了国家将教育摆在优先发展战略地位的考量。同时，扩大高等学校办学自主权的根本目的，就是要激发高等学校的办学活力，使高等学校具有主动适应经济和社会发展需要的积极性和能力，为国家培养经济建设所需要的人才。显然，在这一阶段，尽管明确提出了政府简政放权、扩大学校尤其是高等学校的办学自主权，但是，政府对学校包括高等学校干预依然过细过多，学校的办学自主权依然十分有限。

三、政策内容

从政策内容来看，以高等学校和企事业兴办的中小学的办学自主权为主。从这一时期中央发布的 5 个重大文件来看，有关办学自主权的内容集中体现在企事业兴办的中小学与高等学校的管理中。通过词云图可以看出，改革开放初期中央发布的有关办学自主权政策涉及内容较为广泛，如义务教育质量、高校招生和毕业生分配制度、教师队伍建设与管理、教育体制改革等。进一步聚焦办学自主权政策，可以发现政策涉及的对象主要是高等教育及企事业办中小学，其中又以高等学校为主。

从图 4.3 和图 4.4 中可以直观地看出，在这些政策中"教育"一词出现的频率最高，表明教育的重要战略地位。此外，"学校""办学""改革"是政策文本中高频率词语，结合政策内容分析，这些词语大多与高等学校办学自主权相关联。从最早涉及办学自主权内容的《中共中央关于教育体制改革的决定》到《关于国家教委直属高校深化改革，扩大办学自主权的若干意见》及《国家教委党组关于加快教育改革和发展的若干意见》等政策来看，其对象均是高等学校。其中，《中共中央关于教育体制改革的决定》规定了高等学校在招生、教学、科研、人事、财务、国际交流方面的办学自主权；《关于国家教委直属高校深化改革，扩大办学自主权的若干意见》根据国务院 1986 年发布的《高等教育管理职责暂行规定》中确定的高校管理权限，提出了国家教委直属高校扩大办学自主权的 16 条意见；《国家教委党组关于加快教育改革和发展的若干意见》从宏观层面上提出了逐步确立高等学校的法人地位，扩大学校的办学自主权。

图 4.3 改革开放初期办学自主权政策词云图

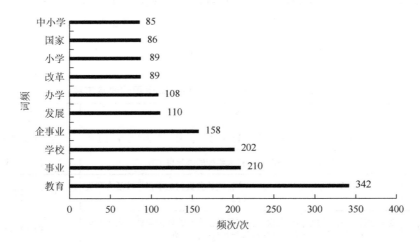

图 4.4 改革开放初期办学自主权政策词频分析

"企事业""小学""中小学"同样是政策文本中出现频率较高的内容。结合具体的政策可知：这一时期，国家鼓励、支持并规范企事业单位兴办中小学。1987 年颁布的《关于进一步加强对企事业中小学领导的意见》中规定：给学校以较多的办学自主权，逐步实行校长负责制，增强学校活力和责任感。1992 年颁布的《关于加强和改善企事业单位兴办中小学工作的意见》指出：要给学校以相应的办学自主权，对纯属学校内部管理的问题，企事业单位应尊重学校领导和教师的意见。当然，与高等学校在招生、办学、科研、人事、对外交流等方面具体的办学自主权政策不同，中小学办学自主权的相关政策大多是学校管理宏观层面的论述，对办学自主权的具体内容（如教学、人事、招生等）尚未作出明确规定。

四、政策工具

从政策工具来看，以强制型政策工具为主。政策工具是政策制定者或主体实现特定的政策目标或履行一定的职责所采取的技术、策略、方法与手段等（孙志建，2011）。豪利特和拉米什根据政府介入公共服务与物品提供的程度，将政策工具分为强制型政策工具、混合型政策工具和自愿型政策工具。强制型政策工具由国家直接提供公共事业的管制；混合型政策工具兼有自愿型政策工具与强制型政策工具的特征，指政府将决定权留给私人部门的同时可以介入非政府部门的决策形成过程，通过信息和劝诫、产权拍卖、补贴、税收及使用费等途径干预；自愿型政策工具很少或几乎没有政府干预，在自愿的基础上完成预定任务，包括家庭和社区、志愿组织和私人市场（孙志建，2011）。

从改革开放初期的办学自主权政策来看，主要是运用了强制型政策工具，且以指示指导、建立和调整规则为主（表 4.3），混合型政策工具运用极少（权力下放），自愿型政策工具暂时未体现。

表 4.3　改革开放初期办学自主权政策运用的政策工具

时间	政策措施	政策工具
1985.5	改革高等学校的招生计划和毕业生分配制度，扩大高等学校办学自主权	建立和调整规则
	坚决实行简政放权，扩大学校的办学自主权	权力下放
1987.7	给学校以较多的办学自主权，逐步实行校长负责制，增强学校活力和责任感	建立和调整规则
1992.2	要给学校以相应的办学自主权，对纯属学校内部管理的问题，企事业单位应尊重学校领导和教师的意见	指示指导

第三节 社会转型期的办学自主权政策分析

这一阶段，社会主义市场经济完全取代计划经济并在我国落地生根，政治体制、经济体制改革持续深入，科教兴国战略的提出、三次全国性教育会议的召开为这一阶段教育的发展指明了道路。

一、政策发文量

在此期间，中央发布的有关办学自主权政策有 118 条，地方多达 548 条，本节选取 11 条中央政策文件（表 4.4）及地方代表性文件作为分析对象。

表 4.4 社会转型期部分办学自主权政策一览表

序号	发文单位	文件标题	发布时间
1	中共中央、国务院	《关于印发〈中国教育改革和发展纲要〉的通知》	1993.2
2	中共中央	《关于建立社会主义市场经济体制若干问题的决定》	1993.11
3	全国人民代表大会	《中华人民共和国教育法》	1995.3
4	全国人大常委会	《中华人民共和国高等教育法》	1998.8
5	教育部	《面向 21 世纪教育振兴行动计划》	1998.12
6	中共中央、国务院	《关于深化教育改革全面推进素质教育的决定》	1999.6
7	国务院	《关于大力推进职业教育改革与发展的决定》	2002.8
8	全国人大常委会	《中华人民共和国民办教育促进法》	2002.12
9	国务院	《关于大力发展职业教育的决定》	2005.10
10	中共中央、国务院	《国家中长期教育改革和发展规划纲要（2010—2020 年）》	2010.7
11	教育部	《高等学校章程制定暂行办法》	2011.11

从各省有关学校办学自主权政策的颁布情况来看，省际发文量的差距不大，有多个省份发文量相同。为此，本节选取了发文量排名前 11 的省区市（图 4.5）。其中，江苏省发布的政策文件数量最多，在职业教育、高中教育、义务教育均衡发展等方面均涉及办学自主权问题，在教育发展规划、教育工作要点等宏观战略性政策中也谈及办学自主权。发文量最少的是贵州省，只有 3 条记录，其中，《贵州省人民政府关于大力推进职业教育改革和发展的意见》（2006 年）提出要落实职业学校办学自主权，《贵州省教育厅关于印发进一步提高中小学教育质量意见的通知》（2011 年）提出要依法保障学校办学自主权，推进现代学校制度建设。总

体而言，2000 年是各省区市办学自主权政策发文量的分水岭，在此之前有关办学自主权的政策屈指可数，在此之后，各省区市纷纷制定了有关办学自主权的政策。例如，青海省在 2001 年颁布了《关于实施高等教育法、落实高等学校办学自主权的意见》；湖南省在 2004 年发布了《关于深化职业教育管理制度改革进一步扩大职业院校办学自主权的意见》；江苏省宿迁市 2004 年出台了《宿迁市进一步扩大公办学校办学自主权若干规定的通知》。

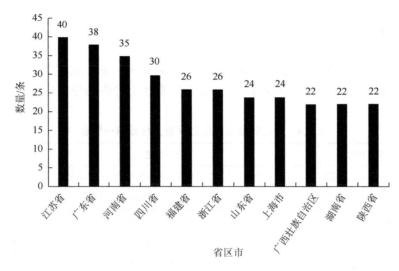

图 4.5　社会转型期各省区市关于办学自主权政策发文量统计图

二、价值取向

这一时期价值取向以社会主义市场经济为导向，进一步扩大并落实学校办学自主权，使学校主动适应社会主义市场经济的发展与需求。此阶段改革开放和教育体制改革进入了新的历史时期。《中国教育改革和发展纲要》（1993 年）提出，建立适应社会主义市场经济体制和政治、科技体制改革需要的教育体制，更好地为社会主义现代化建设服务。其中，有关高等教育办学自主权的论述为进一步扩大高等学校的办学自主权。学校要善于行使自己的权力，承担应负的责任，建立起主动适应经济建设和社会发展需要的自我发展、自我约束的运行机制。

在 20 世纪末，面对以高新技术为核心的知识经济的到来，十五大做出了全面落实科教兴国战略的部署，教育部发布了《面向 21 世纪教育振兴行动计划》（1998 年），其目标之一是深化改革，建立起教育新体制的基本框架，主动适应经济社会发展。其中，有关办学自主权的描述为高等学校应当面向社会，依法自主办学，实行民主管理。中共中央、国务院在《关于深化教育改革全面推进素质教育的决定》（1999 年）中提出：切实落实和扩大高等学校的办学自主权，增强学校适应当地经济社会发展的活力。由此可见，在社会转型时期，有关办学自主权政策的价值旨趣在于通过切实落实和扩大学校办学自主权，使学校能够主动适应社会主义市场经济发展需求，适应时代转变给教育带来的机遇与挑战。

三、政策内容

这一时期政策内容以职业教育、高等学校的办学自主权为主。从这一阶段生成的词云图来看，办学自主权政策涉及职业（教育）、学校、社会、教师等内容，尤其与职业教育和高等教育紧密相连（图 4.6）。

图 4.6　社会转型期办学自主权政策词云图

将重要政策文本进行词频统计，形成社会转型期的办学自主权政策词频统计图（取词频排名前 10）（图 4.7）。如图 4.7 所示，在这一历史时期内，教育仍然被摆在重要的位置。"学校""职业""社会"因科教兴国战略的实施成为高频词。与此同时，《中华人民共和国教育法》以法律的形式规定学校和其他教育机构依法享有按照章程自主管理、组织实施教育教学活动等九项权利，为学校办学自主权的落实奠定了法律基础。

具体来说，一方面，高等学校的办学自主权因《中华人民共和国高等教育法》的颁布而发生质变，大学办学自主权的法律原则有两个：一是要面向社会、实行民主管理，二是国家保障其学术自由（周光礼，2012）。自此之后，有关高等学校办学自主权的政策或规定都紧扣《中华人民共和国高等教育法》中的两个基本原则。例如，《面向 21 世纪教育振兴行动计划》指出：切实落实《高等教育法》关

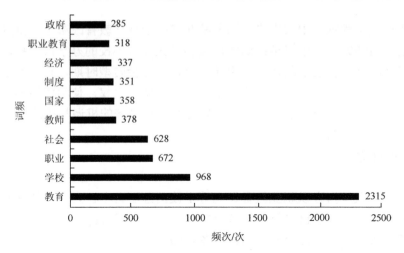

图 4.7　社会转型期办学自主权政策词频分析

于"高等学校应当面向社会，依法自主办学，实行民主管理"的规定，扩大高校办学自主权。《关于深化教育改革全面推进素质教育的决定》指出：进一步扩大高等学校招生、专业设置等自主权。高等学校办学自主权的落实与扩大既要遵循法律规定，同时要体现办学水平与特色，正如《教育部 2008 年工作要点》提出的落实和规范高校办学自主权，促进形成自我发展、自我激励、自我约束机制，鼓励高校科学定位、形成特色。

另一方面，在 2000 年之后，为了大力推进职业教育发展与改革，职业学校办学自主权问题日益受到重视。国务院分别在 2002 年和 2005 年颁布了《关于大力推进职业教育改革与发展的决定》《关于大力发展职业教育的决定》，文件中规定了职业教育在专业设置、招生规模、学籍管理、教师聘用及经费使用等问题上享有办学自主权，职业教育在人事分配制度改革的过程中要进一步落实办学自主权，职业教育要提升办学自主权的能力，使其更好地适应市场需求。此外，《中华人民共和国民办教育促进法》以法律形式明确了民办学校与公办学校具有同等的法律地位，国家保障民办学校的办学自主权。概言之，这一时期内的办学自主权政策是以社会主义市场经济为导向的，无论是高等学校的内部管理体制改革还是职业教育的发展与变革，均是以满足社会主义市场经济为目的的政策行动。

与此同时，在这一阶段，全国各省区市均依据国家发布的办学自主权政策制定了本地关于中小学、职业教育和高等学校的办学自主权政策。例如，湖南省颁布了《关于深化职业教育管理制度改革进一步扩大职业院校办学自主权的意见》（2004 年），提出了职业院校的办学必须反映市场需求，职业院校必须根据市场的需求调整自身的办学。广西壮族自治区人民政府出台了《关于进一步扩大区属普通高校办学自主权若干问题的通知》（1993 年）、青海省出台了《关于实施高等教育法、落实高等学校办学自主权的意见》（2001 年）、海南省出台了《屯昌县人民政府办公室关于印发屯昌思源实验学校校长办学自主权暂行规定的通知》（2009 年）等。

四、政策工具

这一时期自愿型、混合型政策工具逐渐增多，强制型政策工具依旧是有力手段（表 4.5）。在这一阶段，国家除了使用强制型工具外，还使用了市场、权力下放、自我管理与服务、鼓励号召等混合型工具、自愿型工具，以此来落实和扩大学校的办学自主权。

表 4.5　社会转型期办学自主权政策运用的政策工具

工具	政策文本	工具类型
强制型政策工具	分步过渡到中央和地方两级管理的体制，扩大地方和院校的办学自主权	建立和调整规则
	学校及其他教育机构行使下列权利：按照章程自主管理；组织实施教育教学活动；招收学生或者其他受教育者；聘任教师及其他职工，实施奖励或者处分；管理、使用本单位的设施和经费；等等	法令、法规
	依法落实民办学校、学生、教师与公办学校、学生、教师平等的法律地位，保障民办学校办学自主权	指示指导
混合型政策工具	转变政府管理部门职能，扩大学校办学自主权	程序简化
	将专业调整、招生、基建设计审定、工资分配、用人制度、专业技术职务岗位设置和调整、校内机构设置、副校长级（不含副校长级）以下干部任免等工作，下放给学校，扩大学校的办学自主权	权力下放
	落实和扩大学校办学自主权，积极鼓励行业、企业等社会力量参与公办学校办学	鼓励号召
自愿型政策工具	扩大职业学校的办学自主权，增强其自主办学和自主发展的能力	自我管理与服务
	支持行业、企业发展职业教育，扩大职业学校的办学自主权，增强其自主办学和自主发展的能力	市场

第四节　新时期办学自主权政策分析

党的十八大明确提出努力办好人民满意的教育[①]。将教育放在改善民生和加强社会建设之首，为新时期我国学校办学自主权的落实与扩大指明了方向。党的十

[①] 胡锦涛在中国共产党第十八次全国代表大会上的报告，http://cpc.people.com.cn/n/2012/1118/c64094-19612151-7.html[2023-05-21]。

九大、十九届四中全会与全国教育大会继续将办好人民满意的教育落到实处[①②③]，有关学校办学自主权的政策也逐步精准与明确。

一、政策发文量

这一时期有关办学自主权的政策处于急剧增长的态势，中央有关办学自主权的政策多达 130 篇，地方则高达 849 篇，本节选取中央政策文件 10 条（表 4.6）及地方代表性政策文件作为分析对象。

表 4.6　新时期部分办学自主权政策一览表

序号	发文单位	文件标题	发布时间
1	教育部	《全面推进依法治校实施纲要》	2012.11
2	中共中央	《中共中央关于全面深化改革若干重大问题的决定》	2013.11
3	国务院	《关于加快发展现代职业教育的决定》	2014.5
4	国家教育体制改革领导小组办公室	《关于进一步落实和扩大高校办学自主权完善高校内部治理结构的意见》	2014.7
5	教育部	《关于深入推进教育管办评分离促进政府职能转变的若干意见》	2015.5
6	教育部等五部门	《关于深化高等教育领域简政放权放管结合优化服务改革的若干意见》	2017.3
7	教育部	《关于印发〈义务教育学校管理标准〉的通知》	2017.12
8	中共中央、国务院	《关于深化教育教学改革全面提高义务教育质量的意见》	2019.6
9	中共中央、国务院	《关于减轻中小学教师负担进一步营造教育教学良好环境的若干意见》	2019.12
10	教育部等八部门	《关于进一步激发中小学办学活力的若干意见》	2020.9

从全国各省区市颁发的办学自主权政策情况来看，政策增长呈现井喷态势。为了便于分析、统计与对比，本节选取发文量排名前十的省市作为分析样本（图 4.8），并与社会转型期各省区市政策发文情况进行对比，可以得出以下结论：其一，从全国 31 个省区市的总体情况来看，除西藏自治区之外（只有 3 条），各个省区市发布的政策文件数量增长迅速（均超过 10 条）。江苏省发布的办学自主

---

① 决胜全面建成小康社会 夺取新时代中国特色社会主义伟大胜利——在中国共产党第十九次全国代表大会上的报告，http://www.gov.cn/zhuanti/2017-10/27/content_5234876.htm[2023-05-21]。

② 党的十九届四中全会《决定》全文，https://www.ccdi.gov.cn/toutiaon/201911/t20191105_96220.html[2023-05-21]。

③ 习近平在全国教育大会上强调坚持中国特色社会主义教育发展道路培养德智体美劳全面发展的社会主义建设者和接班人，http://edu.people.com.cn/n1/2018/0911/c1053-30286253.html[2023-05-21]。

权政策多达75条，以高等学校、职业学校的办学自主权为主。其二，这两个时期政策发文量均进入前十的省市包括：江苏省、广东省、河南省、四川省、浙江省、山东省、上海市和湖南省，其中有五个省份为沿海地区城市（图4.9）。由此可见，不同地域的经济社会发展水平和改革开放程度对办学自主权政策有影响。当然，这也与国家在沿海地区率先开展教育领域改革紧密相关，如高等学校招生考试制度改革首先在上海市和浙江省进行试点，其中招生考试制度改革的基本原则之一是要保证学校的办学自主权。

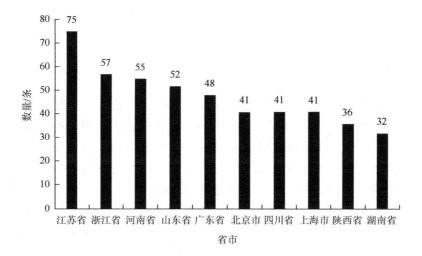

图4.8　新时期各省市关于办学自主权政策发文量统计图

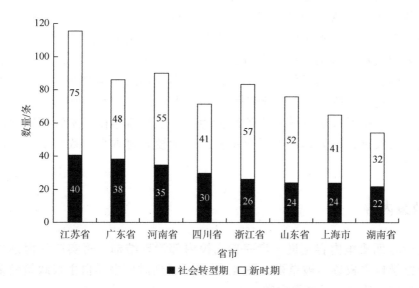

图4.9　两个时期办学自主权政策发文量前十省市

此外，通过梳理社会转型期与新时期各省区市办学自主权政策，可以将其归纳为两种类型：贯彻实施型、参照制定型。贯彻实施型政策是指当中央政府发布具有重大意义的办学自主权政策时，各省区市政府则根据中央政府发布的有关文件制定本省区市的实施政策，如河北省《关于转变职能优化服务进一步落实和扩大高校办学自主权的实施意见》（2016 年）、湖南省《关于进一步落实和扩大高校办学自主权的实施意见》（2018 年）等。参照制定型政策则是指各省区市根据中央发布的某一战略性、纲领性文件，制定本省区市的政策文件，如山东省《关于深化高等教育领域简政放权放管结合优化服务改革的实施意见》（2018 年）等。

二、价值取向

这一时期价值取向是回归学校教育本真，致力于教育自身发展。随着"国家治理体系和治理能力现代化"目标的提出、"依法治国"战略的实施及政府职能的转变，国家更加注重教育提高国民素质、促进人的全面发展的本体功能，更加注重学校办学自主权的落实与学校内部治理结构的完善，并积极为其创造良好的制度环境。在《中共中央关于全面深化改革若干重大问题的决定》（2013 年）中，以解决好人民最关心最直接最现实的利益问题，更好满足人民需求为社会事业改革的指导思想，明确提出深入推进管办评分离，扩大省级政府教育统筹权和学校办学自主权，完善学校内部治理结构，这一提法表明了新时期我国学校的办学自主权政策将更加注重学校教育自身发展的需求。2014 年颁布的《关于进一步落实和扩大高校办学自主权完善高校内部治理结构的意见》再次提出为了加快完善中国特色现代大学制度，加快推进高等教育治理体系和治理能力现代化，鼓励高校办出特色，政府要积极简政放权，进一步落实和扩大高校办学自主权，同样体现了对学校教育本体功能和学校办学规律的重视。在《关于印发〈义务教育学校管理标准〉的通知》（2017 年）中指出，落实学校办学自主权，提升校长依法科学治理能力，建立健全学校民主管理制度，推动学校可持续发展，这表达了办学自主权回归学校教育本真、致力于教育自身发展的初衷。

三、政策内容

这一时期政策内容是进一步完善高校内部治理结构、落实依章程办学，且中小学办学自主权逐步被重视。图 4.10 展示了新时期办学自主权政策较多涉及制度、机制、改革、发展等内容。

图 4.10　新时期办学自主权政策词云图

与前两个阶段相比，学校办学自主权政策中"创新""制度""机制"在此阶段得以增长与凸显，这一变化表明教育事业的管理从命令式的被动发展过渡到以制度规范的自主发展与创新发展。在平等协商、多元参与、寻求共识的治理理念指导下，一方面，国家为学校办学自主权的落实创造了有利条件，另一方面，落实和扩大办学自主权紧扣现代学校制度建设展开。新时期办学自主权政策词频分析见图 4.11。

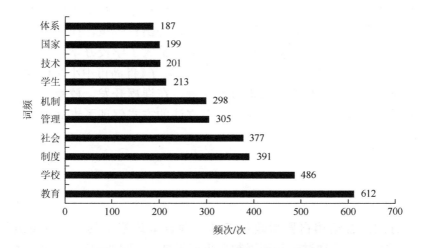

图 4.11　新时期办学自主权政策词频分析

在《关于深入推进教育管办评分离促进政府职能转变的若干意见》（2015 年）中指出，通过法律保证办学自主权的行使与落实，通过章程完善办学自主权的实施机制，并强调要进一步落实与扩大高校在考试招生、教育教学、科学研究、教职工队伍管理、经费资产使用管理、国际交流合作等方面的自主权，职业院校在招生、专业设置和调整、教师评聘、资源配置、收入分配、校企合作等方面的办学自主权，中小学在育人方式、资源配置、人事管理等方面的自主权。与此同时，教育部印发了《全面推进依法治校实施纲要》（2012 年），提出"切实转变对学校的行政管理方式""切实落实和尊重学校办学自主权，减少过多、过细的直接管理活动"。

《关于深化教育教学改革全面提高义务教育质量的意见》（2019 年）中明确提出激发学校生机活力。具体包括：推进现代学校制度建设，落实学校办学自主权，保障学校自主设立内设机构，依法依规实施教育教学活动、聘用教师及其他工作人员、管理使用学校经费等。《关于减轻中小学教师负担进一步营造教育教学良好环境的若干意见》（2019 年）是一项为解决中小学教师负担较重问题而颁发的专门政策。政策中提出了多项具体有效的教师减负举措，在组织保障中特别强调要依法保障学校办学自主权和中小学教师各项权益，合理核定工作量，激励教师肯干能干做出成绩。2020 年 9 月 15 日教育部等八部门联合印发的《关于进一步激发中小学办学活力的若干意见》是新时期与中小学校办学自主权直接相关的一个政策文件，该文件明确指出要保证教育教学自主权、扩大人事工作自主权、落实经费使用自主权，这样才能进一步落实中小学办学主体地位，激发校长教师工作积极性，增强学校的发展动力。

此外，从各省区市发布的政策来看，均出台了进一步落实和扩大学校办学自主权的相关政策。例如，江苏省、四川省纷纷出台政策，在促进民办教育健康发展、义务教育均衡发展等方面适度落实与扩大了学校办学自主权。值得一提的是，青岛市人民政府于 2017 年 2 月 4 日印发了《青岛市中小学校管理办法》，该办法是我国第一个学校方面的地方性法规，在课程开发、校章制定、人事任免、财政预算支出等方面放权于学校，以立法的方式保证了青岛市中小学的办学自主权。

四、政策工具

这一时期综合运用自愿型政策工具、混合型政策工具与强制型政策工具（表 4.7）。首先，国家通过一系列强制型政策工具，使职业教育、中小学校、高等学校的办学自主权纳入已建立的章程与法律框架下，通过落实和扩大学校办学自主权进一步完善学校内部治理结构。其次，以混合型、自愿型政策工具进一步落实与扩大学校办学自主权，实现政策目标。

表 4.7　新时期办学自主权政策运用的政策工具

工具	政策文本	工具类型
强制型 政策工具	民办学校与公办学校具有同等的法律地位，国家保障民办学校的办学自主权	法令、法规
	章程应当按照《中华人民共和国高等教育法》的规定，健全学校办学自主权的行使与监督机制	建立和调整规则
	加快中国特色现代大学制度建设，深入推进管办评分离，扩大学校办学自主权，完善学校内部治理结构	建立和调整规则
	深入推进管办评分离，扩大省级政府教育统筹权和学校办学自主权，完善学校内部治理结构	指示指导
混合型 政策工具	进一步向地方和高校放权，给高校松绑减负、简除烦苛，让学校拥有更大办学自主权	权力下放
	切实落实和尊重学校办学自主权，减少过多、过细的直接管理活动	程序简化
自愿型 政策工具	落实学校办学自主权，拓宽师生、家长和社会参与学校治理的渠道	家庭与社区
	落实和扩大高校办学自主权，根据经济社会发展需要和重点学科专业，明确各类高校定位，突出办学特色	市场

　　纵观我国改革开放以来办学自主权政策的演变历程，在政策数量、价值取向、政策内容、政策工具及地域差异五个方面发生了较大的变化，引发变化的根本原因是我国政治、经济、文化的变革及社会主要矛盾的变化。总的来看，办学自主权政策经历了从高等教育、职业教育至中小学校的扩展与覆盖，从扩大办学自主权到落实与扩大办学自主权、落实和规范办学自主权再到依法保障办学自主权、落实和尊重办学自主权的演变过程。

　　第一，办学自主权政策数量的变化呈现出前期稀疏、后期高密集增长的态势。从 1985 年颁布的《中共中央关于教育体制改革的决定》中首次提到有关办学自主权的内容后，相关的政策文件才逐渐得以涌现。在改革开放初期，只有中央政府层面发布有关办学自主权的政策，这些政策是国家对教育利益分配的直接表达，并确定了教育为社会主义现代化建设服务的思想。随着改革开放的深入与社会政治、经济制度的改革，2000 年后办学自主权政策数量呈现井喷式增长。当然，从现有统计情况来看，直接以办学自主权为题的政策文件较少，专门针对中小学办学自主权的政策文件更少。因此，尽管与学校办学自主权有关的政策数量总体呈现上升态势，但专门针对学校办学自主权的核心政策并不多。这就意味着，要真正落实和扩大各级各类学校的办学自主权，国家有必要针对各级各类学校出台专门的、系统性的、有操作性的办学自主权政策。

　　第二，教育政策的价值取向是教育政策制定者在自身价值判断基础上所做出的一种集体选择或政府选择。它蕴含着政策制定者对政策的期望或价值追求，体现了政策系统的某种价值偏好，表达着教育政策追求的目的与价值（刘复兴，

2002）。从办学自主权政策的三个发展阶段来看，其价值选择经历了政府权威主导到社会主义市场经济导向最后到教育本位回归的演变，教育的本体功能最终得以彰显，学校办学规律得以重视，如改革开放初期，国家出台的有关落实和扩大高等学校办学自主权政策，彰显了教育优先发展的战略地位，但政府对高校办学依然存在干预过度，学校办学自主权极为有限。在社会转型期，落实和扩大学校办学自主权，特别是高等学校和职业学校办学自主权最重要的目的是，让职业教育与高等教育主动适应社会主义市场经济发展的需求、适应就业市场的需求。进入新时期，学校办学自主权的落实和扩大，与完善学校内部治理结构、建立现代学校制度相关联，落实与扩大学校办学自主权的根本目的是遵循学校办学规律、回归学校教育本质。显然，在办学自主权政策价值取向上，出现这种逐渐回归教育本真目的的演变，正是社会主要矛盾与人民需求变化的结果，也是在经济社会发展到一定程度对教育地位及其本体功能认识上的深化。

第三，不同阶段涉及的办学自主权内容有些许的变化，对象涉及中小学、职业教育与高等教育，但主要以后两者为主。改革开放初期，以落实企事业兴办的中小学的办学自主权与高等学校的办学自主权为主要内容，这一阶段通过教育政策明确不同办学主体所拥有的权利，使办学自主权的行使有据可循、有法可依。社会转型期则以职业教育和高等教育为主，不同类型学校的办学自主权被纳入相应的法律、章程或制度中，办学自主权的范围、内容基本确定，依法、依章程办学成为主要特征。2012 年以来，除了进一步落实与扩大职业教育与高等教育的办学自主权之外，中小学的小学自主权也被频繁涉及，但办学自主权的具体内容有待进一步明确。

第四，办学自主权政策工具的运用虽然以强制型政策工具为主，但自愿型政策工具得以拓展，混合型政策工具稳步增长。办学自主权政策的丰富，导致不论是中央政府还是地方政府，在制定教育政策时均使用了多种政策工具。例如，从改革开放初期至今，在办学自主权政策上逐步运用了市场、家庭与社区、自我管理与服务手段的自愿型工具，信息和劝诫（鼓励号召）及诱因（权力下放、程序简化）的混合型政策工具，这两种手段随着政策的发展逐渐丰富并稳步增长。当然，在三个历史发展阶段，强制型政策工具一直都是国家推动学校办学自主权落实和扩大的有力手段。

第五，办学自主权政策呈现出一定的地域特点。从各省区市颁布的学校办学自主权相关政策情况来看，改革开放初期，各省区市没有发布办学自主权政策，2000 年之后呈现爆发式增长。在政策发文量前十的省区市中，沿海地区占比62.5%，中部的河南省、湖南省及西部的四川省发文量居全国前十。最早颁布专门政策的是广西壮族自治区（1993 年），还有青海省、湖南省与河北省。在政策类型上，各省区市基本以贯彻实施型和参照制定型为主，多数省区市均根据自身教育发展情况制定了符合自身情况的办学自主权政策，如江苏省的办学自主权政策涉及高中至大学，既有宏观层面的论述，也有微观的规定；四川省的办学自主权政策多为贯彻实施型，其下辖各市积极贯彻中央发布的有关办学自主权的政策法规。

　　总体而言，面对新时代我国社会主要矛盾的变化，学校办学自主权政策有必要在以下方面做进一步的完善与加强：一是，办学自主权政策的对象与内容有待进一步明晰与丰富。从已有的与办学自主权相关的政策来看，多聚焦于高等教育和职业教育，专门针对中小学的办学自主权政策很少，与中小学办学自主权有关的政策也没有对办学自主权的具体范围与内容做出明确规定。因此，为了增强中小学的办学活力，落实和扩大中小学的办学自主权，中央政府，特别是地方政府应出台专门的政策给予保障。二是，进一步丰富教育政策工具的使用对象与手段。中央政府与地方政府可以在办学自主权政策中增加家庭与社区、志愿组织、自我管理与服务、私人市场等自愿型政策工具，如通过发挥家庭和社区的力量为中小学办学自主权的落实创造多元的参与渠道；运用信息和劝诫、利益留存、社会声誉等混合型工具为民办教育或高等教育的办学自主权创造条件。三是，办学自主权政策的制定应该秉持服务于学生德智体美劳全面发展的宗旨。办学自主权的落实是学校基本权利的回归，办学自主权的扩大是政校之间简政放权的博弈，落实和扩大学校办学自主权是学校办出特色的基本保障。作为学校所拥有的基本权利，办学自主权的落实和扩大理应服务于学生的成长与进步，而不应僭越其教育的本体功能而单纯地发挥适应经济和社会发展的工具功能。因此，学校办学自主权政策的制定与完善应以学生的身心发展为基础，以此作为确定学校办学自主权政策价值取向、政策内容、政策工具选择的出发点与落脚点。

第五章　我国学校办学自主权落实现状调查研究

为了全面了解我国学校办学自主权的落实情况，分析学校办学自主权落实与扩大中存在的问题，本章运用问卷调查、访谈调查和政策文本分析三种研究方法，对我国学校办学自主权的落实情况进行调查研究。

第一节　研　究　设　计

本章主要采用三种研究方法对我国学校办学自主权落实的情况进行调查研究。一是问卷调查。课题组在广东、广西、安徽、山东、湖北、湖南、吉林等地，选择公办普通中小学校（小学、初中、高中）的校长（包括副校长）进行问卷调查。二是访谈调查。先后访谈了来自湖北、广东、吉林、广西等地的公办普通中小学校的校长（副校长）、教师代表，区（县）教育局局长（副局长），区（县）教育局、编制办、人力资源和社会保障局、财政局科（股）长。访谈调查以座谈会或个别访谈的形式进行。三是政策文本分析。广泛收集、整理、分析湖北、广东、吉林和广西等有关扩大学校自主权、教育管办评分离、现代学校制度建设等方面的相关政策文件，并进行分析。

一、调查问卷设计与实施

（一）调查问卷设计

调查问卷紧密围绕我国学校办学自主权及其落实现状进行设计。选择的依据如下：第一，根据国家法律、法规、政策中关于学校办学自主权方面的规定进行设计，包括《中华人民共和国教育法》《国家中长期教育改革和发展规划纲要（2010—2020年）》《关于深入推进教育管办评分离促进政府职能转变的若干意见》《国家教育事业发展"十三五"规划》等。第二，本书对学校办学自主权边界的划分及学校办学自主权的内容构成进行分析。第三，前期访谈过程中听取教育管理专家学者、教育行政部门管理者、公办普通中小学校长和教师对学校办学自主权的看法，以及在调研中查阅当地政府和学校的相关文件、文档等资料，从中归纳提炼出可使用的信息。

公办普通中小学校办学自主权落实现状调查问卷，共分为三个部分。第一部分为基本信息。第二部分主要是对公办普通中小学校办学自主权落实状况进行调查。依据学校办学自主权的构成内容，从教育教学自主权、人事工作自主权、经费使用自主权三个方面设计调查问题。每一个方面又细化为多个指标，涵盖学校办学自主权所涉及的主要内容。第三部分主要是对影响学校办学自主权的因素进行调查。

（二）问卷预调查和信效度检验

2018 年 1 月，笔者采用公办普通中小学校办学自主权落实现状调查问卷对湖北省武汉市、黄冈市的中小学校长进行试调。共发放问卷 100 份，回收有效问卷 98 份，有效回收率为 98%。

1. 信度分析

如表 5.1 所示，本节的问卷各个维度上的 Cronbach' α 系数所在区间为[0.92，0.97]，问卷整体的 Cronbach' α 系数为 0.97。研究表明，量表的信度系数越高，其可信度越好。因此，本章编制的问卷在整体和各个维度的信度通过检验，具有较高的可靠性。

表 5.1　问卷信度检验结果（一）

维度	Cronbach' α
教育教学自主权	0.92
人事工作自主权	0.95
经费使用自主权	0.96
办学自主权影响因素	0.97
整体	0.97

2. 效度分析

如表 5.2 所示，本章的问卷各个维度上的 KMO 值所在区间为[0.93，0.97]，问卷整体的 KMO 值 0.97，累计方差贡献率 78.75%，p 值均小于 0.05，具有显著性，问卷具有较高效度。

表 5.2　问卷效度检验结果（一）

维度	KMO	累计方差贡献率	p 值
教育教学自主权	0.94	66.05%	0.000
人事工作自主权	0.93	63.98%	0.000
经费使用自主权	0.93	71.79%	0.000
办学自主权影响因素	0.95	80.82%	0.000
整体	0.97	78.75%	0.000

研究表明，KMO 值的区间为[0.7，0.8），说明基本适合做因子分析；KMO 值的区间为[0.8，0.9），说明适合做因子分析；KMO 值大于 0.9，则说明非常适合做因子分析。从表 5.2 来看，问卷各个维度的 KMO 值均大于 0.9，问卷整体的 KMO 值系数为 0.97，表明问卷非常适合做因子分析，因子分析提取的成分如表 5.3 所示，方差累计为 69.97%，能够解释样本 69.97%以上的数据，说明调查问卷具有较好的结构效度。

表 5.3　总方差解释（一）

成分	总计	初始特征值方差百分比	初始特征值方差百分比累计	总计	提取载荷平方和方差百分比	提取载荷平方和方差百分比累计
1	18.73	41.61%	41.61%	18.73	41.61%	41.61%
2	6.47	14.37%	55.98%	6.47	14.37%	55.98%
3	3.01	6.68%	62.66%	3.01	6.68%	62.66%
4	2.00	4.44%	67.10%	2.00	4.44%	67.10%
5	1.29	2.87%	69.97%	1.29	2.87%	69.97%
6	0.95	2.12%	72.08%			
7	0.87	1.94%	74.02%			
8	0.77	1.75%	75.77%			
9	0.68	1.52%	77.29%			
10	0.59	1.32%	78.61%			

注：提取方法为主成分分析；表中为经过四舍五入的数据，数据合计可能存在误差

（三）问卷调查实施及问卷的信效度检验

课题组采取邮件发送、问卷星提交、现场发放填写等形式，在广东、广西、安徽、山东、湖北、湖南、吉林等地发放中小学校长问卷共计 1200 份，剔除无效问卷 46 份，有效问卷 1154 份，有效回收率达 96.2%。学校样本来源分布如下：

从学段来看，涵盖小学、初中和高中；从样本学校坐落地点来看，样本学校涵盖农村、乡镇和城区。数据主要采用 SPSS22.0 软件进行统计分析。

1. 问卷样本的基本情况

在受访的校长（包括副校长）中（表 5.4），有男性校长 795 人（占总数的 68.9%），女性校长 359 人（占总数的 31.1%）。从学段分布来看，有小学校长 397 人（占总数的 34.4%），初中校长 350 人（占总数的 30.3%），高中校长 407 人（占总数的 35.3%）。来自城市学校的校长 633 人（占总数的 54.9%），来自农村学校的校长 521 人（占总数的 45.1%）。

表 5.4 有效样本基本情况的描述性分析

项目	类别			
性别	男性	女性		总计
频数/人	795	359		1154
占比	68.9%	31.1%		100%
学段	小学	初中	高中	
频数/人	397	350	407	1154
占比	34.4%	30.3%	35.3%	100%
学校所在地	城市	农村		
频数/人	633	521		1154
占比	54.9%	45.1%		100%

2. 正式调查问卷的信效度检验

第一，对问卷的整体信度进行检测。如表 5.5 所示，本章的问卷在各个维度上的 α 系数所在区间为 [0.74，0.86]，问卷整体的 α 系数为 0.91，表明本节编制的问卷在整体和各个维度的信度较好，具有较高的可靠性。

表 5.5 问卷信度检验结果（二）

维度	Cronbach' α
教育教学自主权	0.86
人事工作自主权	0.85
经费使用自主权	0.84
办学自主权影响因素	0.74
整体	0.91

第二，对问卷的效度进行检验。如表 5.6 所示，本节的问卷在各个维度上的 KMO 值所在的区间为[0.66，0.87]，问卷整体的 KMO 值 0.92，累计方差贡献率均小于 69.97%，p 值均小于 0.05，具有显著性，问卷具有较高效度。研究表明，KMO 值为[0.6，0.7)，说明效度分析可以接受；KMO 值为[0.7，0.8)，说明基本适合做因子分析；KMO 值为[0.8，0.9)，说明适合做因子分析；KMO 值大于 0.9，则说明非常适合做因子分析。从表 5.6 来看，问卷各个维度的 KMO 值均大于 0.6，问卷整体的 KMO 值系数为 0.92，表明问卷非常适合做因子分析。

表 5.6　问卷效度检验结果（二）

维度	KMO	累计方差贡献率	p 值
教育教学自主权	0.87	62.96%	0.000
人事工作自主权	0.83	52.97%	0.000
经费使用自主权	0.79	61.70%	0.000
办学自主权影响因素	0.66	68.41%	0.000
整体	0.92	67.67%	0.000

因子分析提取的成分如表 5.7 所示，方差累计为 67.67%，能够解释样本 67.67% 以上的数据，具有一定的效度。

表 5.7　总方差解释（二）

成分	总计	初始特征值方差百分比	初始特征值方差百分比累计	总计	提取载荷平方和方差百分比	提取载荷平方和方差百分比累计
1	9.08	33.64%	33.64%	9.08	33.64%	33.64%
2	3.28	12.13%	45.78%	3.28	12.13%	45.78%
3	2.01	7.43%	53.21%	2.01	7.43%	53.21%
4	1.69	6.27%	59.48%	1.69	6.27%	59.48%
5	1.20	4.45%	63.92%	1.20	4.45%	63.92%
6	1.01	3.75%	67.67%	1.01	3.75%	67.67%
7	0.79	2.93%	70.60%			
8	0.69	2.56%	73.16%			
9	0.61	2.26%	75.42%			

注：提取方法为主成分分析；表中为经过四舍五入的数据，数据合计可能存在误差

二、访谈调查设计与实施

本章主要通过访谈的方式，了解政校双方对学校办学自主权的感受、办学自

主权落实中存在的问题、影响办学自主权落实的因素等。访谈对象包括三类主体：教育局及相关政府教育管理机构的管理者、校长（含副校长）和教师。

（一）访谈提纲设计

教育局及相关政府教育管理机构的管理者访谈提纲包括：对教育简政放权的认识及推进过程中存在的困境；对学校办学自主权的态度；在落实和扩大学校办学自主权方面的改革情况；政府教育管理权力清单及其执行情况；府际关系；影响学校办学自主权落实和扩大的因素。

校长（含副校长）访谈提纲包括：对学校办学自主权的认识和态度；对学校办学自主权落实情况的看法；对学校办学自主权的期待；学校日常面临的来自外部的检查与干扰；影响学校办学自主权落实和扩大的因素。

教师访谈提纲包括：对学校办学自主权的认识和态度；对教师教学自主权和学生学习自主权的看法；对学校内部管理方式及权力行使的看法；对教职工代表大会、校务委员会和家委会运行状况的认识及建议；影响学校办学自主权落实和扩大的因素。

（二）访谈调查实施

基于样本数量的考虑，本章分别在广东、广西、湖北、吉林四个省区选择教育局及相关政府教育管理机构的管理者、校长（副校长）和教师进行访谈调查。各个省区访谈调查对象的选择采取分层随机抽样的方式。其中，访谈区（县）教育局局长（副局长）8 人，区（县）教育局、编制办、人力资源和社会保障局、财政局科（股）长 16 人，公办普通中小学校校长（含副校长）24 人，教师代表48 人，共计 96 人。

第二节　学校办学自主权落实现状分析

对校长（含副校长）进行的有关学校办学自主权的问卷调查包括五个部分。第一部分是总体评价，第二部分是教育教学自主权分项调查，第三部分是人事工作自主权分项调查，第四部分是经费使用自主权分项调查，第五部分是办学自主权影响因素调查，均采用利克特 5 级量表。5 分为完全自主或影响非常大，4 分为自主权较大或影响较大，3 分为一般水平（有一定自主权但是不大，或者有一定影响但是不大），2 分为自主权较小或者影响较小，1 分为无自主权或影响非常小。自主权评分基于校长的主观感受，受实际拥有的自主权与期望拥有的自主权的共同影响。

一、对办学自主权的总体评价

表 5.8 显示，总体上，受访校长认为所在学校拥有的办学自主权较小，5 分制评分，均值为 2.62，低于一般水平 3。只有 21.23% 的受访校长认为所在学校自主权较大或完全自主，46.19% 的受访校长认为无自主权或自主权较小。使用非参数方法 Kruskal-Wallis 检验（简称 KW 检验）进行样本间差异比较，检验均拒绝原假设，说明不同学段的学校间、城乡学校间的差异具有统计学意义。

表 5.8　受访者对办学自主权的总体评价及分组比较

分组	组别	样本量/人	频率					均值分析		
			无自主权	较小	一般	较大	完全自主	均值	KW 检验 p 值	组间差异
学段	小学	397	18.39%	30.23%	28.46%	17.13%	5.79%	2.62	<0.001	显著
	初中	350	10.57%	19.14%	38.57%	22.86%	8.86%	3.00		
	高中	407	25.06%	32.92%	31.45%	8.60%	1.97%	2.29		
城乡	城市	633	21.64%	31.91%	32.54%	10.58%	3.32%	2.42	<0.001	显著
	农村	521	14.40%	22.84%	32.63%	22.26%	7.87%	2.86		
总体评价		1154	18.37%	27.82%	32.58%	15.86%	5.37%	2.62	—	—

注：显著性水平 $a = 0.05$

初中校长认为其所在的学校有一定办学自主权，但是不大，均值为 3；高中和小学校长的评分都低于 3，尤其高中校长的评分最低。主观评价低说明对拥有的自主权不满程度高，对扩大办学自主权的期望值也相应更高。其中，高中校长对扩大办学自主权期望值最高，城市学校的校长比农村学校的校长更期望扩大办学自主权。

二、对教育教学自主权的评价

教育教学是学校的中心工作，是办学自主权的关键事项。本节从九个分项进行了问卷调查。基于九个分项的调查结果，在因子分析的基础上确定每个分项的权重，据此计算加权平均数作为教育教学自主权的估计量。

（一）对教育教学自主权的总体评价

对教育教学自主权下的九个分项进行 KMO 检验和 Bartlett 球度检验，KMO 统计量为 0.867，变量间相关性强，Bartlett 球度检验结果 $p < 0.001$，在 5% 的显著

性水平下显著，拒绝原假设，变量间相关系数矩阵不是单位阵，即变量之间存在相关性，适合做主成分分析。

在累计方差贡献率85%以上的条件下，主成分分析共提取五个主成分，累计方差贡献率为85.3%。采用林海明和张文霖（2005）的方法，可以得到教育教学自主权九个构成成分的权重，见表5.9。

表5.9　教育教学自主权的构成及权重

构成指标	权重
招生	17.03%
对外合作办学	12.90%
日常学生评价	12.13%
教学方法选择	11.36%
教学方式运用	10.78%
选修课程内容	9.46%
教学计划制订	9.32%
教学模式创新	8.81%
研训活动组织	8.21%

根据以上权重，可以计算得到受访者对教育教学自主权的综合评价（对计算结果四舍五入）。如表5.10所示，受访校长对教育教学自主权的总体评价均值为3.42。这个估计量在自主权一般和自主权较大两个水平之间，且偏向自主权一般这一端，可以理解为有一定的自主权，但是不大。调查发现，44.0%的受访校长认为所在学校有较大或者完全的教育教学自主权，11.2%的受访校长认为自主权较小或无自主权。

表5.10　教育教学自主权总体评价及分组比较

分组	组别	样本量/人	频率					均值分析		
			无自主权	较小	一般	较大	完全自主	均值	KW检验 p 值	组间差异
学段	小学	397	0.3%	7.6%	36.8%	37.3%	18.1%	3.65	<0.001	显著
	初中	350	0.3%	12.6%	46.0%	33.7%	7.4%	3.35		
	高中	407	0.2%	12.8%	51.6%	32.7%	2.7%	3.25		
城乡	城市	633	0.2%	7.7%	43.0%	39.5%	9.6%	3.51	<0.001	显著
	农村	521	0.4%	14.8%	47.0%	28.6%	9.2%	3.31		
总体评价		1154	0.3%	10.9%	44.8%	34.6%	9.4%	3.42	—	—

注：显著性水平 $a = 0.05$

使用非参数方法 KW 检验进行样本间差异比较，检验均拒绝原假设，说明不同学段学校、城乡学校的均值差异具有统计学意义。小学校长对教育教学自主权的评分均值为 3.65，在一般与比较大之间，更接近比较大；初中、高中校长对教育教学自主权的评分均值为 3.35 和 3.25，在一般与比较大之间，更接近一般。说明高中校长、初中校长对所在学校拥有教育教学自主权的评价低于小学，也说明他们更期望落实和扩大教育教学自主权。同样，农村学校的校长对教育教学自主权的评分低于城市学校的校长，说明他们更期望落实和扩大教育教学自主权。

表 5.9 中的权重指数显示，在教育教学自主权中，校长最重视招生自主权，然后是对外合作办学、日常学生评价、教学方法选择与教学方式运用。这五项占了约 65%的权重。招生、对外合作办学属于学校经营的重要事项，日常学生评价、教学方法选择和教学方式运用等属于质量保障重要事项。由此可见校长对自主经营管理和自主质量管理的高度重视。

基础教育阶段的教学内容有较强的国家制度规制，学校自主空间相对较小。与有明确国家课程标准的主干课程相比，在选修课程内容方面学校自主空间相对较大，如校本课程。这部分自主权发挥好，有利于形成学校特色。教学计划制订、教学模式创新和研训活动组织都是质量保障体系的重要部分。不同的是后两者更强调通过教研、创新提升质量。对教学模式创新、研训活动组织方面的重视程度最低，反映出校长关注的重心还是常规的质量保障，这也是现阶段学校办学自主权落实中需要重视的问题之一。

（二）对教育教学自主权的分项评价

下面，将从教育教学自主权的九个分项，对教育教学自主权的情况进行分析。

1. 对选修课程内容自主权的评价

表 5.11 显示，受访校长对选修课程内容自主权的评价均值为 3.39，在 3 到 4 之间，且偏向一般水平这一端。49.05%的受访校长认为所在学校在选修课程内容上自主权较大或完全自主，认为较小或无自主权的校长有 23.31%。总体上受访校长认为在选修课程内容方面有一定自主权。访谈调查发现，小学和初中可开展校本课程、特色课程，在高中阶段则较少开设特色课程，以国家课程为主。

表 5.11　选修课程内容自主权评价及分组比较

| 分组 | 组别 | 样本量/人 | 频率 | | | | | 均值分析 | | |
			无自主权	较小	一般	较大	完全自主	均值	KW检验 p值	组间差异
学段	小学	397	5.79%	11.08%	24.18%	26.95%	31.99%	3.68	<0.001	显著
	初中	350	11.71%	18.29%	23.43%	28.29%	18.29%	3.23		
	高中	407	2.70%	21.13%	34.64%	32.68%	8.85%	3.24		
城乡	城市	633	3.63%	13.90%	27.80%	33.33%	21.33%	3.55	<0.001	显著
	农村	521	9.98%	20.35%	27.45%	24.57%	17.66%	3.20		
总体评价		1154	6.50%	16.81%	27.64%	29.38%	19.67%	3.39	—	—

注：显著性水平 $a = 0.05$

使用非参数方法 KW 检验进行样本间差异比较，检验均拒绝原假设，说明不同学段的学校间、城乡学校间的差异具有统计学意义。其中，小学校长、城市学校的校长对选修课程内容自主权的评分高于平均值。

2. 对教学方法选择自主权的评价

选择教学方法是教师教学能力的体现，这方面的自主权对提高教育教学质量具有重要意义。

表 5.12 显示，受访校长认为所在学校在教学方法选择方面有较大自主权。78.34%的受访校长认为所在学校在教学方法选择上自主权较大或完全自主，认为较小或没有自主权的仅占 3.99%，均值 4.11，高于自主权较大水平（即大于 4）。

表 5.12　教学方法选择自主权评价及分组比较

| 分组 | 组别 | 样本量/人 | 频率 | | | | | 均值分析 | | |
			无自主权	较小	一般	较大	完全自主	均值	KW检验 p值	组间差异
学段	小学	397	0	2.27%	15.37%	36.52%	45.84%	4.26	<0.001	显著
	初中	350	0.57%	3.14%	15.43%	42.29%	38.57%	4.15		
	高中	407	1.23%	4.67%	21.87%	44.72%	27.52%	3.93		
城乡	城市	633	0.63%	2.53%	14.53%	41.23%	41.07%	4.20	<0.001	显著
	农村	521	0.58%	4.41%	21.50%	41.07%	32.44%	4.00		
总体评价		1154	0.61%	3.38%	17.68%	41.16%	37.18%	4.11	—	—

注：显著性水平 $a = 0.05$

使用非参数方法 KW 检验进行样本间差异比较，检验均拒绝原假设，说明学段之间、城乡学校间的差异具有统计学意义。其中，小学和初中校长、城市学校校长对所拥有的教学方法选择自主权评分高于均值。高中校长、农村学校的校长对所在学校在教学方法选择方面自主权评分均值分别为 3.93 和 4.00，也接近自主权较大水平。可以说，总体上，校长认为在教学方法选择方面拥有较大自主权。对校长和教师的访谈也证实了这一点。在教学方法上，学校和教师具有较为充分的自主权，教师可以根据教学内容及自身所长选择合适的教学方法和教学风格。

3. 对日常学生评价自主权的评价

日常学生评价是诊断学生学习成效的基本手段，对质量管理、质量保障具有重要意义。

表 5.13 显示，受访校长认为所在学校对日常学生评价有较大自主权，评分均值为 4.02，高于较大自主权水平。76.95% 的受访校长认为所在学校在日常学生评价上自主权较大或完全自主，认为较小或无自主权的占 6.15%。

表 5.13 日常学生评价自主权评价及分组比较

分组	组别	样本量/人	频率					均值	均值分析	
			无自主权	较小	一般	较大	完全自主		KW检验 p 值	组间差异
学段	小学	397	1.26%	4.53%	18.64%	37.53%	38.04%	4.07	0.088	不显著
	初中	350	2.57%	6.00%	21.14%	38.29%	32.00%	3.91		
	高中	407	1.47%	2.95%	11.55%	56.51%	27.52%	4.06		
城乡	城市	633	1.11%	3.16%	12.95%	45.97%	36.81%	4.14	<0.001	显著
	农村	521	2.50%	5.95%	21.69%	42.61%	27.26%	3.86		
总体评价		1154	1.73%	4.42%	16.90%	44.45%	32.50%	4.02	—	—

注：显著性水平 $a = 0.05$

使用非参数方法 KW 检验进行样本间差异比较，按学段分组的样本检验接受原假设，按城乡分组的样本检验拒绝原假设，说明学段间无显著差异；城乡学校间的差异具有统计学意义。其中，来自城市学校的校长对日常学生评价自主权评分高于均值。

4. 对招生自主权的评价

招生是学校经营的重要事项，也是涉及教育公平的敏感事项。招生权的配置需要兼顾多方利益诉求。

表 5.14 显示，受访校长认为所在学校招生自主权较小，均值为 2.57，低于一般水平 3。52.94% 的受访校长认为所在学校在招生方面无自主权或只有较小的自主权。28.25% 的受访校长认为招生自主权较大或完全自主。使用非参数方法 KW

检验进行样本间差异比较，城乡学校之间没有显著差异。校长和教师的访谈结果显示，在高中，示范高中的招生自主权高于非示范高中。受访的示范高中校长表示：学校在招收特长生上有一定的自主权。

表 5.14 招生自主权评价及分组比较

| 分组 | 组别 | 样本量/人 | 频率 | | | | | 均值分析 | | |
			无自主权	较小	一般	较大	完全自主	均值	KW检验 p值	组间差异
学段	小学	397	28.72%	12.09%	19.40%	20.15%	19.65%	2.90	<0.001	显著
	初中	350	41.43%	18.00%	17.43%	13.43%	9.71%	2.32		
	高中	407	16.95%	42.26%	19.41%	19.90%	1.47%	2.47		
城乡	城市	633	25.91%	27.01%	18.96%	19.43%	8.69%	2.58	0.567	不显著
	农村	521	31.48%	21.50%	18.62%	16.31%	12.09%	2.56		
总体评价		1154	28.42%	24.52%	18.80%	18.02%	10.23%	2.57	—	—

注：显著性水平 $a = 0.05$

5. 对教学计划制订自主权的评价

问卷调查和访谈调查结果均表明，学校有较大的教学计划制订自主权。如表 5.15 所示，受访校长认为在制订教学计划方面有较大自主权，评分均值为 3.92，接近 4（即自主权较大水平）。71.06%的受访校长认为教学计划的制订自主权较大甚至完全自主，只有 7.62%的受访校长认为自主权较小或者没有自主权。使用非参数方法 KW 检验进行样本间差异比较，检验均拒绝原假设，说明不同学段的学校间、城乡学校间的差异具有统计学意义。其中，小学、城市学校的校长评分高于均值，其他各组的均值均接近自主权较大水平。

表 5.15 教学计划制订自主权评价及分组比较

| 分组 | 组别 | 样本量/人 | 频率 | | | | | 均值分析 | | |
			无自主权	较小	一般	较大	完全自主	均值	KW检验 p值	组间差异
学段	小学	397	3.78%	6.05%	16.88%	35.26%	38.04%	3.98	0.017	显著
	初中	350	2.86%	5.71%	22.86%	36.00%	32.57%	3.90		
	高中	407	0.98%	3.69%	24.32%	48.65%	22.36%	3.88		
城乡	城市	633	2.69%	3.95%	19.75%	40.60%	33.02%	3.97	0.021	显著
	农村	521	2.30%	6.53%	23.22%	39.73%	28.21%	3.85		
总体评价		1154	2.51%	5.11%	21.32%	40.21%	30.85%	3.92	—	—

注：显著性水平 $a = 0.05$

6. 对教学方式运用自主权的评价

教学方式的运用是教师教学能力的体现，这项自主权对教育教学质量保障有重要意义。

表 5.16 显示，受访校长认为所在学校在教学方式运用方面有较大自主权，评分均值为 4.07，有 75.05% 的受访校长认为自主权较大或者完全自主，仅 4.07% 的受访校长认为自主权较小或无自主权。使用非参数方法 KW 检验进行样本间差异比较，检验均拒绝原假设，说明不同学段的学校间、城乡学校间的差异具有统计学意义。高中和农村学校的校长对这项自主权的评分低于 4，但也相当接近自主权较大水平。显示大多数校长认为学校在教学方式运用方面自主权较大。

表 5.16　教学方式运用自主权评价及分组比较

| 分组 | 组别 | 样本量/人 | 频率 | | | | | 均值分析 | | |
			无自主权	较小	一般	较大	完全自主	均值	KW 检验 p 值	组间差异
学段	小学	397	0.25%	2.27%	18.14%	33.25%	46.10%	4.23	<0.001	显著
	初中	350	0.86%	4.00%	20.57%	39.71%	34.86%	4.04		
	高中	407	0.49%	4.42%	23.83%	43.73%	27.52%	3.93		
城乡	城市	633	0.32%	2.84%	17.06%	38.39%	41.39%	4.18	<0.001	显著
	农村	521	0.77%	4.41%	25.53%	39.54%	29.75%	3.93		
总体评价		1154	0.52%	3.55%	20.88%	38.91%	36.14%	4.07	—	—

注：显著性水平 $a = 0.05$。

7. 对研训活动组织自主权的评价

学校的研训活动是推动教研活动、促进教师专业发展的重要事项。这项自主权对于支持学校教改和创新、提高教师队伍业务水平有重要意义。

表 5.17 显示，受访校长认为所在学校在研训活动组织方面自主权高于一般水平 3，评分均值为 3.60。59.88% 的校长认为所在学校在研训活动组织方面的自主权较大或者完全自主，只有 18.28% 的校长认为自主权较小或无自主权。使用非参数方法 KW 检验进行样本间差异比较，检验均拒绝原假设，说明不同学段的学校间存在显著差异，小学校长、初中校长的评分均高于均值，接近自主权较大水平。高中学校的校长的评分比均值低 0.42，显示高中校长对组织研训活动自主权的期望更高。城乡学校之间无显著差异。

表 5.17　研训活动组织自主权评价及分组比较

| 分组 | 组别 | 样本量/人 | 频率 | | | | | 均值分析 | | |
			无自主权	较小	一般	较大	完全自主	均值	KW检验 p值	组间差异
学段	小学	397	2.02%	4.79%	21.66%	35.52%	36.02%	3.99	<0.001	显著
	初中	350	5.43%	8.00%	25.71%	36.00%	24.86%	3.67		
	高中	407	3.69%	29.98%	18.67%	40.29%	7.37%	3.18		
城乡	城市	633	2.53%	15.80%	19.43%	39.18%	23.06%	3.64	0.198	不显著
	农村	521	4.99%	13.24%	24.76%	35.12%	21.88%	3.56		
总体评价		1154	3.64%	14.64%	21.84%	37.35%	22.53%	3.60	—	—

注：显著性水平 $a = 0.05$

8. 对教学模式创新自主权的评价

教学模式创新能力强是优质学校的重要特质。这项自主权对提升学校办学水平、创办特色学校有重要意义。

表 5.18 显示，受访校长认为所在学校在教学模式创新方面自主权高于一般水平，评分均值为 3.67，比研训活动组织自主权更接近自主权较大水平。有 57.10% 的受访校长认为自主权较大或者完全自主，只有 13.78% 的受访校长认为自主权较小或无自主权。使用非参数方法 KW 检验进行样本间差异比较，不同学段分组检验均拒绝原假设，说明不同学段的学校之间的差异具有统计学意义。小学校长对这项自主权的评分均值大于 4，即超过了自主权较大水平。高中校长的评分低于均值，且接近自主权一般水平。统计显示，多数学校的校长认为在教学模式创新方面有较大自主权，但高中校长显然对此有更高期望。城乡学校之间无显著差异。

表 5.18　教学模式创新自主权评价及分组比较

| 分组 | 组别 | 样本量/人 | 频率 | | | | | 均值分析 | | |
			无自主权	较小	一般	较大	完全自主	均值	KW检验 p值	组间差异
学段	小学	397	1.01%	3.78%	24.94%	31.99%	38.29%	4.03	<0.001	显著
	初中	350	1.14%	8.00%	28.29%	33.43%	29.14%	3.81		
	高中	407	2.95%	23.59%	33.91%	29.48%	10.07%	3.20		
城乡	城市	633	1.26%	12.16%	26.38%	33.49%	26.70%	3.72	0.066	不显著
	农村	521	2.30%	11.90%	32.44%	29.17%	24.18%	3.61		
总体评价		1154	1.73%	12.05%	29.12%	31.54%	25.56%	3.67	—	—

注：显著性水平 $a = 0.05$

9. 对对外合作办学自主权的评价

对外合作办学是涉及学校经营的重要事项，对优化办学资源配置、提升办学水平层次有重要意义。表 5.19 显示，受访校长认为所在学校在对外合作办学方面自主权较小，评分均值为 2.24，有 20.02% 的受访校长认为自主权较大或者完全自主，63.69% 的受访校长认为自主权较小或无自主权。使用非参数方法 KW 检验进行样本间差异比较，在 $a = 0.05$ 的显著性水平上，学段间检验拒绝原假设，说明不同学段学校间的差异具有统计学意义；城乡间检验接受原假设，说明城乡学校间的差异不显著。小学校长对于这项自主权的评分均值较高，较为接近自主权一般水平。高中校长的评分均值最低，为 1.90，低于自主权较小水平 2。调查结果显示，所有受访校长都对扩大这项办学自主权期望较高，高中校长则有最为强烈要求。例如，有校长提出，在进行合作办学过程中，应减少国家"规定动作"，增加学校"自选动作"，相关政策、制度和配套措施要跟上，才能有助于多样化办学落地。

表 5.19　对外合作办学自主权评价及分组比较

| 分组 | 组别 | 样本量/人 | 频率 | | | | | 均值分析 | | |
			无自主权	较小	一般	较大	完全自主	均值	KW 检验 p 值	组间差异
学段	小学	397	34.76%	12.59%	20.91%	13.85%	17.88%	2.68	<0.001	显著
	初中	350	46.86%	16.00%	20.86%	8.57%	7.71%	2.14		
	高中	407	46.19%	34.15%	7.86%	7.37%	4.42%	1.90		
城乡	城市	633	38.55%	24.49%	14.85%	11.37%	10.74%	2.31	0.066	不显著
	农村	521	47.22%	17.27%	18.04%	8.25%	9.21%	2.15		
总体评价		1154	42.46%	21.23%	16.29%	9.97%	10.05%	2.24	—	—

注：显著性水平 $a = 0.05$

综上所述，通过问卷调查和访谈调查，受访校长和教师对所在学校教育教学自主权及其分项的评价呈现出如下特征。

第一，受访校长和教师认为学校在教育教学方面有一定自主权。

第二，受访校长和教师认为在教学方法选择、教学方式运用、日常学生评价方面拥有较大自主权；在教学计划制订、教学模式创新、研训活动组织等方面的自主权也接近较大水平；在决定选修课程内容方面有一定自主权；在招生、对外合作办学方面自主权较小。

第三，如表 5.20 所示，办学自主权的权重排序与办学自主权的评价排序错位明显。权重最高的两个分项自主权评分最低。这一结果表明，在校长最期待拥有教育教学自主权的事项上政府管控最严格。

表 5.20　教育教学自主权分项权重与自主程度排序

教育教学分项自主权	权重指数	权重排序	自主程度均值	自主程度排序
招生	17.03	1	2.57	8
对外合作办学	12.90	2	2.24	9
日常学生评价	12.13	3	4.02	3
教学方法选择	11.36	4	4.11	1
教学方式运用	10.78	5	4.07	2
选修课程内容	9.46	6	3.39	7
教学计划制订	9.32	7	3.92	4
教学模式创新	8.81	8	3.67	5
研训活动组织	8.21	9	3.60	6

第四，学段间分组比较显示，小学校长对所在学校拥有的办学自主权评价最高，高中校长评价最低。由于校长的评价受实际拥有的办学权与期望拥有的办学权的共同影响，高中校长对落实和扩大教育教学自主权有着更高的期望。

第五，城乡学校比较显示，城乡差异不大。在多个分析的分组比较中差异不显著。在统计检验显示差异显著的分项中，均值差异也不大，基本处于同一水平。

三、对人事工作自主权的评价

人事工作涉及教职工的奖惩进退，对师资队伍建设、管理队伍建设、员工激励等有重大影响，是学校办学自主权的关键事项。本节分七个分项进行了问卷调查。基于七个分项的调查结果，在因子分析的基础上确定每个分项的权重，据此计算加权平均数作为人事工作自主权的估计量。

（一）对人事工作自主权的总体评价

对人事工作自主权下的七个分项进行 KMO 检验和 Bartlett 球度检验，KMO 统计量为 0.827，变量间相关性强，Bartlett 球度检验结果 $p < 0.001$，在 5% 的显著性水平下显著，拒绝原假设，变量间相关系数矩阵不是单位阵，即变量之间存在相关性，适合做因子分析。在累计方差贡献率 85% 以上的条件下，主成分分析共

提取四个主成分，累计方差贡献率为 85.3%。采用林海明和张文霖（2005）的方法，可以得到人事工作自主权七个构成成分的权重，见表 5.21。

表 5.21　人事工作自主权的构成及权重

构成指标	权重
校内中层干部任用	22.61%
教职工奖励与惩罚	18.24%
副校长推荐	17.88%
教职工职称评定	13.23%
教师招聘	11.36%
教师解聘	9.03%
教职工薪酬规定	7.64%

注：表中为经过四舍五入的数据，数据合计可能存在误差

根据以上权重，可以计算得到受访者对人事工作自主权的综合评价（对计算结果四舍五入）。表 5.22 显示，受访校长认为所在学校在人事工作方面的自主权较小，评分均值为 2.73。20.90%的受访校长认为所在学校在人事工作方面自主权较大或完全自主，43.90%的受访校长认为自主权较小或者无自主权。

表 5.22　人事工作自主权总体评价及分组比较

分组	组别	样本量/人	频率					均值分析		
			无自主权	较小	一般	较大	完全自主	均值	KW 检验 p 值	组间差异
学段	小学	397	12.3%	31.0%	28.7%	15.9%	12.1%	2.84	<0.001	显著
	初中	350	13.7%	45.1%	28.9%	10.0%	2.3%	2.42		
	高中	407	2.0%	29.7%	46.9%	19.9%	1.5%	2.89		
城乡	城市	633	4.1%	26.7%	39.8%	23.5%	5.8%	3.00	<0.001	显著
	农村	521	15.2%	44.7%	29.6%	5.8%	4.8%	2.40		
总体评价		1154	9.1%	34.8%	35.2%	15.5%	5.4%	2.73	—	—

注：显著性水平 $a = 0.05$

使用非参数方法 KW 检验进行样本间差异比较，检验均拒绝原假设，说明不同学段学校、城乡学校间的均值差异具有统计学意义。城市学校的校长对人事工作自主权的评分高于农村学校的校长，且达到了一般水平 3。

表 5.21 中的权重指数显示，校长最重视校内中层干部任用自主权，其次是教

职工奖励与惩罚、副校长推荐、教职工职称评定等方面的自主权。对教师招聘、教师解聘、教职工薪酬规定等方面的自主权的重视程度则相对较低。

（二）对人事工作自主权的分项评价

下面，将从副校长推荐、教师招聘、教师解聘、教职工薪酬规定、教职工职称评定、教职工奖励与惩罚、校内中层干部任用等方面，对学校人事工作方面的自主权现状进行分析。

1. 对副校长推荐自主权的评价

副校长推荐对学校领导班子建设影响很大。表 5.23 显示，受访校长认为所在学校在副校长推荐人选方面自主权较小，评分均值为 2.70。只有 28.34% 的受访校长认为自主权较大或者完全自主，多达 49.82% 的受访校长认为自主权较小或无自主权。

表 5.23　副校长推荐自主权评价及分组比较

分组	组别	样本量/人	频率					均值分析		
			无自主权	较小	一般	较大	完全自主	均值	KW 检验 p 值	组间差异
学段	小学	397	21.16%	15.11%	23.93%	23.17%	16.62%	2.99	<0.001	显著
	初中	350	26.57%	23.71%	22.86%	17.43%	9.43%	2.59		
	高中	407	15.72%	46.93%	18.92%	8.11%	10.32%	2.50		
城乡	城市	633	14.22%	31.75%	20.70%	17.69%	15.64%	2.89	<0.001	显著
	农村	521	28.98%	25.53%	23.22%	14.20%	8.06%	2.47		
总体评价		1154	20.88%	28.94%	21.84%	16.12%	12.22%	2.70	—	—

注：显著性水平 $a = 0.05$

使用非参数方法 KW 检验进行样本间差异比较，检验均拒绝原假设，说明不同学段的学校间、城乡学校间的差异具有统计学意义。小学校长对于这项自主权的评分均值最高，为 2.99，高中校长的评分均值最低，为 2.50，城市学校校长的评分均值为 2.89，农村学校校长的评分均值 2.47，均低于一般水平 3。显示所有受访校长都对落实和扩大这项办学自主权期望较高，高中校长和农村学校的校长则更为强烈。

2. 对教师招聘自主权的评价

教师招聘涉及入口把关，对教师队伍建设有重要意义。表 5.24 显示，受访校长认为所在学校在教师招聘方面自主权较小，评分均值为 2.08。多达 67.24% 的受访校长认为自主权较小或无自主权，只有 17.25% 的受访校长认为自主权较大或者完全自主。

表 5.24　教师招聘自主权评价及分组比较

| 分组 | 组别 | 样本量/人 | 频率 | | | | | 均值分析 | | |
			无自主权	较小	一般	较大	完全自主	均值	KW 检验 p 值	组间差异
学段	小学	397	49.87%	11.08%	14.11%	10.83%	14.11%	2.28	<0.001	显著
	初中	350	67.14%	10.00%	11.71%	6.29%	4.86%	1.71		
	高中	407	33.17%	31.70%	20.15%	12.29%	2.70%	2.20		
城乡	城市	633	36.81%	21.33%	20.38%	13.27%	8.21%	2.35	<0.001	显著
	农村	521	64.30%	14.01%	9.60%	5.95%	6.14%	1.76		
总体评价		1154	49.22%	18.02%	15.51%	9.97%	7.28%	2.08	—	—

注：显著性水平 $a = 0.05$

使用非参数方法 KW 检验进行样本间差异比较，检验均拒绝原假设，说明不同学段的学校间、城乡学校间的差异具有统计学意义。初中校长、农村学校的校长对于这项自主权的评分均值低于 2（即低于自主权较小水平），其他组评分均值均小于 2.5。显示所有受访校长都对扩大这项办学自主权期望较高，初中校长、农村学校的校长要求更为强烈。

访谈调查发现，目前小学和初中学校在教师招聘方面的自主权主要体现在代课教师招聘上。学校可以根据学科教师的需求情况，经过上级部门审批后，面向社会招聘代课教师。招聘渠道包含熟人介绍、招聘网站、微信公众号、人事代理等。一些地区的高中学校在招聘有编制的教师方面有一定自主权。受访的高中校长表示："以前的教师都是教育局统一招聘再分配到学校，学校很少参与其中。现在学校可以实行专项招聘，即直接进入目标大学进行招聘，教育局处于一个监督的地位，学校在招聘过程中有了较大的自主权。"此外，也有校长表示："市直属高中在入编教师公开招聘方面比较自主，招聘学校可以通过面试前置把想要的人初选出来，还可自行到高校引进大学生。而普通高中学校则只有建议权，不参与招聘过程，且上报的教师数量和需求也难以得到满足。"

访谈调查也发现，教师招聘自主权因为不同区（县）教育局的管理风格不同存在一定差异。例如，有的区（县）教育局比较尊重学校的意见，在新教师招聘开始之前，让学校提前填报所需教师的需求，以便尽可能地满足学校对师资的实际需求，这就让校长感到拥有了"有限自主权"。也有一些地区，某些名校和名校长在教育局有一定话语权，可以优先挑选合意的教师，或者先自选教师之后再走公招程序。对这些学校而言，在教师招聘上自然是享有"完全自主权"。上述存在于我国城乡间、区域间的实际差异表明：地方政府"自由裁量"余地相对宽松，处于不同区域的学校因政府教育管理观念及办学水平不同，在教师招聘上的自主权有较大差异。

此外，诸多受访者表示，在国家免费师范生（公费师范生）进入问题上，学校没有自主权。

3. 对教师解聘自主权的评价

解聘教师是激励机制的重要环节，对调动教师工作积极性有重要意义。

表 5.25 显示，受访校长认为所在学校在教师解聘方面自主权较小，评分均值为 1.77，只有 13.00% 的受访校长认为自主权较大或者完全自主，多达 79.02% 的受访校长认为自主权较小或无自主权。使用非参数方法 KW 检验进行样本间差异比较，检验均拒绝原假设，说明不同学段的学校间、城乡学校间的差异具有统计学意义。只有小学校长对这项自主权的评分均值高于 2（即高于自主权较小水平），其他组评分均值均小于 2。访谈调查发现，学校对教师解聘的自主权非常小。而且，基于现有教师聘用现状学校也不敢解聘，否则会造成更严重的教师空缺。

表 5.25　教师解聘自主权评价及分组比较

分组	组别	样本量/人	频率					均值分析		
			无自主权	较小	一般	较大	完全自主	均值	KW 检验 p 值	组间差异
学段	小学	397	54.66%	11.08%	10.08%	10.58%	13.60%	2.17	<0.001	显著
	初中	350	70.00%	11.71%	8.57%	5.14%	4.57%	1.63		
	高中	407	65.36%	24.32%	5.41%	3.69%	1.23%	1.51		
城乡	城市	633	57.03%	18.48%	10.11%	7.11%	7.27%	1.89	<0.001	显著
	农村	521	70.44%	12.86%	5.37%	5.76%	5.57%	1.63		
总体评价		1154	63.08%	15.94%	7.97%	6.50%	6.50%	1.77	—	—

注：显著性水平 $a = 0.05$

4. 对教职工薪酬规定自主权的评价

薪酬是教师激励的基本手段，对提高教师工作积极性有重要意义。表 5.26 显示，受访校长认为所在学校在规定教职工薪酬方面自主权较小，评分均值为 2.31，只有 26.34% 的受访校长认为自主权较大或者完全自主，多达 59.36% 的受访校长认为自主权较小或无自主权。使用非参数方法 KW 检验进行样本间差异比较，检验均拒绝原假设，说明城乡学校间、不同学段学校间的差异具有统计学意义。只有高中校长对这项自主权的评分均值高于3（即高于一般水平），初中和农村学校的校长对这项自主权的评分小于2（即低于自主权较小水平）。其他组评分均值均小于3。也就是说，所有受访校长都对落实和扩大这项办学自主权期望较高，初中和农村学校的校长要求更为强烈。

表 5.26 教职工薪酬规定自主权评价及分组比较

分组	组别	样本量/人	频率					均值分析		
			无自主权	较小	一般	较大	完全自主	均值	KW检验 p值	组间差异
学段	小学	397	59.45%	9.57%	12.34%	6.05%	12.59%	2.03	<0.001	显著
	初中	350	69.43%	12.86%	10.00%	4.00%	3.71%	1.60		
	高中	407	14.50%	15.72%	19.90%	36.61%	13.27%	3.18		
城乡	城市	633	33.33%	14.53%	16.90%	21.48%	13.74%	2.68	<0.001	显著
	农村	521	62.76%	10.56%	11.13%	9.79%	5.76%	1.85		
总体评价		1154	46.62%	12.74%	14.30%	16.20%	10.14%	2.31	—	—

注：显著性水平 $a = 0.05$

5. 对教职工职称评定自主权的评价

职称评定是教师队伍建设的重要机制，也是激励教师的重要手段。表 5.27 显示，受访校长认为所在学校在教职工职称评定方面自主权较小，评分均值为 2.54，只有 27.99% 的受访校长认为自主权较大或者完全自主，多达 55.37% 的受访校长认为自主权较小或无自主权。使用非参数方法 KW 检验进行样本间差异比较，检验均拒绝原假设，说明不同学段学校间、城乡学校间的差异具有统计学意义。小学、初中和高中学校的校长评分均低于3（即低于自主权一般水平），城市学校校长的评分略高于农村学校的校长评分。这一结果也表明受访校长对扩大这项办学自主权有较高期望。

表 5.27 教职工职称评定自主权评价及分组比较

分组	组别	样本量/人	频率					均值分析		
			无自主权	较小	一般	较大	完全自主	均值	KW检验 p值	组间差异
学段	小学	397	33.00%	16.37%	19.90%	15.87%	14.86%	2.63	<0.001	显著
	初中	350	47.43%	18.29%	18.57%	11.14%	4.57%	2.07		
	高中	407	11.30%	41.03%	11.79%	23.34%	12.53%	2.85		

续表

分组	组别	样本量/人	频率					均值分析		
			无自主权	较小	一般	较大	完全自主	均值	KW检验 p值	组间差异
城乡	城市	633	21.17%	27.17%	15.64%	21.48%	14.53%	2.81	<0.001	显著
	农村	521	40.12%	23.80%	17.85%	11.71%	6.53%	2.21		
总体评价		1154	29.72%	25.65%	16.64%	17.07%	10.92%	2.54	—	—

注：显著性水平 $a = 0.05$

访谈调查发现，目前教职工职称评定的方案和指标由上级政府部门规定，然后由学校内部组织执行。评定维度以上级部门下发文件为主，根据评定的指标，如教龄、岗位、教学业绩、证书等对参评教师进行审核。受访校长表示：上边评职称的要求是很具体的，必须按标准来，如上级要求的条件里有论文这一项，你如果没有论文，其他方面再优秀也不行，学校一点办法都没有。受访教师指出：现有职称评定指标应能提高实实在在开展教学工作的优秀教师的积极性，在指标的制定上更应结合实际教学工作。同时职称评定名额的紧缺也导致教师之间竞争日益加剧，符合条件的人多、名额少，只能是"论资排辈"，容易挫伤教师积极性。

6. 对教职工奖励与惩罚自主权的评价

奖励和惩罚是直接的激励手段，对调动教师工作积极性有重要意义。表 5.28 显示，受访校长认为所在学校在教职工奖惩方面自主权高于一般水平，评分均值为 3.29，有 47.66% 的受访校长认为自主权较大或者完全自主，只有 26.60% 的受访校长认为自主权较小或无自主权。使用非参数方法 KW 检验进行样本间差异比较，检验均拒绝原假设，说明不同学段的学校间、城乡学校间的差异具有统计学意义。初中和农村学校的校长对于对这项自主权的评分均值低于 3（即低于一般水平），其他组评分均值均大于3。显示大多数的受访校长认为在教职工奖惩方面学校有一定自主权，初中和农村学校的校长更希望扩大这项办学自主权。

表 5.28　教职工奖励与惩罚自主权评价及分组比较

分组	组别	样本量/人	频率					均值分析		
			无自主权	较小	一般	较大	完全自主	均值	KW检验 p值	组间差异
学段	小学	397	10.83%	20.15%	28.46%	21.41%	19.14%	3.18	<0.001	显著
	初中	350	17.14%	23.14%	28.00%	22.57%	9.14%	2.83		
	高中	407	3.93%	6.63%	21.13%	44.47%	23.83%	3.78		

续表

| 分组 | 组别 | 样本量/人 | 频率 | | | | | 均值分析 | | |
			无自主权	较小	一般	较大	完全自主	均值	KW 检验 p 值	组间 差异
城乡	城市	633	5.37%	12.95%	23.06%	35.23%	23.38%	3.58	<0.001	显著
	农村	521	16.31%	20.35%	28.98%	23.42%	10.94%	2.92		
总体评价		1154	10.31%	16.29%	25.74%	29.90%	17.76%	3.29	—	—

注：显著性水平 $a = 0.05$

7. 对校内中层干部任用自主权的评价

学校的中层干部是学校运行的枢纽，关系到学校的有序有效运行，也关系到学校的办学质量。表 5.29 显示，受访校长认为在校内中层干部任用方面有一定自主权，评分均值为 3.27，47.92% 的受访校长认为自主权较大或者完全自主，28.50% 的受访校长认为自主权较小或无自主权。使用非参数方法 KW 检验进行样本间差异比较，检验均拒绝原假设，说明不同学段的学校间、城乡学校间的差异具有统计学意义。除了农村学校的校长对这项自主权的评分均值略低于 3（即低于自主权一般水平）以外，其他组别的评分均值均大于 3。显示受访校长大多认为在校内中层干部任用方面有一定自主权。

表 5.29　校内中层干部任用自主权评价及分组比较

| 分组 | 组别 | 样本量/人 | 频率 | | | | | 均值分析 | | |
			无自主权	较小	一般	较大	完全自主	均值	KW 检验 p 值	组间 差异
学段	小学	397	15.11%	11.34%	18.39%	27.46%	27.71%	3.41	0.004	显著
	初中	350	20.29%	13.43%	19.14%	28.29%	18.86%	3.12		
	高中	407	3.44%	22.60%	32.43%	28.26%	13.27%	3.25		
城乡	城市	633	5.21%	15.01%	24.64%	29.70%	25.43%	3.55	<0.001	显著
	农村	521	21.50%	17.08%	22.26%	25.91%	13.24%	2.92		
总体评价		1154	12.56%	15.94%	23.57%	27.99%	19.93%	3.27	—	—

注：显著性水平 $a = 0.05$

访谈调查也证实了这一结论。大部分受访教师指出在校内中层干部的任用上学校具有较大的自主权。学校中层干部选任的流程一般是中层干部进行竞选，竞选之后由全校教职工投票，决定他是否能够选上，被选上后还有一年考察期，一年后再由全体教职工对其进行考核，若能通过考核期则正式任用。也就是说，目前校内中层干部的任用主要通过民主选举的形式产生。

综上所述，受访校长和教师对所在学校人事工作自主权及其分项的评价呈现出如下特征。

第一，受访校长认为所在学校在人事工作方面自主权较小，这是人事工作自主权配置的主要矛盾。

第二，受访的校长和教师均认为所在学校在校内中层干部任用、教职工奖励与惩罚方面有一定自主权。

第三，如表 5.30 显示，七个分项的权重排序与学校人事工作自主权程度均值排序大致对应。

表 5.30　人事工作自主权权重与均值对照表

人事工作分项自主权	权重指数	权重排序	自主程度均值	自主程度排序
校内中层干部任用	22.61	1	3.27	2
教职工奖励与惩罚	18.24	2	3.29	1
副校长推荐	17.88	3	2.70	3
教职工职称评定	13.23	4	2.54	4
教师招聘	11.36	5	2.08	6
教师解聘	9.03	6	1.77	7
教职工薪酬规定	7.64	7	2.31	5

第四，学段分组比较显示，初中校长对所在学校人事工作自主权的评价最低，但均值差距不是很大。

第五，城乡学校的校长对所在学校的人事工作自主权的评价存在差异，农村学校显著偏低。

四、对经费使用自主权的评价

教育经费是学校办学的重要资源，经费的筹集、配置和使用影响到学校办学的效益和质量，是办学自主权的关键事项。本章从五个分项进行了问卷调查。基于五个分项的调查结果，在因子分析的基础上确定各分项的权重，据此计算加权平均数作为经费使用自主权的估计量。

（一）经费使用自主权总体评价

对经费使用自主权下的五个问题进行 KMO 检验和 Bartlett 球度检验，KMO统计量为 0.786，变量间相关性强，Bartlett 球度检验结果 $p < 0.000$，在 5% 的显著

性水平下显著，拒绝原假设，变量间相关系数矩阵不是单位阵，即变量之间存在相关性，适合做主成分分析。

在累计方差贡献率85%以上的条件下，主成分分析共提取三个主成分，累计方差贡献率为87.86%。采用林海明和张文霖（2005）的方法，可以得到经费使用自主权五个构成成分的权重，见表5.31。

表5.31 经费使用自主权的构成及权重

构成指标	权重
课余时间的校舍出租	25.82%
自筹经费使用	23.98%
学校教师培训进修费	23.21%
日常运转开支	15.41%
教学设备购置	11.59%

注：表中为经过四舍五入的数据，数据合计可能存在误差

根据以上权重，可以计算得到受访校长对经费使用自主权的综合评价（对计算结果四舍五入）。如表5.32所示，受访校长认为所在学校在经费使用方面自主权较小，评分均值为2.76，仅21.23%的受访校长认为所在学校有较大或者完全的经费使用自主权，46.71%的受访校长认为自主权较小或者无自主权。使用非参数方法KW检验进行样本间差异比较，检验均拒绝原假设，说明不同学段的学校、城乡学校的均值差异具有统计学意义。高中校长对所在学校拥有的经费使用自主权的评分高于小学和初中校长，城市学校的校长对所在学校拥有的经费使用自主权的评分高于农村。

表5.32 经费使用自主权总体评价及分组比较

分组	组别	样本量/人	无自主权	较小	一般	较大	完全自主	均值	KW检验 p 值	组间差异
学段	小学	397	2.79%	12.75%	10.83%	4.72%	3.58%	2.81	<0.001	显著
	初中	350	2.18%	14.76%	9.52%	3.06%	1.05%	2.54		
	高中	407	1.14%	13.45%	11.97%	5.85%	3.14%	2.90		
城乡	城市	633	1.92%	19.13%	19.13%	9.26%	5.85%	2.96	<0.001	显著
	农村	521	4.19%	21.83%	13.19%	4.37%	1.92%	2.52		
总体评价		1154	6.07%	40.64%	32.06%	13.52%	7.71%	2.76	—	—

注：显著性水平 $a = 0.05$

表 5.31 中的权重指数显示，在经费使用方面，权重指数从高到低的排序是课余时间的校舍出租＞自筹经费使用＞学校教师培训进修费＞日常运转开支＞教学设备购置。这一结果说明，受访校长最为重视的是课余时间的校舍出租方面的自主权，其次是自筹经费使用自主权和学校教师培训进修费自主权。

访谈调查结果显示，学校在经费使用的自主权较小。例如，学校在开展基础设施建设，添置教具、电脑、打印机等方面的经费使用都需要由学校向上级进行申请。

（二）对经费使用自主权的分项评价

下面，将从日常运转开支、教学设备购置、自筹经费使用等五个方面，对学校经费使用方面的自主权情况进行分析。

1. 对日常运转开支自主权的评价

表 5.33 显示，受访校长认为所在学校在日常运转开支方面有一定自主权，评分均值为 3.18。有 39.77% 的受访校长认为日常运转开支方面的自主权较大或者完全自主，31.02% 的受访校长认为自主权较小或无自主权。

表 5.33　日常运转开支自主权评价及分组比较

分组	组别	样本量/人	频率					均值分析		
			无自主权	较小	一般	较大	完全自主	均值	KW 检验 p 值	组间差异
学段	小学	397	7.81%	15.11%	30.48%	25.44%	21.16%	3.37	<0.001	显著
	初中	350	8.57%	18.86%	34.00%	23.14%	15.43%	3.18		
	高中	407	4.91%	37.10%	23.83%	21.87%	12.29%	3.00		
城乡	城市	633	4.90%	22.75%	27.33%	25.28%	19.75%	3.32	<0.001	显著
	农村	521	9.60%	25.53%	31.48%	21.31%	12.09%	3.01		
总体评价		1154	7.02%	24.00%	29.20%	23.48%	16.29%	3.18	—	—

注：显著性水平 $a = 0.05$

使用非参数方法 KW 检验进行样本间差异比较，检验均拒绝原假设，说明不同学段的学校间、城乡学校间的差异具有统计学意义。表 5.33 显示受访校长大多认为在日常运转开支方面有一定自主权，小学校长的评分高于初中校长和高中校长，城市学校的校长评分高于农村学校的校长。

2. 对教学设备购置自主权的评价

表 5.34 显示，受访校长认为所在学校在教学设备购置方面有一定自主权，评分均值为 3.06，34.78%的受访校长认为自主权较大或者完全自主，31.15%的受访校长认为自主权较小或无自主权。使用非参数方法 KW 检验进行样本间差异比较，检验均拒绝原假设，说明不同学段的学校间的差异具有统计学意义。高中校长对这项自主权评分均值小于 3，低于一般水平，这一结果表明高中校长对扩大这项自主权期望更高。城乡之间无显著差异。

表 5.34　教学设备购置自主权评价及分组比较

分组	组别	样本量/人	频率					均值分析		
			无自主权	较小	一般	较大	完全自主	均值	KW 检验 p 值	组间差异
学段	小学	397	9.32%	13.85%	30.73%	29.97%	16.12%	3.30	<0.000	是
	初中	350	9.14%	18.57%	39.43%	24.29%	8.57%	3.05		
	高中	407	4.67%	36.12%	33.17%	22.36%	3.69%	2.84		
城乡	城市	633	6.00%	22.59%	33.81%	28.28%	9.32%	3.12	0.029	不显著
	农村	521	9.60%	23.80%	34.74%	22.26%	9.60%	2.98		
总体评价		1154	7.77%	23.38%	34.06%	24.97%	9.81%	3.06	—	—

注：显著性水平 $a = 0.05$

3. 对课余时间的校舍出租自主权的评价

表 5.35 显示，受访校长认为所在学校在课余时间的校舍出租方面自主权较小，评分均值为 2.23，只有 16.81%的受访校长认为自主权较大或者完全自主，多达 61.30%的受访校长认为自主权较小或无自主权。使用非参数方法 KW 检验进行样本间差异比较，检验均拒绝原假设，说明不同学段的学校间、城乡学校间的差异具有统计学意义。初中和农村学校的校长对这项自主权的评分均值低于 2（即低于自主权较小水平）。这一结果也表明，受访校长都对扩大这项办学自主权期望较高，初中和农村学校的校长要求更为强烈。

4. 对学校教师培训进修费自主权的评价

表 5.36 显示，受访校长认为所在学校在教师培训进修费使用方面有一定自主权，评分均值为 3.21。43.16%的受访校长认为自主权较大或者完全自主，30.76%的受访校长认为自主权较小或无自主权。

表 5.35　课余时间的校舍出租自主权评价及分组比较

分组	组别	样本量/人	频率					均值分析		
			无自主权	较小	一般	较大	完全自主	均值	KW检验 p 值	组间差异
学段	小学	397	59.45%	10.33%	11.08%	7.05%	12.09%	2.02	<0.000	显著
	初中	350	68.86%	11.14%	7.43%	6.86%	5.71%	1.69		
	高中	407	14.99%	24.82%	42.01%	7.86%	10.32%	2.74		
城乡	城市	633	35.55%	15.80%	27.96%	8.53%	12.16%	2.46	<0.000	显著
	农村	521	60.08%	15.55%	12.28%	5.76%	6.33%	1.83		
总体评价		1154	45.62%	15.68%	20.88%	7.28%	9.53%	2.23	—	—

注：显著性水平 $a = 0.05$

表 5.36　学校教师培训进修费自主权评价及分组比较

分组	组别	样本量/人	频率					均值分析		
			无自主权	较小	一般	较大	完全自主	均值	KW检验 p 值	组间差异
学段	小学	397	10.83%	13.85%	27.20%	26.20%	21.91%	3.35	<0.000	显著
	初中	350	13.71%	17.71%	31.71%	25.71%	11.14%	3.03		
	高中	407	3.19%	32.92%	20.15%	31.20%	12.53%	3.17		
城乡	城市	633	5.06%	21.48%	23.06%	32.39%	18.01%	3.37	0.001	显著
	农村	521	13.82%	22.07%	29.75%	22.26%	12.09%	2.97		
总体评价		1154	9.01%	21.75%	26.08%	27.82%	15.34%	3.21	—	—

注：显著性水平 $a = 0.05$

使用非参数方法 KW 检验进行样本间差异比较，检验均拒绝原假设，说明不同学段的学校间、城乡学校间的差异具有统计学意义。农村学校的校长对这项自主权的评分均值低于 3（即低于自主权一般水平），其他组评分均值均大于 3。显示受访校长大多认为在教师培训进修费使用方面有一定自主权，农村学校的校长更希望扩大这项办学自主权。

访谈调查发现，在教师培训方面，有内部培训和外部培训两种模式。内部培训由学校组织，自主权较大。上级教育主管部门组织的外部培训自主权较小，这种培训关系到教师绩效及职称评定的计分。有受访教师指出，培训全年不间断，且学校没有选择性参与权力，教师脱岗调课影响教学，培训内容雷同，针对性不强。也有受访教师建议，应根据实际自主选学培训，增加培训"自助餐"，而不是强迫性的任务式或运动式培训。

5. 对自筹经费使用自主权的评价

表 5.37 显示，受访校长认为所在学校在自筹经费使用方面自主权较小，评分均值为 2.51，只有 20.19% 的受访校长认为自主权较大或者完全自主，多达 55.46% 的受访校长认为自主权较小或无自主权。

表 5.37　自筹经费使用自主权评价及分组比较

| 分组 | 组别 | 样本量/人 | 频率 | | | | | 均值 | 均值分析 | |
			无自主权	比较小	一般	比较大	完全自主	均值	KW 检验 p 值	组间差异
学段	小学	397	31.74%	22.92%	21.91%	10.83%	12.59%	2.50	<0.000	显著
	初中	350	34.29%	31.14%	17.43%	11.43%	5.71%	2.23		
	高中	407	6.88%	40.79%	32.68%	17.69%	1.97%	2.67		
城乡	城市	633	18.96%	29.07%	27.49%	17.38%	7.11%	2.65	<0.000	显著
	农村	521	29.56%	34.93%	20.54%	8.64%	6.33%	2.27		
总体评价		1154	23.74%	31.72%	24.35%	13.43%	6.76%	2.51	—	—

注：显著性水平 $a = 0.05$

使用非参数方法 KW 检验进行样本间差异比较，检验均拒绝原假设，说明不同学段的学校间、城乡学校间的差异具有统计学意义。也就是说，大多数受访校长都希望落实和扩大这项办学自主权。

综上所述，受访校长和教师对所在学校经费使用自主权及其分项的评价呈现出如下特征。

第一，受访校长均认为所在学校在经费使用方面的自主权较小，评分均值为2.76，低于一般水平3。

第二，受访校长认为所在学校在日常运转开支、学校教师培训进修费使用方面有一定自主权，但不大。受访教师希望落实和扩大学校在教师培训及其经费使用方面的自主权。其他分项的自主权则较小，尤其在课余时间的校舍出租方面，评分均值为2.23。

第三，如表 5.38 显示，五个分项的权重排序与自主权程度均值排序错位明显。课余时间的校舍出租和自筹经费使用都与学校经营密切相关，也是校长最希望有自主权的事项，但受到政府严格管控，自主权最小。

表 5.38　经费自主权分项权重与均值对照表

经费自主权分项	权重指数	权重排序	自主程度均值	自主程度排序
课余时间的校舍出租	25.82	1	2.23	5
自筹经费使用	23.98	2	2.51	4
学校教师培训进修费	23.21	3	3.21	1
日常运转开支	15.41	4	3.18	2
教学设备购置	11.59	5	3.06	3

　　第四，学段分组比较显示，高中校长对所在学校在课余时间的校舍出租、自筹经费使用方面自主权评分均值最高，显示高中比小学和初中拥有更多的经费方面的自主权。小学校长对所在学校在日常运转开支、教学设备购置和学校教师培训进修费使用方面的自主权评价最高。

　　第五，城市学校的校长对所在学校在经费使用与筹集方面各个分项的办学自主权的评分明显高于农村学校的校长。

第三节　影响学校办学自主权落实的主要因素

　　本章从教育主管部门对学校办学的干预程度、政府与学校之间的权责配置、学校领导对国家法律政策的理解、学校自主办学能力及学校内部治理结构等多个方面对影响学校办学自主权落实的因素进行了调查。

一、教育主管部门对学校办学的干预程度

　　表 5.39 显示，受访校长认为教育主管部门对学校办学的干预程度是影响办学自主权落实较大的因素，评分均值为 3.84，接近影响较大水平 4。73.22%的受访校长认为教育主管部门对学校办学的干预程度是对办学自主权落实影响较大或者非常大的因素。

表 5.39　影响因素：教育主管部门对学校办学的干预程度

分组	组别	样本量/人	频率					均值分析		
			没有影响	影响较小	一般	影响较大	影响非常大	均值	KW 检验 p 值	组间差异
学段	小学	397	3.53%	5.79%	20.91%	37.28%	32.49%	3.89		
	初中	350	1.71%	4.00%	17.43%	42.57%	34.29%	4.04	<0.000	显著
	高中	407	8.35%	4.91%	13.27%	49.63%	23.83%	3.76		

续表

分组	组别	样本量/人	频率					均值分析		
			没有影响	影响较小	一般	影响较大	影响非常大	均值	KW检验p值	组间差异
城乡	城市	633	6.79%	4.58%	19.27%	43.60%	25.75%	3.77	<0.000	显著
	农村	521	2.11%	5.37%	14.59%	42.80%	35.12%	4.03		
总体评价		1154	4.68%	4.94%	17.16%	43.24%	29.98%	3.84	—	—

注：显著性水平 $a = 0.05$

使用非参数方法 KW 检验进行样本间差异比较，检验均拒绝原假设，说明不同学段的学校间、城乡学校间存在统计学上显著的差异。其中，初中和农村学校的校长对这一影响因素的评分均值大于 4，即达到了影响比较大的程度。

二、政府与学校之间的权责配置

表 5.40 显示，受访校长认为政府与学校之间的权责配置是影响办学自主权落实较大的因素，评分均值为 3.77，接近影响较大水平 4。67.15% 的受访校长认为政府与学校之间的权责配置是对办学自主权影响较大或者非常大的因素，仅有 9.80% 的受访校长认为影响较小或没有影响。

表 5.40 影响因素：政府与学校之间的权责配置

分组	组别	样本量/人	频率					均值分析		
			没有影响	影响较小	一般	影响较大	影响非常大	均值	KW检验p值	组间差异
学段	小学	397	3.80%	4.00%	26.40%	38.30%	27.50%	3.82	0.43	不显著
	初中	350	3.40%	6.30%	27.10%	37.10%	26.00%	3.76		
	高中	407	1.00%	10.80%	16.20%	56.80%	15.20%	3.74		
城乡	城市	633	2.20%	8.20%	19.70%	49.10%	20.70%	3.78	<0.05	显著
	农村	521	3.30%	5.80%	27.10%	38.80%	25.10%	3.77		
总体评价		1154	2.69%	7.11%	23.05%	44.45%	22.70%	3.77	—	—

注：显著性水平 $a = 0.05$

使用非参数方法 KW 检验进行样本间差异比较，城乡间、城乡间学校校长分组检验拒绝原假设，说明城乡学校间存在统计学上显著的差异，城市学校的校长评分均值略高于农村学校的校长。总之，调查结果显示受访校长均认为，政府与学校之间的权责配置是一个影响较大的因素。

三、学校领导对国家法律政策的理解

表 5.41 显示，受访校长认为学校领导对国家法律政策的理解是影响办学自主权较大的因素，评分均值为 3.71，接近影响较大水平 4。67.07%的受访校长认为学校领导对国家法律政策的理解是对办学自主权落实影响较大或者非常大的因素，仅有 17.33%的受访校长认为影响较小或没有影响。这一调查结果表明，大多数校长认识到，学校办学自主权能否落实不仅仅需要政府简政放权，还需要学校特别是学校的领导者熟知国家相关法律法规政策，在国家政府相关法律法规政策允许范围内自主办学。

表 5.41　影响因素：学校领导对国家法律政策的理解

分组	组别	样本量/人	频率					均值分析		
			没有影响	影响较小	一般	影响较大	影响非常大	均值	KW 检验 p 值	组间差异
学段	小学	397	3.00%	3.80%	17.60%	39.30%	36.30%	4.02	<0.01	显著
	初中	350	1.40%	3.40%	19.10%	45.70%	30.30%	4.00		
	高中	407	7.10%	31.20%	10.60%	41.80%	9.30%	3.15		
城乡	城市	633	4.60%	14.70%	14.10%	42.00%	24.60%	3.67	0.45	不显著
	农村	521	3.30%	11.70%	17.50%	42.20%	25.30%	3.75		
总体评价		1154	3.99%	13.34%	15.60%	42.11%	24.96%	3.71	—	—

注：显著性水平 $a = 0.05$

使用非参数方法 KW 检验进行样本间差异比较，学段间、城乡间分组检验拒绝原假设，说明不同学段的学校间存在统计学上显著的差异。小学和初中校长对这一影响因素的评分均值大于 4，即达到了影响较大的程度。城乡学校之间没有显著差异。

四、学校自主办学能力

表 5.42 显示，受访校长认为学校自主办学能力对办学自主权有一定影响，评分均值 3.34，略高于一般水平 3。47.83%的受访校长认为学校自主办学能力是对办学自主权影响较大或者非常大的因素，23.22%的受访校长认为影响较小或没有影响。

表 5.42　影响因素：学校自主办学能力

分组	组别	样本量/人	频率					均值	均值分析	
			没有影响	影响较小	一般	影响较大	影响非常大	均值	KW检验 p 值	组间差异
学段	小学	397	4.30%	6.30%	27.00%	36.30%	26.20%	3.74	<0.01	显著
	初中	350	4.90%	11.70%	38.90%	28.60%	16.00%	3.39		
	高中	407	11.50%	29.70%	22.40%	30.50%	5.90%	2.89		
城乡	城市	633	9.50%	19.30%	22.60%	31.80%	16.90%	3.27	0.16	不显著
	农村	521	4.00%	12.50%	36.70%	32.10%	14.80%	3.41		
总体评价		1154	7.02%	16.20%	28.94%	31.89%	15.94%	3.34	—	—

注：显著性水平 $a = 0.05$

使用非参数方法 KW 检验进行样本间差异比较，在 $a = 0.05$ 的显著性水平上，学段间检验拒绝原假设，说明不同学段学校间的差异具有统计学意义；城乡间检验接受原假设，说明城乡学校间的差异不显著。高中学校的校长对这一影响因素的评分均值小于 3，即影响较小。

五、学校内部治理结构

表 5.43 显示，受访校长认为学校内部治理结构对办学自主权有一定影响，评分均值为 3.43，略高于影响一般水平。55.60% 的受访校长认为学校内部治理结构是对办学自主权影响较大或者非常大的因素，20.71% 的受访校长认为影响较小或没有影响。

表 5.43　影响因素：学校内部治理结构

分组	组别	样本量/人	频率					均值	均值分析	
			没有影响	影响较小	一般	影响较大	影响非常大	均值	KW检验 p 值	组间差异
学段	小学	397	3.30%	3.50%	26.40%	41.10%	25.70%	3.82	<0.01	显著
	初中	350	2.90%	6.60%	33.70%	39.70%	17.10%	3.62		
	高中	407	9.10%	34.90%	20.90%	30.00%	5.20%	2.87		
城乡	城市	633	5.70%	17.50%	22.70%	37.60%	16.40%	3.42	0.98	不显著
	农村	521	4.60%	13.10%	31.50%	35.70%	15.20%	3.44		
总体评价		1154	5.20%	15.51%	26.69%	36.74%	18.86%	3.43	—	—

注：显著性水平 $a = 0.05$

使用非参数方法 KW 检验进行样本间差异比较，在 $a=0.05$ 的显著性水平上，学段间检验拒绝原假设，说明不同学段学校间的差异具有统计学意义；城乡间检验接受原假设，说明城乡学校间的差异不显著。高中校长对这一影响因素的评分均值小于 3，即影响较小。

由此可见，对校长（含副校长）的调查问卷结果说明，教育主管部门对学校办学的干预程度、政府与学校之间的权责配置、学校领导对国家法律政策的理解、学校内部治理结构及学校自主办学能力均是影响学校办学自主权落实的重要因素。五个影响因素的均值从高到低分别为：3.84、3.77、3.71、3.43、3.34。教育主管部门对学校办学的干预程度、政府与学校之间的权责配置这两个影响因素在城乡学校之间存在统计学上显著的差异，其他三个影响因素城乡学校之间无显著差异。

访谈调查发现，在影响学校办学自主权落实的因素方面，受访的校长、教师与政府部门的管理者在认识上存在一定差异。大多数受访的校长主要是从外部"放权"和向外部"要权"的角度，认为教育行政部门及政府相关部门对学校的过度干预是导致学校办学自主权难以落实的主要因素。相反，对学校内部治理结构、学校自主办学能力等"如何用好权"的重视程度不够。大多数受访的教师认为，来自教育行政部门的过多过细干预是学校难以自主的主要原因。除此以外，多数教师认为学校领导的办学思想、教育理念、领导风格及对国家教育政策的解读都会在一定程度上影响学校办学自主权的发展，学校对办学自主权的实践和应用成果会进一步影响上级政府下放权力的进度。也有一些教师对于给学校更多办学自主权心存疑虑，认为学校办学自主权过大有可能出现灰色地带不好把控。一部分受访的教育行政部门及相关政府部门的管理者对于"教育治理""政府简政放权""清单管理""学校依法自主办学"的认识依然不到位。由于目前缺乏明确的政府简政放权的法律法规和放权标准，一些地区的教育行政部门要么处于观望状态而不愿意放权，要么是对多方主体参与教育治理、学校依法自主办学的能力信心不足，不敢放权。

此外，调查也发现，伴随着我国教育治理体系和治理能力现代化的推进，家长参与学校教育和学校治理、家校社协同育人等日益受到重视，家长及家庭也逐渐成为影响我国学校办学自主权落实的一个不可忽视的因素。有受访教师认为，需关注家长对教学、管理等方面存在的个性化建议给教师教学、学校办学带来的负担和压力。比如说，一个班学生里面可能是 50 个人，每个学生对老师的需求是不一样的。有的学生觉得老师的上课方法我能接受，但是有的学生就觉得难以理解，那么家长肯定是根据自己孩子的需求去反映，有的家长觉得这样好，有的家长觉得那样好。作为老师可能很难去平衡到所有家长的需求，所以有时候他们反映多了，你又不能达到的话家长就会有意见。所以，这就是一个挺难处理的问题。

综上所述，调查研究发现，现阶段我国学校办学自主权依然有限，自主程度不高，特别是在人事工作和经费使用方面的自主权较小，校长对办学自主权某些具体事项上的期待与现实存在较大落差。从学校办学自主权落实的影响因素来看，教育主管部门对学校办学的干预程度、政府与学校之间的权责配置、学校领导对国家法律政策的理解、学校内部治理结构及学校自主办学能力等因素对学校办学自主权的落实影响显著。这一结果预示着在高质量发展阶段，落实和扩大学校办学自主权、增强学校办学活力的政策必须做出新的调整，必须创建有效的、有中国特色的学校办学自主权的落实机制。

第六章 落实学校办学自主权的改革探索及存在的问题

1985 年 5 月颁发的《中共中央关于教育体制改革的决定》明确提出：实行简政放权，扩大学校的办学自主权。自此，我国将推进教育管理体制改革、政府简政放权，落实和扩大学校办学自主权，促进学校依法自主办学提上了日程。三十多年来，政府、学界、基层学校对于学校办学自主权及自主办学的认识在不断深化，围绕政府简政放权、落实和扩大学校办学自主权、学校依法自主办学的改革在有序推进，并积累了宝贵的经验。与此同时，在落实和扩大学校办学自主权的改革实践中，依然面临着诸多挑战，政府对学校直接干预较多、学校办学活力不足等问题尚未从根本上解决。

第一节 学校办学自主权落实的现实推进与实践经验

调查发现，诸多地方的政府和学校已经认识到自主办学对于学校办学活力和办学质量提高的重要性，并从观念态度、法规政策、政府职能、学校内部治理等方面，推进学校办学自主权的落实。

一、政府简政放权从外部给学校松绑

毋庸置疑，学校办学自主权的扩大和落实，一个重要的前提是各级政府和教育行政部门真正做到简政放权，减少对学校办学的过多过细的直接干预，从外部给学校松绑。例如，一些地区的政府通过转变自身教育管理职能，实施权力清单制度，规范政府教育管理权限以放权给学校，促进学校依法自主办学。

2011 年开始，广东省佛山顺德区开启了教育管理体制的"拆庙"放权改革。首先把政府部门给"拆"了，按照决策、监督、服务分离的原则，调整教育局机构设置。不拆掉这些"庙"，权力根本放不下去。该区教育局负责人对教育局的机构设置的调整形象地比喻为"拆庙"。按照决策、监督、服务分离的原则，顺德区教育局对内设科室进行了调整：撤并职业教育科和基础教育科，成立学校管理科，服务学校；成立审批服务科，服务基层与社会；计划、财务、统计等职能分散到

办公室及相关科室（李曜明，2014）。同时，为扩大和落实学校的办学自主权，减少对学校办学的行政干预，撤销、下放了政府主管部门的审批权限。2012年，教育局撤销了区级教育考核检查评比项目12项，合并了11项，保留了8项。2013年，取消了区镇（街）两级学籍异动审批权限，只作程序性盖章，将学生的学籍异动权还给学校。

2014年开始，成都市武侯区针对管办不分、教师编制不足、经费管理自主性欠缺等问题，在公办中小学校探索出"两自一包"的学校管理模式，以便理顺政府与学校的关系、扩大学校的办学自主权、激发学校的办学活力。2016年9月，成都市将这项教育改革举措在全市推广实施。"两自一包"主要包括：第一，管理自主。主要的做法是转变政府职能，明确政府与学校的权责关系。政府履职重心转向统筹规划、政策引导和监督管理。制定政府权力清单，下放办学权给学校，包括规划与发展、教育教学管理、教师及职工聘任、中层干部选聘、学校经费支配等权力。同时，对学校办学自主权使用情况、各项工作的开展情况进行监督。第二，教师自聘。学校在核定的教师规模控制数内，可以依据按岗聘任、分类聘用的原则，结合自身发展需要，自主设立岗位，教育行政部门及相关政府部门不能随意干预。此外，学校在经过区教育局审核后，有权根据学校的需要面向社会自主招聘教师。对于在岗教师，学校实施"长短合同制"和"严格退出制"。第三，经费包干。改革经费拨付方式，将经费以生均经费的形式按年度一次性拨付给学校，学校根据结余留用、超支不补的原则自主使用和管理。学校的设施设备、基建维修等经费不纳入包干经费。在实施经费包干改革的同时，政府相关部门加强了对学校经费使用情况的监督，包括区教育局委托第三方机构对学校的经费使用情况进行年度审计，学校也需要定期向全体教职员工及社会公开办学经费使用情况。

2016年，山东省潍坊市实施以"管办评"分离改革为核心的现代教育治理体系改革，相继确定了66所学校作为自主办学的试点学校。在这些试点学校实施学校自主管理权限清单制度。具体来说，第一，列单。形成了34项学校自主管理权限清单目录。其中包括：①干部管理权（副校长提名及中层干部聘任）；②教育教学管理权（课程开发与设置、教学改革等）；③学生管理权（学生综合素质评价、招生录取等）；④教师管理权（师德考核、职称竞聘、评优评先等）；⑤财产财务权（学校经费收支、资产管理等）；⑥学校组织机构产生和重大事项决策权等。在清单中，对学校每一方面的职责权限予以明确界定。第二，规范权力运行流程，将权责对应起来。把每项权力的行使细化到条、落实到款、责任到人，建立起包括公众参与、专家论证、风险评估、合法性审查、集体研究决定、审核批准、结果公示七个环节在内的权力运行的完整链条。

2015年以来，上海市积极推进教育管理体制改革，持续加大简政放权力度，市级教育行政审批项目从2003年的57项缩减到18项,取消了中小学课程教材编写(保留课程教材审定职责)、国际教育展览举办、留学中介服务机构设立等审批项目。实施教育行政审批项目"六位一体"标准化管理,通过发布审批目录、公布办事指南、优化业务流程、实施网上审批、实现数据共享、开展电子监察等环节,优化审批流程,缩短审批周期。

二、不断推进学校自主办学的法律法规制度体系建设

自1985年出台的《中共中央关于教育体制改革的决定》明确提出实行简政放权,扩大学校的办学自主权以来,我国学校自主办学的主体地位逐渐得到了国家法律法规制度的确认。1995年3月18日,第八届全国人民代表大会第三次会议通过了《中华人民共和国教育法》作为我国教育的基本法,规定了学校及其他教育机构拥有的九项权利,从而为落实和扩大学校的办学自主权提供了法律依据和法律保障。其后,中央政府多次颁布政策,进一步推进学校办学自主权的落实。例如,2012年印发的《全面推进依法治校实施纲要》提出,切实转变对学校的行政管理方式,切实落实和尊重学校办学自主权,减少过多、过细的直接管理活动。2020年颁布的《关于进一步激发中小学办学活力的若干意见》明确提出了"放管结合"的基本原则及明晰政府、学校权责边界,处理好政府办学主体责任和学校办学主体地位之间的关系的总体要求。

与此同时,在国家的积极推进和支持下,一些地方政府结合本地教育改革与发展的实际需要,开始探索制定地方性教育法规。例如,青岛市人民政府于2017年2月4日印发了《青岛市中小学校管理办法》。该办法是我国第一个学校方面的地方性法规,在课程开发、校章制定、人事任免、财政预算支出等方面放权于学校,以立法的方式保证了青岛市中小学校的办学自主权。具体来说,在人事工作管理方面,《青岛市中小学校管理办法》第十二条规定:中小学校有权依法选聘教职工,按照规定实施教职工培养培训、考核奖惩和绩效工资分配。中小学校可以在核准的进人计划内,自主招聘紧缺专业和高层次人才。中小学校可以通过购买服务的形式,配备中小学教学辅助人员、工勤人员和中等职业学校兼职教师。中小学校在核定的内设机构数量、职数、岗位总量和结构比例内,自主设置内设机构,按照规定选任机构负责人,开展教职工岗位设置、竞聘上岗和岗位聘用工作。在经费与设施管理方面,《青岛市中小学校管理办法》第十四条规定:中小学校依法自主管理预算开支内的具体事项,依法自主采购货物、工程、服务。在规定额度内的基础设施维修项目,中小学校可以按照规定组织建设、管理、验收;新建项目和超出规定额度的基础设施维修项目,由中小学校提出建设需求,提请主管的教育行政部门会同有关部门研究论证、立项实施。

三、学校章程从无到有　学校内部治理结构逐步完善

1995 年 3 月通过的《中华人民共和国教育法》明确提出要制定学校章程。2003 年教育部颁发的《关于加强依法治校工作的若干意见》提出：学校要依据法律法规制定和完善学校章程，经主管教育行政部门审核后，作为学校办学活动的重要依据。特别是 2010 年以来，教育部先后出台多项政策，包括《全面推进依法治校实施纲要》《关于深入推进教育管办评分离促进政府职能转变的若干意见》等，再次强调各级各类学校要依法制定具有各自特色的学校章程，全面形成一校一章程的格局。调查发现，目前各地均已落实了"一校一章程"的要求，所有地方教育行政部门均下达文件要求中小学编制学校章程，并对学校章程制定情况进行指导和检查，学校章程的审核工作也基本完成。

调查也发现，伴随着教育治理体系和治理能力现代化目标的提出，一些地区正在不断完善学校内部治理结构，在中小学校长负责制的基础上，尝试探索建立一种新的学校内部治理结构——理事会领导下的校长负责制。例如，成都市锦江区天涯石小学逸景分校在 2013 年 12 月成立学校理事会，实行理事会领导下的校长负责制。学校理事会是决策和审议机构，对学校发展过程中的重大战略和决策问题进行咨询和审议（包括校长的进退，以及校行政班子成员的产生、学校章程的拟订和修订、学校发展规划、岗位设置、绩效分配、评优选模、经费管理、重大教育教学项目等），交由校长领导下的学校行政组织执行，并接受教职工代表大会、党组织等对决议及决议执行工作的质询，以此形成党的领导、社会参与和校长负责有机结合的治理架构。学校理事会成员按照民主程序推选，由 7 名理事组成，包括教育行政部门代表 1 人、学校干部 2 人、学校教师代表 2 人、学生家长代表 1 人、社区代表 1 人。教育行政部门代表和校长担任理事会的常任理事。

2013 年，北京市丰台区开始试点公办中小学理事会领导下的校长负责制，北京教育学院丰台附属实验学校成为首家实行试点的公办学校。该校理事会构成人员包括：教育行政部门派出的理事会成员 6 人（包括丰台区教委主任和几个职能科室的负责人）、北京教育学院派出的理事会成员 6 人（包括 1 位学院副院长和部分学院负责人、教授），学校进入理事会的成员为校长，并有家长和社区代表参与。理事会的职能包括：负责校长的选聘、学校的长期规划的制订及对影响学校发展重大事项的决策。所有决策须经理事会 2/3 的理事同意，决策方能有效（刘磊等，2014）。2015 年 9 月，首都师范大学附属云岗中学举办了理事会成立仪式，北京自此再添一所"理事会领导下校长负责制"学校。学校理事会有 13 名理事，全体理事审议并表决通过了《首都师范大学与附属云岗中学合作办学理事会章程》。章程规定，理事会有权就学校的办学方向、发展规划、队伍建设和教育教学改革等

重大事项向学校的行政管理部门提出指导、监督、咨询和审议意见；有权就学校主要干部的任免向上级领导部门提出建议；审议学校章程和重要规章制度，批准年度工作计划等（杜丁，2015）。

此外，在完善学校内部治理结构过程中，家长与社区参与逐渐受到重视，家长委员会制度建设逐步完善。调查发现，所有受访校长和教师均认为，对于学生发展、学校发展及学校治理现代化，家长与社区的参与非常重要，这也是影响学校办学自主权落实的一个重要因素。参与调研的学校均组建了家长委员会，大多数学校建立了三级家长委员会。一些学校还结合自身发展实际，建立了各具特色的家长委员会，参与学校的教育教学和管理工作。例如，济南市舜耕小学在2009年组建了新型的家长委员会——舜友联合会。舜友联合会的建立，不仅使家长成为学校教育的同盟者，而且使家长通过这个平台成为学校教育的实施者和监督者。为保证家长委员会依法有序运行，学校配合舜友联合会制定并不断修订《舜友联合会章程》，从总则、组织和职责、权利和义务、会议、联系方式和总结表彰、附则等七个方面进行了规范，形成了家长委员会的指导性文件。舜友联合会参加学校的日常管理，率先创建了"爸爸俱乐部""家长护卫队"。在学校的支持下，舜友联合会针对学校教育的瓶颈，积极开展社会实践活动，包括在山东省青少年活动中心建立了"济南市舜耕小学试验田"，组织学生和家长游学，以及开展泉城小义工、街头义卖、农耕体验、走进军营、牵手贫困生、环保宣传、社区劳动等多种活动。此外，学校通过舜友联合会整合了包括舜友在内的丰富的教育资源，舜友联合会组织有专业背景的家长们走进课堂深入教学第一线，担任学校的"客座教师"；组织家长们参加毕业典礼，参与班会活动，协助班级组织学生集体活动，参与学校教学模式探究工作，与学校一起开展德育活动。

第二节　落实学校办学自主权面临的挑战及存在的问题

结合访谈与问卷调查，现阶段我国学校办学自主权在落实的过程中依然面临着诸多挑战和问题，包括以下几点：第一，学校的办学自主权缺乏明确的法律界定。第二，教育主管部门对学校办学的干预程度。第三，学校缺乏应有的人事工作自主权和经费使用自主权。第四，学校内部治理结构尚不完善，依法自主办学能力不足。第五，社会主体教育参与权责模糊。第六，教育分权机制缺乏特性和个性化等。

一、学校的办学自主权缺乏明确的法律界定

法律作为最高的社会准则，规定了特定主体的权利与义务，且具有规范性、

严谨性与强制性等特征。目前我国学校的办学自主权缺乏明确的法律界定，政府、学校、校长等主体的权利、义务与职能没有得到明确且规范的规定，导致学校办学自主权边界和范围模糊。虽然近年来国家针对中小学办学质量与办学活力出台了多项政策文件，然而，一方面，这些政策文件在约束力与法律效力等方面较为有限，在政策执行的过程中效果会大打折扣，政策初衷难以如期实现。另一方面，这些政策文件只是从宏观方面提出要落实和扩大学校的办学自主权，或者保障学校的办学自主权，并没有对政府放权、学校办学自主权的具体内容及程度、所涉及主体的权责等做出明确规定，这会导致学校办学自主权仅停留在政策呼吁与意识导向的层面。

例如，《中华人民共和国教育法》中规定，学校及其他教育机构行使下列权利：按照章程自主管理；组织实施教育教学活动；招收学生或者其他受教育者等。《关于深化教育教学改革全面提高义务教育质量的意见》（2019 年）中提出要激发学校生机活力。具体包括：推进现代学校制度建设，落实学校办学自主权，保障学校自主设立内设机构，依法依规实施教育教学活动、聘用教师及其他工作人员、管理使用学校经费等。《关于进一步激发中小学办学活力的若干意见》（2020 年）中提出，保证教育教学自主权、扩大人事工作自主权和落实经费使用自主权。中小学办学自主权要做到应放尽放。学校能够自己解决的问题，坚决放给学校自己解决。上述法律、政策只是从宏观层面提出落实学校的办学自主权，但是，对于落实学校办学自主权所涉及主体的权责、学校各项自主权该如何落实与保障、中小学校具体如何执行等问题并没有给予进一步的说明。

访谈调查发现，一些地方的学校办学自主权及校长所拥有的权力缺乏有效的法律约束，导致了一些办学乱象，也增加了地方教育行政部门管理者简政放权的顾虑。有受访的教育局局长指出：在下放管理权给学校问题上，他们教育局不是不想放，而是不敢放。现在的一些校长和学校还没有足够的能力用好自主权。而且有一些监督机制也不是很健全，一放就极有可能出乱子。也有受访的教育行政管理者谈道："我们这里前几年曾经把招生自主权下放给一些高中，结果出现一些乱象。"也有受访校长表示："校长现在没有什么权力，学校也没有什么办学自主权，只有责任。另外，我们也不清楚学校有哪些自主权，国家和政府也没有法律和政策明确规定校长和学校有哪些权力。"由此可见，若要进一步落实和扩大学校办学自主权，首先应该以立法的形式明确学校办学自主权的内涵及各主体的学校管理权责边界。

二、教育主管部门对学校办学的干预程度

教育主管部门对学校办学的干预程度过多主要表现在两个方面：第一，在落

实学校自主办学政策的过程中，有些政府自身的观念、角色并未得到有效转变，尚未充分意识到自身既是改革的推动者，也是改革的对象，依然把自己摆在主导位置，过度干预学校的办学，导致学校办学自主权不能得到有效落实。

如表 6.1 所示，受访校长认为教育主管部门对学校办学的干预程度过多是影响办学自主权较大的因素，评分均值为 3.84，接近影响较大水平 4。71.9%的受访校长认为教育主管部门对学校办学的干预程度过多是对自主权落实影响较大或者非常大的因素。

表 6.1　影响因素：教育主管部门对学校办学的干预程度过多

分组	组别	样本量/人	频率					均值分析		
			没有影响	影响较小	一般	影响较大	影响非常大	均值	KW检验 p 值	组间差异
学段	小学	397	3.5%	5.8%	20.9%	37.3%	32.5%	3.89	<0.000	显著
	初中	350	1.7%	4.0%	17.4%	42.6%	34.3%	4.04		
	高中	407	8.4%	4.9%	13.3%	49.6%	23.8%	3.76		
城乡	城市	633	6.8%	4.6%	19.3%	43.6%	25.8%	3.77	<0.000	显著
	农村	521	2.1%	5.4%	14.6%	42.8%	35.1%	4.03		
总体评价		1154	5.4%	5.0%	17.7%	42.7%	29.2%	3.84	—	—

注：显著性水平 $a = 0.05$

此外，参与问卷调查的 1154 名校长（副校长）在"政府与学校之间的权责配置影响学校办学自主权"这一问题上评分均值为 3.77，接近影响较大水平 4（表 6.2）。其中，67.15%的受访校长认为政府与学校之间的权责配置是影响办学自主权较大或非常大的因素，仅有 9.80%的受访校长认为影响较小或没有影响。这一统计结果说明，政府与学校之间权责配置不均衡会影响学校办学自主权的落实。

表 6.2　影响因素：政府与学校之间的权责配置

分组	组别	样本量/人	频率					均值分析		
			没有影响	影响较小	一般	影响较大	影响非常大	均值	KW检验 p 值	组间差异
学段	小学	397	3.80%	4.00%	26.40%	38.30%	27.50%	3.82	0.43	不显著
	初中	350	3.40%	6.30%	27.10%	37.10%	26.00%	3.76		
	高中	407	1.00%	10.80%	16.20%	56.80%	15.20%	3.74		
城乡	城市	633	2.20%	8.20%	19.70%	49.10%	20.70%	3.78	<0.05	显著
	农村	521	3.30%	5.80%	27.10%	38.80%	25.10%	3.77		
总体评价		1154	2.69%	7.11%	23.05%	44.45%	22.70%	3.77	—	—

注：显著性水平 $a = 0.05$

第二，政府在教育管理方式与手段方面，依然存在直接管理多、间接管理少，微观管理多、宏观管理少，部门管理多、行业管理少等现象（蒲蕊，2009b），因而导致出现学校自主办学的权力被削弱、内容被削减等问题。访谈调查发现，一些地区的教育行政部门依然偏好运用直接的行政手段对学校进行管理，包括以下几点。

其一，频繁的组织检查、评比、会议等，导致校长和教师无法专注于研究学校发展问题，甚至影响正常教学。

其二，一些地方的政府教育管理部门对学校整体管理既宽且细还不灵活。上级部门分工精细化，下发至学校的执行文件不断增加，评价标准日益细化，要求日益严格，对学校正常的教育教学产生了一定的影响，加大了学校办学成本，增加了相关教师的工作负荷。此外，学校承担了诸多非教育教学事务。

其三，对学校人事工作和经费使用管得过多过细。调查发现，多数地方的学校经费使用需要经过严格复杂的申请程序，层层审核，难以保证需求满足的及时性和特色性。

调查还发现，对教育事务的管理不仅仅来自教育行政部门，政府内承担着教育事务管理的部门还包括发改部门、组织部门、人事部门、财政部门等相关部门。学校办学自主权的诸多方面，包括校长任命（聘任）、学校经费使用、教师编制及聘任、教师职称评聘、教师绩效工资等，大多与组织、编制、人社、财政部门密切相关。以义务教育学校新建或改造为例，须经历以下步骤：第一步由县级教育行政部门开展前期工作，编制相关报告，报送环保、水利、国土等行业主管部门批准；第二步县级教育行政部门将行业主管部门意见及可行性研究报告报县级发改部门立项，县级发改部门根据情况确定是否批准；第三步县级教育行政部门对已立项的项目，向发改部门申请纳入本县年度投资计划；第四步县级财政部门根据年度投资计划纳入本县年度预算，下达项目建设资金。若是要向上争取，也需要县级教育行政部门开展前期工作，报县级发改部门立项，再根据国家、省区市发改部门的申报要求，向县级发改部门申请，再由县级发改部门逐级申报，最后发改部门下达计划文件，财政部门下达项目建设资金文件。

三、学校缺乏应有的人事工作自主权与经费使用自主权

如前所述，问卷调查结果显示，受访校长均认为学校拥有的办学自主权有限，自主程度不高。在教育教学、人事工作及经费使用等三项重要的办学自主权中，受访校长认为教育教学自主权的落实程度最高，经费使用自主权落实程度次之，人事工作自主权落实程度最低，均值分别为3.42、2.76、2.73（具体的各分项自主权见图6.1）。

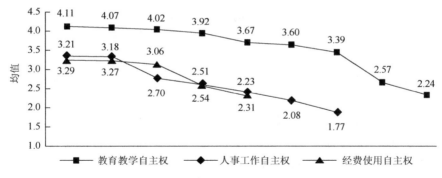

图6.1　中小学各项办学自主权落实程度

第一，在教育教学自主权方面，受访校长和教师均认为所在学校的此项自主权的落实程度最高。具体来说，在教学方法选择、教学方式运用、日常学生评价方面拥有较大自主权；在教学计划制订、教学模式创新、研训活动组织等方面的自主权也接近较大水平；在决定选修课程内容方面有一定自主权；在招生、对外合作办学方面自主权较小。

国家规定的课程（必修课程）受教育部门干预较大。小学和初中可开展校本课程、特色课程，而高中阶段则较少开设特色课程，以国家课程为主。有校长指出：因为高考，高中阶段几乎没有特色课程、选修课程，几乎都是围着高考在转，也没有什么自主权。此外，学校在招生及合作办学方面缺少自主权。如表5.14所示，受访校长认为所在学校招生自主权较小，均值为2.57，低于一般水平3。52.94%的受访校长认为所在学校在招生方面完全无自主或只有较小的自主权。如表5.19所示，在对外合作办学方面自主权较小，评分均值为2.24，63.69%的受访校长认为自主权较小或无自主权。

此外，在一些可以由市场调节购买教辅资料等方面，也有一些地方的教育行政部门进行干预。

第二，调查结果显示，学校在人事工作方面的自主权较小。表5.22显示在1154名被调查的校长中，43.90%的受访校长认为自主权较小或者没有自主权，评价均值为2.73。具体来说，受访校长认为在校内中层干部任用、教职工奖励与惩罚方面，学校有一定自主权，但不大。而在备受关注的副校长推荐、教师招聘、教师解聘、教职工职称评定等方面，学校的自主权更小。

调查发现，在教师招聘上，小学和初中只有招聘临时代课教师方面具有一定的自主权。与普通高中相比，市属高中在入编教师招聘方面更为自主，但也极为有限。对此，诸多受访校长表达了相同的看法。例如，一位受访校长谈道：老师来是教育局分配，他来学校带什么课我有权力，我能决定他是带语文还是带数学；他要是干得不好，我想辞掉他也没有这个权力，学校没有解聘教师的权力。学校可以请代课老师，现在一般也不让聘请代课老师，但是如果老师实在不够用也没有办法，代课老师的去留学校可以决定，他们没有编制。一位受访高中校长说：现在的高中校长实在不好干。权力无限小，而责任无限大。学校无财权，无权选聘符合学校需求的教师，开除不了不合格的教师，无权按照办学理念组建班子成员和教师团队。

此外，现有的教师招聘方式并不能真正满足学校教育教学发展需求。一位受访的教导主任说："我们哪有教师招聘的权力，招聘环节不让学校参与。学校想要招聘老师，只有向上级打报告要老师。去年我们学校上报 4 个教师招聘计划，结果教育局分配时只给 1 个，还不是我们想要的。因为去年教师招聘采取按考生成绩排名录取，结果那些更符合我们学校要求的考生没有机会选我们学校。"

在教师职称评定上，由于学校缺乏自主权，职称评定方案缺乏个性化与灵活性，容易挫伤教职工工作积极性。对此，受访教师表示："像我们这样的学校，属于老校，老师也比较多，超编比较严重，我们的职称好多年才能评一次，才有一次机会。"

第三，在经费使用自主权方面，学校的自主权较小。表 5.32 显示，在 1154 名参与调查的校长中有 46.71%的受访校长认为自主权较小或者没有，评分均值为2.76，低于 3。

调查发现，目前学校经费使用管理方面刚性有余，灵活性不足，每一笔经费开支都必须按照学校预算进行，项目类别不得变通使用；经费审批程序烦琐，拨款周期长、时间拖延且不及时；对学校经费的管理方式模仿政府部门的做法。对此，有校长指出：超过 1000 元的发票还需要分管局长签字，然后还要报经分管区长签字。

此外，由于学校教育教学活动的复杂性和不确定性比较大，办学过程中不可预知的事情随时有可能发生，这也意味着学校制定预算难以涵盖所有方面，难以考虑到所有活动或者项目。但是，按照现行的学校财务管理制度，所有经费的使用必须严格按照预算执行，不在预算内的项目和活动，就无法开展。

四、学校内部治理结构尚不完善，依法自主办学能力不足

学校内部治理结构的成熟度与完善度会对学校办学自主权的落实和行使产生直接的影响，学校内部治理结构不完善在某种程度上会影响学校依法自主办学能力。

如表 5.43 所示，受访校长均认为学校内部治理结构对办学自主权有较大影响，评分均值为 3.43，略高于影响一般水平。用非参数方法 KW 检验进行样本间差异比较，在 $a = 0.05$ 的显著性水平上，学段间检验拒绝原假设，说明不同学段学校

间的差异具有统计学意义；城乡间检验接受原假设，说明城乡学校间的差异不显著。此外，受访校长认为学校的自主办学能力会对学校办学自主权的落实产生直接影响（表5.42），评分均值为3.34，略高于一般水平3。使用非参数方法KW检验进行样本间差异比较，在 $a = 0.05$ 的显著性水平上，学段间检验拒绝原假设，说明不同学段学校间的差异具有统计学意义；城乡间检验接受原假设，说明城乡学校间的差异不显著。

从上述调查统计结果可知，学校内部治理结构与学校自主办学能力均会对学校办学自主权的落实产生较大影响。调查也发现，目前我国学校内部治理结构尚不完善，学校依法自主办学能力也存在不足。

第一，在学校章程制定与执行方面仍存在诸多不可忽视的问题。学校章程是学校作为教育专业组织的办学契约，是政府管理学校、学校自主办学及社会监督评价的重要依据（范国睿，2017）。在对部分校长的访谈调查中了解到，学校章程建设是在上级教育行政部门的主导下进行的，一些学校章程制定存在着同质化倾向，且章程的执行效果不佳。还有校长表示虽然学校有章程，但是章程制度不健全，缺乏有效的执行机制与监督机制，导致学校章程成为"一纸空文"。还有研究表明，学校章程建设存在依章程办学的意识未深入人心、制定章程人员的组成不够科学、章程文本内容与规范存在欠缺、章程的法律效力在执行中被漠视、章程建设缺乏民主有效的监督等问题（陈立鹏等，2011）。

第二，学校内部民主决策制度机制有待进一步完善，教职工参与积极性欠佳。学校内部民主决策制度机制能够保证决策的民主化、科学化，是学校依法自主办学的保障之一。在调研中发现，目前学校普遍已建立教职工代表大会、校务委员会、家长委员会等组织，但在实际运行过程中，学校的重视程度不足及参与主体参与意识不强，因而没有发挥出这些组织应有的治校作用。此外，还有部分教师并没有积极参与到学校的管理与发展中来，对学校依法自主办学持漠不关心的态度。

第三，学校依法自主办学的意识和能力有待提高。校长与领导集体作为学校内部治理结构与学校自主办学能力重要的引领者，他们的办学思想、教育理念、领导风格、对教师队伍的管理方式及对国家教育政策的解读会在很大程度上影响学校办学自主权的落实及行使。通过访谈了解到，虽然大部分受访校长表示自己比较了解国家自主办学的有关政策，但在依法自主办学过程中还是存在一定的态度不坚决、执行不积极、因循守旧、能力不足等问题。例如，有校长表示："现在的问题是，一方面是政府教育管理部门不愿意放权给学校，但另一方面，如果政府真的放权给学校和校长，这些自主权能不能接得住也是一个问题，毕竟很多的校长管理水平和能力都相对有限。"也有超过一半的校长表示，现有国家已经有了五年一轮的专业发展培训制度，他们也参加了各种"国培计划"和"区培计划"

等培训，但是从总体上看实效性不强，特别是在财务管理、人事规划、绩效管理、信息化管理等方面并没有得到较大提升。

学校依法自主办学离不开教师的自主发展意识、理念和能力的提高与强化。显然，如果教师队伍整体素质比较高，他们会对学校自主发展、特色发展提出一些具有建设性的意见，也能积极主动地参与到学校的管理与发展中，自觉地将学校的建设与自身发展融为一体，推进学校依法自主办学。调查发现，有近68%的校长表示，学校教师的凝聚力和向心力不足问题较为突出，教师专业发展面临较大的瓶颈。同时，有近91%的农村学校的校长表示，农村学校的教师在各种教学技能比赛、学习进修、培训培养等方面无法得到与县城学校同等待遇，一般都会优先考虑县城学校教师，容易导致农村学校教师对职业发展和专业发展"心灰意冷"，更不会去考虑学校是否自主发展还是政府支配发展的问题了。此外，农村学校的教师特别是青年教师留不住的问题也严重阻碍着农村学校的自主办学。对此，一位农村学校的受访校长说："我们这些学校最需要国家和政府的特别关注，学生少、老师少，大部分能待在这儿的都是四五十岁的老教师，他们家就是这里的，在这待了快一辈子了。年轻老师基本看不到，一些特岗教师在这待几年，服务完就走了。"

五、社会主体教育参与权责模糊

在我国逐步推进教育管办评分离的过程中，社会主体参与教育管理与评价成为改革之需。学校办学自主权的落实与扩大同样也需要社会主体的参与，社会主体的参与是政府转变公共教育管理模式、学校依法自主办学的重要内容。

家长和社区对学校办学自主权的落实有重要影响，也是学校依法自主办学的重要内容。那么家长、社区等主体的教育参与权责又是如何界定与划分的呢？《中华人民共和国教育法》第十九条规定：适龄儿童、少年的父母或者其他监护人以及有关社会组织和个人有义务使适龄儿童、少年接受并完成规定年限的义务教育。《关于深化教育教学改革全面提高义务教育质量的意见》（2019年）中指出：加强社区家长学校、家庭教育指导服务站点建设，为家长提供公益性家庭教育指导服务。充分发挥学校主导作用，密切家校联系。《关于进一步激发中小学办学活力的若干意见》（2020年）中提出，注重拓展社会资源。各地要加强与社会有关方面合作，建立相对稳定的研学实践、劳动教育和科普教育基地，打造中小学生社会实践大课堂，免费或优惠向学生开放，充分发挥各类公共文化设施和科技场馆重要育人作用。通过上述法律、政策可知，国家有意识让家长、社区、社会等主体参与到教育管理活动中来，但这些文本内容只是宏观层面的引导，缺乏明确、具体的对各主体权责的规定。

访谈调查发现，部分受访校长表示目前并没有建立民主有效的治理结构和决策机制，家长与社会力量参与学校管理尚存在较大空白，家长、社区及其他社会力量的参与缺乏有效的规范、约束与监督。也有受访教师反映："家长及家长委员会的成员，在老师上课的过程中可以随时推门进入教室听课，甚至维持课堂秩序、纠正学生行为，让老师感到非常的不习惯，也感到自己的教学自主权受到侵犯。"这些问题意味着，在家长参与、社区参与及家校社合作方面，尚需明确的制度性规范，以明晰家长、社区及社会其他主体的教育参与行动和权责边界。

此外，调查也发现，目前的家长、社区参与及家校社合作还存在着同质化现象。现阶段，学校家长委员会的作用主要体现在三个方面：一是协助学校组织各种集体活动，如春游、秋游、运动会、纪念会；二是协助学校让家长以志愿者的方式参加学校的各种活动，如学校值班、站岗、大扫除、讲课、亲子活动等；三是利用一些家长的资源协助学校拓展一些校外活动。存在的问题是，看似是家校社合作，家长参与活动热闹和谐，但是其背后似乎并未达成社会参与学校教育、参与学校治理的深度需求。

六、教育分权机制缺乏特性和个性化

调研发现，在中央政府简政放权、落实和扩大学校办学自主权的政策精神的指导下，各地政府正在积极采取有效举措，落实学校办学自主权，增强学校办学活力。但是，由于种种原因，教育分权机制还存在特色和个性化不足的问题。

第一，由于缺乏明确的政府简政放权方面的相关法律依据和放权标准，各地政府在简政放权、落实和扩大学校办学自主权过程中，或者借鉴西方国家教育分权改革的经验，或者照搬其他先进地区的做法，导致形式主义的教育分权改革、同质化的权力清单，清单管理形同虚设，学校办学自主权难以落实。

第二，不同学段、不同区域的学校存在差异。同一学段、同一区域的学校之间办学水平、办学能力存在差异。这种差异在各地政府的简政放权、扩大学校的办学自主权的改革中，尚未得到重视。通过访谈研究了解到，目前不同学段、地域之间办学自主权的差异问题未得到重视，如有校长提出："作为农村校长，其实我对办学特色很迷茫，如果要把农村高中与城市高中严格区分开，就应该有明确的指导思想。"有些地方学校校长个人能力和素养落后，尤其是较为偏远地区，有些校长安于现状，不能充分行使应有的权力。

总之，通过实地调研，以及通过对问卷及访谈获取的数据的分析，了解到目前我国的诸多地方的政府和学校已经认识到依法自主办学对于学校办学活力和办学质量提高的重要性，在落实学校办学自主权方面各地政府均有推进，采取的主要改革和举措具有较大的相似性，这些改革举措包括：政府简政放权从外部给学校松绑；探索地方性教育法规，保障学校自主办学；学校章程从无到有，学校内部治理结构不断完善。同时，研究也发现，现阶段落实和扩大学校的办学自主权依然面临着诸多的挑战和问题，包括：学校办学自主权缺乏明确的法律界定；政府对学校办学直接干预过多；学校缺乏应有的人事自主权和经费使用自主权；学校内部治理结构尚不完善，依法自主办学能力不足；家长、社区等社会主体教育参与权责模糊；教育分权机制缺乏特色和个性化。

第七章　西方五国教育分权改革及学校自主管理的比较研究

在理解教育制度方面，比较研究历来是非常重要的手段。比较的视角不仅增进了我们对教育制度背景特点的理解，还日益成为解释教育过程的重要方式（惠迪等，2003）。通过比较研究，我们不仅可以了解世界上不同国家政府努力改革教育管理制度并增强学校自主的各种形式，还可以通过这种研究方式更好地了解我们自身。为此，本章选取了美国、英国、法国、俄罗斯、日本等五个典型国家，对其 20 世纪 80 年代以来的教育分权改革及学校自主管理等问题进行富有意义的比较分析，系统梳理这些国家在教育分权改革、推进学校自主管理的各种政策、机制、形式、策略，分析其共同特征、差异和经验教训，以便为我国有效落实学校办学自主权、增强学校办学活力的改革提供借鉴。

第一节　美国教育分权改革与学校自主管理

美国是典型的地方分权管理教育的国家，1791 年的《宪法第十条修正案》（The Tenth Amendment of the U.S. Constitution）规定：本宪法未授予合众国，也未禁止各州行使的权力，分别由各州或由人民保留（U.S. Department of Education，2008）。由此确立了美国教育管理实行分权的管理原则，之后根据 1804 年美国宪法的有关条款，美国在 19 世纪初初步形成了联邦、州和学区三级教育行政管理体制。

学区作为美国基层教育行政体制，尽管在教育管理权限的分配方面没有州的权力大，但是地方学区依然掌握着本辖区内公立中小学的人事、财政预算、教学与课程等方面的实权。当然，在实施校本管理的学校，学区已将一些权限下放（冯大鸣，2011）。在教育管理方面，美国的各州可以制定本州的教育政策，拥有最大的立法权和决策权，因而也要承担较大比重的教育经费。美国的联邦教育部承担较少的教育经费，因其秉承着"服务"的行政价值取向，不对州和地方学区的教育进行具体的干预与控制，而主要是通过立法、拨款的形式保障中央对地方教育行政的影响及地方的教育行政管理自主权。

一、20 世纪 80 年代以来美国的教育分权改革

美国联邦教育部、州和学区的职能与权责的变化与完善在很大程度上受联邦教育立法与教育政策的影响，每一部联邦教育法或教育政策的出台在客观上都要求联邦教育部、州和学区对自身的职能、权责做出调整，同时也推动着政府与学校关系的变革。20 世纪 80 年代以来，美国发布了一系列有关基础教育、高等教育和教师教育改革的政策方案，有力地促进了美国公共教育改革，赋予了学生和家长教育选择权，给予了学校更多的自主权，这些举措最终为美国建立高质量、公平的教育体系提供了保障。

20 世纪 80 年代至今美国一共出台了六个重要的教育政策（法案），每个政策（法案）的出台都有着深刻的历史背景（表 7.1）。

表 7.1　美国 20 世纪 80 年代以来六个重要政策（法案）及其时代背景

总统	教育政策（法案）	主要内容	背景
里根 （1980～ 1988 年）	《国家处在危机之中：教育改革势在必行》（1983 年）（A Nation at Risk: the Imperative for Educational Reform）	1. 设置最低能力标准 2. 强调州和当地政府的责任 3. 确定联邦政府的一些教育职能	经济滑坡、财政赤字、世界霸主地位受到苏联、日本等国家的挑战，教育方面问题层出不穷。此时，里根政府初步进行了私营部门参与学校管理的机制改革
布什 （1989～ 1992 年）	《美国 2000 年教育战略》（1991 年）（America 2000: an Education Strategy）	1. 创建更好、更负责任、有创新精神的学校 2. 营造学习型社会、社区	8～13 岁学生的成绩没有任何提高，中小学课程设置不如人意，一线教师积极性和热情不高
克林顿 （1993～ 2000 年）	《2000 年目标：美国教育法》（1994 年）（Goals 2000: Educate America Act）	1. 联邦政府加大对教育的投入 2. 家长参与和择校	提高教学和学习质量；为所有的学生提供平等的教育机会；为联邦教育项目提供新的授权框架；促进自愿性国家技能标准和认证体系的采用与发展
	《改进美国学校法》（1994 年）（Improving America's School Act）	1. 对州、学区、学校提出了制定标准、编制规划和实施评估的具体要求 2. 加强评估与问责 3. 具体规定家长参与权责	为追求《2000 年目标：美国教育法》提出的教育目标；帮助处境不利儿童达成高标准；提高教育绩效
小布什 （2001～ 2008 年）	《不让一个孩子掉队法》（2002 年）（No Child Left Behind Act）	1. 加强问责 2. 扩大地方权力 3. 运用有效的教育方法 4. 给家长提供选择的机会	提高教育质量；解决《改进美国学校法》中有关要求不够严密和严格、检测执法成效的方法不够科学等问题
奥巴马 （2008～ 2017 年）	《让每一个孩子成功法案》（2015 年）（Every Student Succeeds Act）	1. 对州一级的学业标准与学术评价体系提出质疑 2. 学校问责制度、支持与改进 3. 对学生和杰出教育工作者的支持	共和党在 2008 年大选中败北导致《不让一个孩子掉队法》实施的大环境发生变化；处理布什政府未能有效解决的一系列教育难题

1981 年 8 月 26 日，美国联邦教育部部长贝尔创建了"国家优质教育委员会"（The National Commission on Excellence in Education），旨在负责调查美国学校教育质量并向政府提交一份具有实践操作意义的教育改进报告，最终《国家处在危机之中：教育改革势在必行》面世。该报告共分为 7 个部分，其中心部分为第 4 部分"国家处在危机之中"（A nation at risk）、第 5 部分"发现"（Findings）、第 6 部分"建议"（Recommendation）。报告首先呈现了 20 世纪 80 年代美国教育危机的具体表现，如在国际学生学业测验中，近十年来美国的学生从未取得过第一名或者第二名，和别的国家相比甚至处在最后一名；通过日常的阅读、写作和理解测试，约有 2300 万名美国人是功能性文盲，13% 的 17 岁美国青年可以认定为功能性文盲；高中学生的标准化测验水平比 26 年苏联人造地球卫星发射时降低了许多；等等。由此提出"卓越教育""学习型社会""公众支持"等理念，认为美国教育质量下降的原因可以归结为教学内容、教育期望、时间、教学四个方面，由此相应地提出了五条改进建议：第一，在课程内容方面，所有的州都要对高中毕业生加强要求，并要参加英语（4 年）、数学（3 年）、科学（3 年）、社会学习（3 年）和计算机课程（1.5 年）的学习。第二，标准与期望方面，要求所有的中小学、职校、大学都要为学生的学业表现和个人行为设置更为严格、便于操作与高期望的标准，这样才能更好地激励学生学习。第三，在时间管理上，希望学生能投入更多的时间去学习新标准，这将要求学校、学生更好地利用一天的时间。第四，教学方面由七条具体的建议组成，分别从不同的方面告诉教师如何进行有效教学。第五，领导与财政支持。强调了校长和主管在学校改革过程中的作用，州和当地政府（包括学校董事会成员、管理者、立法者）在资助和管理学校方面的主要责任，同时，明确提出联邦政府的责任，包括：联邦政府要发挥好保护学生和学校工作人员的宪法和公民权利，搜集有关教育的数据、信息等，支持课程改进及与教学、学习和管理有关的研究，支持教师培训，为学生提供资助等职能。

《美国 2000 年教育战略》由布什总统于 1991 年 4 月签发，该计划书列举了美国 2000 年拟定实现的六大目标，这六大目标主要围绕中学毕业率，对美国学生英语、数学、自然科学等课程所应达到的要求，学习环境，学校教育目标等方面。要实现上述目标，必须实施四大战略：第一，为了今日的学生，要创建更好和更负责的学校；第二，为了明日的学生，要培育新一代的有创新精神的学校；第三，为了其余的人（昨天的学生/今天的劳动者），要建立一个全民皆学的社会；第四，为了未来，要构建学习型社区（吕达和周满生，2004a）。

《2000 年目标：美国教育法》由克林顿总统在 1994 年 3 月签署，1994 年 7 月生效。在该法案中，第 I 条款（national education goal）具体阐释了国家教育目标，第 II 条款（national education reform leadership，standards and assessment）具体阐

释了国家教育改革的指导、标准与评估，第Ⅲ条款是州与当地教育的系统改进，第Ⅳ条款阐释了家长支持等与政府及学校关系的改进、学校自主权有密切的关系。该法涉及国家教育改革的目标、标准与评估、州和地方教育体制改革，旨在通过明确州和地方政府在教育改革中的职责与作用来推动全国的教育改革，最终为学生提供平等、公平、高质量的教育。

《改进美国学校法》（1994 年）是克林顿政府在任期间，为了实现《2000 年目标：美国教育法》提出的教育目标，对《初等和中等教育法案》进行修订而形成的法案。该法案在制定标准、编制规划及实施评估等方面对接受第Ⅰ条款经费资助的州、学区、学校提出了具体要求。例如，关于标准和规划，《改进美国学校法》规定：各州必须提交一份反映《改进美国学校法》和《2000 年目标：美国教育法》要求的规划，说明本州已经编制或采用了具有挑战性的课程内容标准和学生成就标准。地方学区也需要编制规划，包括达成州标准的内容，以及学区、学校、教师在相关教育活动中的权责。对于学校改进情况，《改进美国学校法》规定了联邦教育部、州、学区等不同层面的评估，对教育绩效问责提出了具体要求。例如，对于没有达到绩效要求的学校，学区教育局将采取以下措施：降低学校的决策自主权；冻结学校的第Ⅰ条款经费；与其他公共机构签订协议为学校提供消除学生学习障碍的各种服务；重新安排学校的管理方式（如改为特许学校）；对学校教职员工进行重组；给予学生转学权利，教育局补贴学生交通开支。对于连续三年达到或超过州所规定的足够进步的学校，将被命名为成效显著学校（distinguished school），这些学校将获得更多的决策自主权，可以自主开展有助于学生成绩提高的活动，教师和管理人员将获得更多的专业发展机会和额外奖金。此外，《改进美国学校法》对家长参与子女教育和教育管理的权责进行了明确规定，包括赋予家长话语权和知情权、明确家长参与的常规形式和内容、保障家长的参与能力。

小布什总统在就职后公布了教育改革蓝图《不让一个孩子掉队法》。该法案从第Ⅰ条款到第Ⅳ条款长达 670 页，覆盖了提高弱势群体的学术成就、训练并招募高质量的教师和校长、为移民学生和不太精通英语的学生提供英语指导、21 世纪学校、提高父母选择的知情权、灵活性及责任与义务、一般条款等内容。在 Title Ⅰ 部分，开宗明义地提到：其目的是确保所有的孩子能够获得高质量的教育，并且至少达到州的学业成绩标准和学业评价标准。该法案的主要目的包括：第一，加强问责，对结果负责；第二，提高州和地方的灵活性，扩大地方权力；第三，运用经实证检验有效的教育方法，将经费集中于那些能够有效帮助学生的项目上；第四，给家长提供选择的机会。

《让每一个孩子成功法案》于 2015 年 12 月 10 日签署成为法律，修正了 1965 年《初等和中等教育法》（The Elementary and Secondary Education Act，ESEA）的内

容，并替换了大部分近期修改的 ESEA 法案与《不让一个孩子掉队法》法案的内容。该法案的宗旨是确保每个孩子都能成功（达到），目的是为每个学生提供有效的教育机会，使其能够接受公平、平等和高质量的教育，并且要逐步缩小教育成就之间的鸿沟。《让每一个孩子成功法案》主要聚焦四个重要的方面：州的学业标准与学术评价、问责制度的建立及对学校的支持与改进、支持杰出的教育工作者、支持所有学生。

二、教育分权改革对美国学校自主办学的影响

总体而言，这些重要的教育法案与政策对美国学校自主办学的影响体现在以下三个方面。

第一，学校办学自主权是法案保障及上级政府的放权与赋权的共同结果。《国家处在危机之中：教育改革势在必行》报告的发布开启了美国教育改革的第一次浪潮（1983～1990 年），这次浪潮的特点是：各州用最少的精力就轻易实现了教育改革的目标，这次改革主要聚焦对学校问责与控制、将学校的教育决策权转移到各州。主要表现在：更长的学习与在校时间、更严格的课程要求与高中毕业标准及更少的选修课程。与之相比，此后的第二次的改革浪潮（1991～2000 年）则吸取了第一次改革浪潮失败的教训，采取了与之截然不同的教育改革理念，即教育的问题只有在具体的学校和教室才能够得到思考和解决。为此，学校管理自身事务的权力和责任被肯定，教育的具体管理、运营权限被进一步下放到学校，一个具体的表现形式就是开始于 20 世纪 80 年代末，蓬勃发展于 20 世纪 90 年代的校本管理改革。校本管理的核心就是把权力从地方学区下放到各个学校，其根本特点就是学校自主管理（即学校自治）和共同决策。第三次改革浪潮（2001 年至今）期间签署了《不让一个孩子掉队法》。该法案发布了有史以来最为严厉的问责制度，州、学区和学校都必须遵守联邦政府的问责制。在 2015 年《让每一个孩子成功法案》发布后，其赋予各州在地区和学校问责方面几乎完全的自主权，并赋予学校领导更大的自主权（Xia et al.，2017）。三次教育改革浪潮均是由联邦政府发布的教育政策或法案引发的教育改革，三次改革浪潮集中于提升教育质量和学习质量、扩大学校的民主参与和管理权、在严格问责的同时赋予地方和学校更多的灵活性和自主权。

第二，州政府和地方学区的自主性和灵活性得到保障。20 世纪 80 年代以来，尽管美国联邦政府通过立法和拨款加强了对全美教育的影响力，但是，依然通过政策或法律的形式保障州和地方学区的自由度和决策权。例如，《不让一个孩子掉队法》中规定了州在联邦政策规定的框架下自主支配资金和进行适当的教育改革项目，奥巴马政府则给予地方更多的自主权，尽量降低和减少联邦政府对州和学

区在教育上的限制，如在学校改进事务的标准上、好校长和好教师的地方标准上给予较大的灵活性。

第三，充分保障家长的教育权益，使家长群体成为学校自主管理的重要力量。美国联邦政府在《2000 年目标：美国教育法》《改进美国学校法》《不让一个孩子掉队法》等政策法案中对保障家长的择校权、问责权、参与权等做了具体的描述与规定。在明尼苏达州，家长、社会团体、教师及其他人士等都可以发起和创建新的特许学校，只要学校运作良好就会得到来自州和学区的支持，同时特许学校被允许在问责制和与学区签订的协议框架下，享有充分的自主管理权，如果得到家长的认可，特许学校可以设计符合本校的课程、选择教师、延长学生的学习时间等（田凌晖，2011）。由此可见，家长群体在特许学校中发挥着举足轻重的作用，这不仅有利于满足学生与家长的教育诉求，同时实现了民主精神在美国教育中的践行与彰显。

第二节　英国教育分权改革与学校自主管理

《1944 年教育法》的颁布，确立了英国中央与地方的教育行政架构，并对中央、地方和学校三个层次的权责做了比较明确的定位：中央政府确定国家教育政策并负责配置教育资源；地方教育局负责制定地方教育政策并直接为学校调配资源；学校校长和学校管理委员会在政府的政策框架内自主决定学校的政策，并对政府配给的资源进行管理（冯大鸣，2011）。其背后蕴含着国家的教育事业交由地方政府管理的基本思想，因而当地政府获得较大的自主权。

欧律狄刻欧洲组织在 2007 年发布的《欧洲的学校自治：政策与措施》（School Autonomy in Europe：Policies and Measures）这份报告，统计了欧洲各国第一次批准学校自治的大规模改革日期。英国（英格兰和威尔士）开始学校自治的大规模改革是在《1988 年教育改革法》发布之后，是继西班牙和法国之后第三个开始进行学校自治改革的国家，随着 20 世纪 80 年代学校自治改革的推进，英国的教育管理体制发生了些许变化。

一、20 世纪 80 年代以来的教育分权改革

从撒切尔政府到卡梅伦政府这 38 年间，英国政府及教育部出台有关教育的法案、白皮书、报告、政策等多达 280 条，由此可见英国及各个执政党对教育的重视程度。表 7.2 选取了这一阶段有代表性的政策法案。教育改革的主要思路是加强中央政府对教育的影响和控制、赋予学校自主管理权、削弱地方教育当局的教育管理职能，凸显了强化两端、削弱中间的教育改革思路。

表 7.2 英国 20 世纪 80 年代以来的教育政策与时代背景

首相	重要政策/法案	主要内容	背景
撒切尔（保守党）（1979~1990 年）	《1980 年教育法》（Education Act 1980）	制订辅助安置计划（对进入私立学校的学生进行资助）；给予家长择校权	石油危机带来经济滞胀，英国财政每况愈下，缓解沉重的财政压力以及加强英国的国际经济竞争力的双重目的共同推动了教育领域的市场化改革
	《1981 年教育法》（Education Act 1981）	家长有权提出特殊教育需求，地方教育当局要鉴别并回应	
	《1986 年教育法》（Education Act 1986）	学校治理组织改革；建立城市技术学院；地方教育当局向学校理事会通报学校财务管理方面的信息	
	《1988 年教育改革法》（Education Reform Act 1988）	设立国家统一课程和测试制度；学校获得经费权、生源配置权，失去课程和教学方面的自主决定权；扩大家长择校权；建立两种城市学院；直接拨款公立学校	
梅杰（保守党）（1990~1997 年）	1991 年《家长宪章》（A Parent's Charter）	家长享有知情权	该阶段的教育改革目的是要解决撒切尔政府遗留下的教育问题，包括：国家经济总体境遇不佳，教育经费投入下降，学校自主管理经费没有很好地实现，直接拨款公立学校难以推广等
	1992 年白皮书《选择和多样化：一个学校的新框架》（Choice and Diversity:a New Framework for School）	学校特色化；增加直接拨款学校数量	
	《1993 教育法》（Education Act 1993）	设立学校资助局；为失败学校和学生排斥制订规则；用学校课程与评价机构取代国家课程委员会和学校考试与评价委员会	
布莱尔（工党）（1997~2007 年）	1997 年白皮书《追求卓越的学校教育》（Excellence in Schools）	关注教育质量和学生学业成就；建立教育行动区；鼓励中学向特色学校转变	时隔 18 年工党重新回到执政党的位置，布莱尔政府倡导"第三条道路"的政治主张，把教育发展放在优先地位，加大教育投入、提高教育质量标准、推进教育公平
	《1998 年学校标准和框架法案》（School Standards and Framework Act 1998）	鼓励选择的专业化；改变学校类型的名称；限制学前班级规模；保障家长择校权利；建立教育行动区	
	2001 年白皮书《学校：取得成功》（School: Achieving Success）	通过立法手段简化和强化教育大臣对地方教育的干预权力；通过制度松绑提高学校创新和回应创新的能力；发挥校长的领导作用	
	《2002 年教育法》（Education Act 2002）	吸收了 2001 年教育白皮书的大部分内容；公立学校每年定期召开家长会，保障家长的教育参与权	
	2005 年白皮书《为了全体学生：更高的标准，更好的学校》（Higher Standards, Better Schools for All）	多样化办学，鼓励中小学成为信托学校；强调家长的权责及在促进学校质量改进方面的重要性	
戈登·布朗（工党）（2007~2010 年）	《2008 年教育与技能法》（Education and Skills Act 2008）	当地政府要保障教育的有效参与；教育机构要将信息公开作为一种责任，提高学生的出勤率	工党新领袖接任了布莱尔政府，组建了自己的新内阁，对教育部进行了改组和更名，基本延续了布莱尔政府的改革政策

续表

首相	重要政策/法案	主要内容	背景
戈登·布朗（工党）（2007~2010 年）	2009 年白皮书《你的孩子，你的学校，我们的未来：建设 21 世纪学校系统》（Your child，Your Schools，Our Future：Building a 21st Century Schools System）	取消中央政府对教学方法的指令；减少私人机构的使用，依靠学校内部力量改善办学质量，如依靠校长	工党新领袖接任了布莱尔政府，组建了自己的新内阁，对教育部进行了改组和更名，基本延续了布莱尔政府的改革政策
	2010 年报告《行为与家校协议的作用》（Behaviour and the Role of Home-School Agreements）	强调家长在孩子成长、行为表现与学业成绩方面的重要性	
	《2010 年孩子、学校与家庭法》（Children，Schools and Families Act 2010）	基于 2009 年教育白皮书，因即将到来的大选有许多删减	
卡梅伦—克莱格联合政府（2010~2016 年）	2010 年白皮书《教学的重要性》（The Importance of Teaching）	强调学校自治、特色化；扩大学园项目，增加学校的自主权和领导力；政府要回应家长的诉求，政府鼓励杰出学校、职业学校发展满足教育需求；注重教学质量和公平	保守党和自由民主党组成联合政府，保守党领袖卡梅伦出任首相，联合政府的教育政策并不倾向于任何一党的立场，而是两党思想的调和与折中
	《2011 年教育法》（Education Act 2011）	增加了学校对学生表现与排斥现象干预的权力；削弱了当地政府的权力；扩大学园的权力	
	2011 年《国家课程框架》（The Framework for the National Curriculum）	规定了学校课程的基本框架，中小学的学校课程由国家课程、基本课程与地方课程构成	
	2014 年《审视教育结构、功能与面向全体学生的教育标准提高：将学生和家长放在首位》（Review of Education Structures，Functions and the Raising of Standards for All：Putting Students and Parents First）	设置独立的学校标准指导人员岗位；设立教育孵化区，以提高办学质量；当地政府要代表学生和家长的利益；增加透明度；教育服务的私营部门要在规定的框架内进行服务；中央要监督地方当局更加广泛的教育服务	
	2016 年教育白皮书《卓越教育无处不在》（Educational Excellence Everywhere）	实现卓越教育无处不在的手段之一是支持学校自治；鼓励所有的学校成为学园，进一步削弱了当地政府对学校控制权；给学生、家长以及社区授权，使其更好地参与学校管理，活动中将家长和孩子放在首位	

1979~1990 年，撒切尔政府教育改革的主要特点可以概括为"教育的市场化"，改革的主要目的是将英国学校教育体系从公共服务转变为市场产品，将地方当局的权力上移到中央政府，加强中央政府对教育的控制。总的来看，这一时期的改革是在新自由主义思路的主导下，通过法律赋予和保障家长的教育选择权、扩大家长对学校的知情权，建立统一的国家课程和测评体系，加强了中央政府对教育的控制，弱化了地方教育当局的管理自主权，在削弱学校在课程与教学方面

自主权的同时，给予学校自主管理经费、聘用教职人员等权力。此外，直接拨款公立学校与城市学院的兴起，一方面扩大了家长在学校管理与运营中的话语权，另一方面由于直接拨款公立学校和城市学院可以摆脱地方政府的控制而直接由中央负责，因而增强了中央政府对教育的影响与控制。有学者在评析《1988 年教育改革法》时，用直观的方式描述了英国地方政府在管理权限上只失不得的状况。从图 7.1 中可以看出，中央政府在经费、课程与评价三个方面均加强了控制，而地方政府均是处于失权的状态，学校在经费管理方面获得了自主管理的权限。

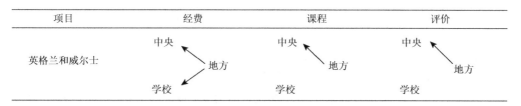

图 7.1　中央、地方与学校教育控制权力的变化

资料来源：Rust 和 Blakemore（1990）

　　梅杰政府执政期间，英国教育改革的总体趋势是在继承撒切尔政府基础上的修补，除了继续加强中央政府对教育的控制、削弱地方政府的教育管理权以外，进一步强调和保障家长的教育选择权，补充了家长应该享有的其他权利。例如，1991 年发布的《家长宪章》，明确规定了家长应享有的知情权，从而进一步提高了教育管理第三方的地位，扩大了其权限。此外，这一时期的改革强调了学校的特色化，以灵活的方式将城市技术学院计划调整为更具可行性的特色学校计划，吸引更多的校外机构介入学校管理。与此同时，在继承择校政策的同时，将择校与保护学校个性发展整合起来，以此为择校赋予合法性。

　　布莱尔执政的十年，英国人用"选择、私有化和信托"来概括，布莱尔代表的新工党虽然与保守党的执政理念大相径庭，但其教育政策却存在一定的延续性，如继续延续了梅杰政府的特色学校计划，继续强化了中央集权的趋势与向学校和第三方分权的趋势，地方政府的权力在集权和分权的过程中逐渐缩小。布莱尔上台后发布的教育白皮书与教育法案主要侧重于教育质量和学生学业成就、鼓励中学向特色学校转变，建立教育行动区以帮扶和改善弱势学校状况，以及保障家长权利。一方面，特色学校计划进一步保障了家长的择校权和学校选择学生的权力，地方教育当局对学校的招生控制权被极大削弱，也使私营机构借特色学校之名介入学校管理活动，使学校的管理与运营受到除中央政府、地方教育当局之外第三方因素的影响。另一方面，家长权责是布莱尔政府教育分权改革关注的一个重要问题。《1998 年学校标准和框架法案》对如何保障家长选择权做出了明确的规定。

《2002 年教育法》第三十三条规定：公立学校每年应召开家长会以保障家长有机会参与学校管理。2005 年的白皮书《为了全体学生：更高的标准，更好的学校》进一步强调了家长在学校质量改进中的重要作用，明确规定了家长权责扩展的内容。

布朗在执政的三年时间里也延续了前一届政府的变革基调，强调家长的权责并重、多样化办学、学校自主管理，继续推行特色学校计划、信托学校，继续强化对课程和评价的统管，将包括私营机构在内的第三部门作为教育管理体制中的一个主体来看待等。与布莱尔政府倡导的私营机构介入学校管理不同，布朗政府更加强调依靠学校内部的力量来改善办学质量，也就是主张通过优质学校及其优秀校长与另一所学校结对或与若干学校结盟的方式，解决低绩效学校的质量提升问题（冯大鸣，2011）。

2010 年 5 月，保守党和自由民主党组成联合政府。卡梅伦—克莱格联合政府执政期间，进一步下放教育权，强调学校自治和特色化，鼓励和继续扩大学园计划，支持教师、慈善组织、家长团体及其他有意愿的人开办自由学校，公立和私立的界限越发模糊，地方教育当局的教育管理权限继续被削弱。在国家课程政策方面，继布莱尔、布朗政府之后，卡梅伦—克莱格联合政府继续给予成功学校，特别是学园、自由学校等新型学校以更大自主权。例如，自由学校可以不受国家课程的限制设置"宽广而平衡"的课程，学园可以不必完全执行国家课程。当然，这些改革和规定并不意味着英国政府放弃国家课程。相反，卡梅伦—克莱格联合政府在 2013 年推出了新的国家课程计划，并于 2014 开始实施新的国家课程，同时国家评价和考试也开始反映新课程的内容。2011 年《国家课程框架》规定，国家课程仅仅提供核心知识大纲，学校可以围绕这个大纲自由选择如何组织学校活动，只需要保证国家课程的内容得到全面实施即可。

二、教育分权改革对英国学校自主办学的影响

第一，学校自主权是政策或法案自上而下放权、赋权的结果。尽管英国学校自治的传统与教育利益相关者（学校管理人员、家长等）的诉求有密切的关系，但是学校自主权依然是法律授权和政府放权的结果。例如，《1988 年教育改革法》的颁布，使学校获得了自主管理财务与人员的权力。同时，《1988 年教育改革法》规定：直接拨款公立学校直接接受从中央下拨的办学经费，独立经办学校，独立承担学校在招生、处置学校所有合法财产、签订教职员雇佣合同等方面的责任。这一规定表明直接拨款公立学校可以摆脱地方教育当局的控制，直接接受中央的领导与指挥且其在办学自主方面达到了较高的程度。再如，2001 年的教育白皮书《学校：取得成功》及《2002 年教育法》，均提出了放松有关政策管制，扩大学校自主权，让学校在依据本校实际建立管理方式上有更大自由度，给予办学成功的

学校更多自主管理权，包括超越国家课程进行适合本校的课程创新。

第二，家长的教育参与权与选择权进一步推动学校办学自主权的落实。从1991 年《家长宪章》赋予家长教育知情权以来，之后每届政府出台的白皮书或法案中几乎都有保障、扩大家长权利的规定，一直到卡梅伦—克莱格联合政府将家长和孩子放在首位并允许家长作为新的教育提供者进入公立教育系统办学，这些背后均体现了政府为提高公办教育质量、满足学生和家长教育诉求的积极努力，也体现了家长作为第三方力量逐渐参与、管理教育的过程。英国政府通过教育券、开放入学等方式，给予家长购买权，恢复学校与市场的联系，从而激励学校通过自我改进更好地回应家长的需要，同时打破公立学校的垄断（田凌晖，2011）。家长的教育选择权客观上促进了学校之间的竞争和特色化办学，家长的知情权促使学校信息公开、权责明晰，家长代表通过学校董事会行使参与和管理学校的权力，使学校的运营更加民主化、科学化。

第三，明确界定了学校自主管理的权责范围。其一，学校具有经费管理自主权。《1988 年教育改革法》将由地方教育当局掌管的教育经费权下放至学校。根据前文欧律狄刻欧洲组织的报告，英国（英格兰和威尔士）学校在资产的消耗和购买、运营开支三个方面具有很大的自主权，可以自主支配公共经费。其二，学校具有筹集和使用私人资助方面的自主权。英国学校在筹集资金（寻找捐赠者和赞助者）、允许在课外时间租用房屋进行活动、使用私人资助购买动产和不动产、使用私人资助雇用教师和非教职人员方面均享有充分的自主权，但在贷款或借贷方面受到限制。当然，由于学校使用私人或外部赞助的形式，外部管理机构或私人机构必然介入学校管理，进而增加学校自治的复杂性。其三，学校具有雇用教职工方面的自主权。英国学校在学校领导的选任、解聘、责任及义务的规定上享有自主权；对空编教职人员的选聘、替换缺席的教师、解雇、培训、非合同工教师薪水的发放、权责的规定等方面均享有自主权；对学校工作人员的选择、聘用、培训与权责规定也充分享有自主权。

第三节　法国教育分权改革与学校自主管理

法国中央集权式的教育行政管理模式开始形成是在拿破仑上台执政之后。1804 年拿破仑称帝，为了巩固新政权，分别在 1806 年和 1808 年颁布了两部法律——《帝国大学令》和《大学组织令》，这两部法律构建了法国高度中央集权的教育管理体制，并成为延续至今的教育行政管理基本架构。《帝国大学令》以"帝国大学"的名义设立了一个负责整个帝国公共教育和教学的机构；《大学组织令》规定帝国教育行政管理实行中央统一领导、分级管理的政策，其机构分为中央（帝国大学）、学区和省三级，其中，帝国大学是中央教育行政管理机构，是帝国最高教育领导机关，拥有独揽全国教育事务的权力（吴遵民，2009）。在之后的200多年时间里，法国的教育仍然实行一贯的中央集权式的管理模式，虽然集权程度已大不相同，但拿破仑时期的教育管理模式与格局得以延续和保留。

现行法国教育行政体制的基本架构为：在中央设国民教育部，下设负责各级教育的司和总督学局等机构，负责所有教育事务。此外，还设有中央教育督导机构和中央教育咨询机构，督导机构的基本职能是评估和报告国家教育系统的运行情况，在教育的重大问题上为教育部部长提供咨询性意见；教育咨询机构则负责向教育行政部门提供咨询和建议。地方教育行政是一个独立于地方政府行政系统以外的行政体系，包括大学区和省级教育行政机构。在法国历届政府组成中，基础教育、高等教育及科研行政事务有时是合并的，有时则是分开的（基础教育由国民教育部负责，高等教育由高等教育和科研部负责），这与执政党的人事安排有一定关联（王文新，2011）。截至2014年9月，法国设有35个学区（本土26个，海外9个），大学区总长由教育部部长提名，总统任命，具体负责学区内各级各类教育的具体事务。大学区之下是省督学处，其负责人是学区督学，也由教育部部长提名，总统任命，省以下设立分学区，由督学负责小学教育（冯增俊，2002）。

这种中央集权式的教育管理模式有利于法国政府对教育进行宏观管理和指导，但是在某种程度上削减了地方和学校的办学自主权和积极性。于是，在20世纪80年代，法国开始进行教育分权改革。

一、20世纪80年代以来的教育分权改革

20世纪60年代，法国教育管理体制就开始出现分权改革的迹象，如学区的人事管理权增加（1964年）；中央将学校建筑权委托给了学区和省（1970年）；各省的初等教育管理权限扩大（1979年）等（单中惠，2004）。教育分权化改革在20世纪80年代以后得到进一步的推进和实施，这与法国当时的地方分权自治改革有着密切的联系。

纵观法国20世纪80年代以来的教育分权改革，大体可以分为两个阶段。第一阶段是1983～1985年。1982年法国通过了《关于市镇、省和大区的权力和自由法》（又称《德菲尔法》），以此为起点开始了法国的分权化改革。1983年1月7日第83-8号法令和1983年7月22日第83-663号法令及后来的补充条例成为公共教育权力下放的主要法律依据。在此期间，法国颁布的一系列法律中均有加强教育管理分权的内容，规定了对地方政府教育职责转移的总原则：除高等教育以外，每一级政府明确负责某一层次的学校，市镇负责小学（学前教育和初等教育）、省负责初中（中等教育的第一阶段）、大区负责高中和同级院校（中等教育的第二阶段）。因此，地方对基础教育的管理和干预得以增强。例如，1983年7月的法

律规定：市镇议会征求国家代表的意见之后，决定建立小学校、小学班和学前班（顾明远和梁忠义，2000），此规定表明教育部将初等教育的管理与兴办权下放给市镇政府。从 1983～1984 年开始，国民教育部将职业培训交由各行政区负责，将学校的管理权交给省。

第二阶段是 1986 年至今。法国政府再次采取一系列措施进行更大规模的教育体制改革，新的改革重新划分了国家和地方教育行政部门的管理权限，使教育系统与周围环境建立起联系。在此期间，地方权力范围逐渐扩大，权力下放的趋势十分明确，不仅限于教学组织的领域，而且扩大到多个教学与非教学人员的管理方面。1989 年的《教育方向指导法》确定了制订学校计划的做法，学校计划是一种实施国家目标和教学大纲的特殊方式，是政府放权给学校的标志，也是学校自主办学、特色化办学的方法与手段。由此，法国逐渐形成了由中央教育管理部门、学区、省教育局组成的三级教育管理体制，各级管理机构承担不同的管理职责（图 7.2）。

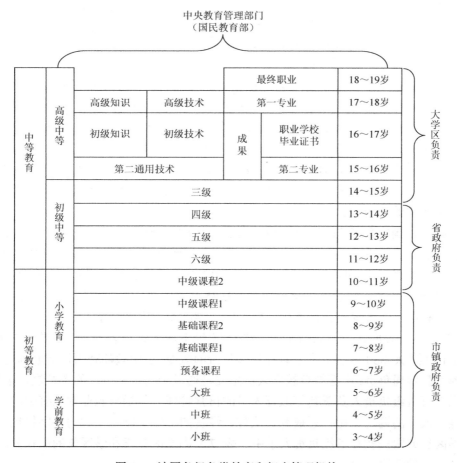

图 7.2　法国各级各类教育和相应管理机构

具体来说，法国的教育分权改革主要体现在以下四个方面：第一，公立教育的规划与组织；第二，学校机构的管理与监督；第三，国家职权与行政权力的分散；第四，教育开支的资助与拨付。

第一，公立教育的规划与组织。1986 年 3 月 14 日第 86-486 号法令第 2 条规定：省级学区督学负责开设或关闭学前和初等教育的班级，同时省级督学还负责本学区内新学期的开学工作、有关新学年准备工作的日程表等工作，该法令将国家开办学校的决定权赋予省级学区督学；中等教育的规划和组织由大学区负责，高中和初中的开设权属于大学区区长或省长，教育经费的分配、学区内的人事调配也是由学区长负责；1983 年 7 月 22 日法令将组织学校交通的权限下放至省一级（巴黎大区除外），在城市交通区域内部，有关职责下放给组织交通的相应主管部门（西蒙和勒萨热，2007）。除此之外，地方政府被赋予新的权力，使它们能够使用教学场所、组织补充性教育活动、修改上学和放学的时间。

第二，学校机构的管理与监督。在 1983 年 7 月 22 日法令颁布以前，初、高中和特殊教育院校都是国家教育公立机构，由国民教育部部长决定开设。其后，法国颁布了一系列法律，市镇、省级教育行政机构对学校机构的管理和监督介入加强，中学成了地方性公立机构。具体来说，市镇获得了建立小学、幼儿园的决定权；大区负责制订初中、高中及同等教育机构的培训教育方案，各省制订初中预测性投资计划作为对该方案的补充，大区制订高中预测性投资计划作为对该方案的补充；高中和初中的开设权属于大区区长或省长，他们根据实际情况在省或大区政府的提议下做出决定。此外，作为地方性公立机构的中学，由地方教育行政机构负责监督，其中，学区长具有高中的监督权，学区督学具有初中的监督权。

第三，国家职权与行政权力的分散。一方面，学区长与学区督学——国民教育省级负责人的作用加强。1984 年 7 月 16 日政令下放了有关学区和省级人员管理的争讼程序；1984 年 10 月 23 日，学区长负责监管初等国立小学；1985 年 7 月 27 日，学区长负责国立学徒学校；1985 年 8 月 21 日，教育部部长将国家专职人员和实习生管理的全部或部分权力转交学区长和学区督学（西蒙和勒萨热，2007）。另一方面，教学人员的聘用与管理也下放到地方教育局。根据 1990 年 8 月 1 日第 90-680 号有关小学教师特殊身份的政令，小学教师聘用权下放到地方，由地方教育局负责；中等教育教学人员主要是通过全国范围举行的考试进行选聘；国民教育省级负责人负责初等教育人员的日常管理，包括与职业发展有关的管理措施、人员的调动、纪律惩戒等。此外，经费的分配、颁发文凭的签字权也下放到学区长或国民教育省级负责人手中。表 7.3 为学区督学和学区长的职权分散到不同层次的情况。

表 7.3 学区督学和学区长的职权

不同层次	下放职权
学区督学	小学教师几乎所有的管理权
	小学学校分布的管理：学校及班级的开设与关闭、本省小学教师职务的分配
	本省国民教育督学督导区域的组织
	学区督学权限内初中的行政和财务组织、运转与监督
	小学毕业证书国家文凭的组织
学区长	本学区教育机构和学校服务部门的管理与监督：中等教育机构教学服务的内部结构与管理、本学区考试的运转、奖学金、助学金与贷款……
	分省决定督导区域的数目和规模
	根据本地情况对全国范围的教学时间安排进行适应性调整
	签署高等教育国家学位和文凭
	教学经费的管理
	对学区部门的运转经费进行分配
	对中等教育教学人员进行管理
	权力分散部门非专职教学人员的聘用和管理
	专职人员的聘用：中等教育教学人员聘用职业资格考试的组织、小学教师的聘用、某些国家考试的组织运作
	争讼
	行政程序：发放承认外国文凭层次的证明

第四，教育开支的资助与拨付。根据相关教育法令，小学的经费运转由市镇承担，小学建设和装备工程由市镇承担，市镇同时作为施工指挥者负责管理领导这些工程的实施。省负责初中的建设、重建、扩建、大规模修缮、装备等，大区负责高中和特殊教育院校。国民教育部除去人员开支，还负责一定的教学开支，如购置一些物质装备（信息化材料、配套软件、开发系统、辅助材料、办公和生产材料、电子装备、通信技术装备等）开支、教学活动项目开支、教学研究和实验开支、教学资料所使用的开支等。

二、教育分权改革对法国学校自主办学的影响

法国教育分权改革受兴起于政治和公共领域的权力下放运动的影响，在 20 世纪 60 年代法国就将中央的权力下放到大区和外省，在 20 世纪 80 年代密特朗执政后开始了行政管理体制方面的权力下放改革。与政治及公共领域的权力下放运动相适应，法国教育分权化改革重新划分了国家和地方行政机构的教育管理权限，打破了教育系统与外部环境的隔离状态，重新界定了国民教育部、大区、

省和市镇在教育领域中的角色和作用，学校的自主办学角色和地位得到了一定程度的重视。

　　首先，教育分权改革打破了法国高度中央集权式的教育行政管理体制，使地方、学校获得了部分管理教育的权力，激发和调动了其办学的积极性与主动性。如省市一级扩大了对教育的干预职能，中小学校在突出校本特色的基础上，可以根据需要灵活安排部分课程、课时。经济合作与发展组织 2008 年公布的欧洲各成员国初中阶段公立学校事务自主决策状况的调研统计显示（表 7.4），中央、大学区、省、学校四级在法国公立学校事务综合决策权配比中，学校占比最高，为39.25%。其中，在教学组织决策方面，学校拥有较大的自主权，占比为 78%；在规划与结构决策方面，学校拥有一定自主权，占比为 33%；在人事管理决策方面学校的自主权最小，占比为 13%（OECD，2008）。在人事管理方面，法国的学校在招聘教师、解雇教师、校长遴选和教师校长职责规定方面无自主权，在代课教师聘用、教师超时及超职责范围工作报酬发放方面拥有有限的自主权。

表 7.4　　法国公立学校事务综合决策权配比状况

管理项目	中央	大学区	省	学校	合计
教学组织决策权	11%	0	11%	78%	100%
人事管理决策权	63%	24%	0	13%	100%
规划与结构决策权	34%	0	33%	33%	100%
资源决策权	0	0	67%	33%	100%

　　资料来源：OECD（2008）

　　其次，随着教育分权改革的推进，法国的教育督导制度也得到了发展和强化。法国教育督导机构分为中央、大学区和省三级。在教育部设立的总督导局就是中央教育督导机构，对国家的教育政策和全国教育质量进行宏观监控，评估并报告国家教育系统的运行情况，向教育部部长提供咨询性意见。地方的教育督导分为大学区和省两级，其职责与中央教育督导机构类似，在内容上更加微观和具体，督导工作深入每所学校和每一位教师。省一级的督导人员在学区督学的领导下工作，负责检查初等教育教师的工作并予以评价，有时也会将范围扩大到中学级别最低的教师和特殊教育教师（吴遵民，2009）。显然，法国从中央到地方的层级督导制度是对教育分权化改革的牵制，是国家对教育政策的落实情况和教育质量监控的手段，也是中央集权教育管理体制新的表现形式。

　　最后，法国的中小学教师有了较大的教学自主权。法国小学教师在教学方法的选择、教材的选择、给必修课学生分层、制定校内考试标准方面均有决定性的影响力；中学教师在教学方法和校内考试标准的制定两个方面拥有决定权。

第四节　俄罗斯教育分权改革与学校自主管理

俄罗斯现行的教育体制是在继承、改造苏联时期的教育模式基础上发展起来的。在苏维埃政权建立的时间内，苏联确立了中央集权的领导和管理模式，确保中央对国家教育事业的领导地位，特别是在十月革命胜利的初期，为了保障党和政府对文化、教育的领导权和控制权，所有的教育教学机构、人员、设施等一律转交给教育人员委员会。1991年苏联解体、叶利钦执政之后，开始对政治、经济、文化和教育领域进行改革，改革的重点是解决好集权与分权、统一与分散的关系。1992年颁布的《俄罗斯联邦教育法》规定，现行的俄罗斯教育实行联邦、共和国、地区三级管理的教育管理体制，联邦一级的权力机关和教育管理机关对教育实行宏观管理；共和国一级的权力机构和教育管理机关负责制定并实施与联邦教育政策相适应的共和国教育政策，制定本共和国的教育法令，制定民族区域的教育标准，编制教育预算等；地区教育管理机关主要职责是执行国家政策，编制地方教育预算，确立地方教育发展基金等（吴遵民，2009）。1996年，俄罗斯将联邦教育部和科学、高等教育、技术政策部合并为普通和职业教育部，负责全国公立学前教育、中小学教育、职业教育、师范教育等。在科学、高等教育和技术政策部下设高等学校委员会，管理全国公立综合大学、专业大学（学院）和中等专业学校。

一、20 世纪 80 年代以来的教育分权改革

20 世纪 50 年代中后期，为了适应科学技术进步和经济社会发展的需要，苏联政府对教育管理体制进行了改革，包括把大多数高等学校、中等专业学校和技术学校由联盟管辖改为各加盟共和国议长管辖；在各加盟共和国成立教育部、高等教育和中等专业教育部；由加盟共和国部长会议负责研究加盟共和国对干部的需求情况，挑选和批准学校领导干部及科学教育工作人员。

苏联解体后，社会进入转型期。转型期的俄罗斯在教育管理改革中的中心议题就是处理好集权与分权之间的关系，具体来说，就是理顺俄罗斯联邦中央与共和国、地方及学校之间的关系。当然，俄罗斯的教育分权化改革并没有全盘否定过去的一切，继承和延续了苏联时期的教育制度和体系，保留并发扬了优秀传统，从 1991 年至 2008 年，俄罗斯在教育管理体制、学校内部管理体制及实现教育现代化等方面做了不懈努力。

从 1991 年至今，俄罗斯历任总统共有三位，分别是叶利钦、普京、梅德韦杰夫，其中叶利钦在 1991 年和 1996 年连任，普京在 2000 年、2004 年、2012 年和

2018 年连任，梅德韦杰夫在 2008～2012 年出任俄罗斯联邦总统。以下为历届总统在位时颁布的重要教育政策或法案（表 7.5）。

表 7.5　20 世纪 90 年代以来俄罗斯重要教育政策或法案

总统	教育政策或法案	主要内容
叶利钦 （1991～1999 年）	《俄罗斯联邦教育法》 （1992 年）	重新构建了国家教育体系；确立了办学主体的开放机制；规定了不同层级教育管理机构的管辖范围，缩减了联邦中央在日常事务管理方面的权限，加强了地区和地方的权力；改革了学校内部教育管理体制，学校的自主权得到认可
普京 （2000～2008 年）	《俄罗斯联邦国家教育发展纲要》（2000 年）	确定了教育发展的方向，要实行成套措施保证教育系统正常运转和平稳实施；改革了普通教育的学制和教育内容
	《现阶段俄罗斯教育政策》（2001 年）	加大教育投资力度，大力推进教育现代化进程
	《2010 年前俄罗斯教育现代化构想》（2002 年）	确立了俄罗斯教育的现代化发展方向，包括普及基础教育、保证公民接受教育的权利、全面提高各级各类学校的教育质量、提高国家教育管理的效益及增加教育财政预算并完善教育的经济组织五个方面的内容
	《2004 年国情咨文》	保证低收入家庭孩子获得高质量的教育，建立透明、客观的知识评价系统，建立符合时代要求的教育标准，提高对职业化教育的要求
	《2006 年国情咨文》	对俄罗斯教育发展目标和改革措施做出了相应部署：组建创新高校，创建有竞争力的教育体制；调整职业教育计划内容以保证教育质量；通过企业的专项发展基金向大型高校提供资金
梅德韦杰夫 （2008～2012 年）	《2009 年国情咨文》	以实现俄罗斯全面现代化为宗旨，提出了教育和文化发展的要求
普京 （2012 年至今）	（新）《俄罗斯联邦教育法》（2012 年）	第一章第七条规定了俄罗斯联邦在教育领域的职权转由俄罗斯联邦主体各个国家权力机关行使，如监督教育机构组织活动、发放教育活动许可证、批准和教育或业务能力有关的文件、使用转移专项款等

总的来看，俄罗斯 20 世纪 90 年代的教育分权改革总的趋势是从高度的中央集权转向地方分权，从一元领导转向多元自治。1992 年 7 月 10 日，《俄罗斯联邦教育法》颁布。作为俄罗斯独立后的第一部教育基本法，该法重新构建了俄罗斯国家教育体系，将苏联时期的普通教育、中等专业教育、职业技术教育和高等教育合并为普通教育和职业教育两类；明确规定了俄罗斯联邦、组成俄罗斯联邦的共和国、地方自治机构等不同层级政府的教育管辖权限，缩减了联邦中央在日常事务管理方面的权限，加强了地区和地方的教育管理权力；确立了办学主体的开放机制，允许非国立高等教育存在；改革学校内部教育管理体制，学校的自主权得到认可。

20 世纪 90 年代后期，特别是 2000 年以来，教育分权改革从单纯地强调分权转向"统一空间""权责均衡""联邦责任",均衡全国统一和地区差异,提倡国家和社会共管教育。普京上任后为教育制定了统一的国家标准,这在一定程度上加强了联邦对地方和学校的控制,保证了地区和学校在规定范围内执行国家标准和教育政策,有利于保障教育质量,提高教育效益。2002年发布的《2010年前俄罗斯教育现代化构想》,发展了《俄罗斯联邦教育法》中确立的教育政策基本原则,确定了俄罗斯未来十年内教育现代化的目标和基本任务,提出了六个教育政策优先方面,以及教育政策实施的基本方向、阶段和措施。该政策明确提出:在教育现代化过程中要保证:第一,教育作为国家——社会系统的公开性;第二,从家长式模式向教育领域中相互负有责任的模式转变,向增强所有教育政策主体的作用和它们的相互影响的方向转变(吕达和周满生,2004b)。

2012年,普京签发了新的《俄罗斯联邦教育法》,该法对联邦政府、地方和学校的教育管理做出了更加明确的规定,如对联邦主体国家教育权力机关的职能做出规定:俄罗斯联邦主体国家教育权力机关负责为私立学前教育和私立普通教育组织通过提供补贴的方式给予财政支持,包括劳资、教科书、教具和玩具等。新《俄罗斯联邦教育法》不仅规定了俄罗斯联邦教育职权的转移和下放(第七条)、俄罗斯联邦主体各国家权力机构在教育领域的职权(第八条),还规定了各市政府、市区的自治机构在教育领域中的职能(第九条),以及建立教育委员会、监督委员会、管理委员会、监察委员会等教育管理机关(第二十六条),这些新的规定更加清晰、明确,为进一步明确各教育管理主体在学校教育管理中的地位和作用提供了法律依据,也为各级教育管理部门权、责、利的划分明确了界限,有利于更好地落实学校办学自主权、实现学校自治。

总体而言,俄罗斯教育分权改革主要体现在以下三个方面:第一,改革教育管理方式和手段。这一改革主要体现在将高度中央集权式的教育管理体制转变为联邦、共和国和地区三级管理,正确处理集权与分权、统一与分散的关系,充分发挥地方和学校办学的积极性,使制定的教育政策更加符合本地区、学校和学生发展的实际。同时俄罗斯教育部从1998年开始推行名为"百人计划"的再培训和进修计划,旨在提高管理人员的素质和水平(王晓辉,2009)。

第二,变革学校内部管理体制。俄罗斯通过法律赋予学校独立的办学实体的法人地位,并确立学校自治、民主管理内部事务的办学原则。例如,在《俄罗斯联邦教育法》总则第一条中规定:在国家、地方(市政)的教育管理机构、组织中,禁止组建任何政党、社会政治和宗教团体的组织机构开展活动(吕达和周满生,2004);学校在法律范围内执行国家教育政策和教育标准。在《俄罗斯联邦教育法》第三十二条规定:教育机构在俄罗斯联邦法律和教育机构章程规定的范围内,可以独立进行教育、选拔和配置人员,进行科研、财务经营和其他活动(吕达和周满生,2004b),学校在教学活动、教师人事管理、财务分配等方面享有较高的自主权，此外，学生、家长、教师及社会人士可以通过校务委员会参与学校管理。

第三，实行办学体制多元化，确立了教育创办主体的开放机制，允许非国立学前教育、基础教育和高等教育的存在。办学主体的多元化在一定程度上满足了学生和家长的个性化教育需求，也有利于各类办学主体办出特色和水平。

二、教育分权改革对俄罗斯学校自主办学的影响

首先，俄罗斯 20 世纪 90 年代以来的教育分权改革打破了之前高度中央集权的管理模式，形成了联邦、共和国和地区三级分级管理的教育体制，扩大了地方和学校的自主权。例如，《俄罗斯联邦教育法》（1992 年）明确了三级教育管理体制，联邦、共和国及地区教育管理机构的具体职能，联邦中央政府的教育管理权限呈现出明显的转移、下放倾向。在学校办学自主权方面，该法案明确规定了22 项权限，包括选拔、招收和配置教学人员与辅助人员；制定并通过教学大纲和教学计划；确定教育机构的管理结构、编制及设立领导职务；确定职务工资、附加津贴及奖励人员的数额和方式；制定并通过教育机构内部管理章程和其他一些校规；按教育机构章程、许可和注册证明的规定，自主地实施教育过程；按俄罗斯联邦法律规定与创办者协商制定并通过教育机构章程；等等。2004 年修订的《俄罗斯联邦教育法》下放了学校创建、结构调整和取缔规则的权力；学校劳动标准和劳动报酬标准制定的权力，联邦一级的教育管理部门只负责联邦一级学校类似标准和规则的制定。

其次，与教育分权改革中的"分权""去中心主义"相伴随的是来自联邦中央政府对全国教育的进一步监督与控制，这一倾向在 2000 年普京总统执政以来尤为明显。普京总统在执政期间，加强了俄罗斯联邦中央对地方教育的监督与控制。联邦教育机构虽然下放了国家监督权、发放教育活动许可证、批准和教育有关的文件等权力，但同时也成立了教育委员会、监督委员会、管理委员会、监察委员会等教育管理机关对地区和学校教育活动的开展进行监督，这种监督又在某种程度上使得家长参与到学校管理的过程中，增强了教育管理的民主性，使管理主体多元化，利益诉求的表达多样化。

最后，俄罗斯教育分权改革提倡教育的国家与社会共管。1992 年颁行的《俄罗斯联邦教育法》在总则中确定了教育管理的民主性、国家—社会统一性和教育机构的自主性原则，强调要更加紧密地将个人的教育需求与地区的经济、教育文化发展的可能性相结合，为俄罗斯确定教育管理民主化、国家—社会共管、教育机构自治的教育管理体制奠定了坚实的法律基础。2002 年发布的《2010 年前俄罗斯教育现代化构想》强调社会（企业、家庭、地方自治机构、社会组织）在教育

发展中应该发挥重要作用,恢复国家在教育领域中的责任,在保证教育现代化实施的同时,为社会广泛参与这一过程创造条件。2012 年新制定的《俄罗斯联邦教育法》再次重申,教育管理应坚持教育机构法制、民主、自主、信息公开原则,参考社会意见,教育管理系统具有国家—社会性质。

国家—社会共管教育的性质对俄罗斯学校自主管理产生了重要影响。俄罗斯学校的学校委员会、教师联合会、家长委员会的组织结构及学校内部管理的诸多方面都体现了社会多元主体的参与。例如,莫斯科 1515 高级中学的自治机构是学校委员会,主要行使以下职能:组织完成学校委员会会议决定;确定教育机构的发展规划;协商机构工作制度;商榷预算外资金支出;确定选择何种外语的课程;听取校长及其他工作人员总结报告;为工作人员提供各种奖励,包括物质奖励;协商内部规则,奖金细则,学生行为规范及其他法则。学校委员会遵循学校委员会章程组建,教育机构代表、学校所属莫斯科教育局西南区教育管理部门代表都可以被选为学校委员会成员(赵伟,2017)。除了学校委员会,在莫斯科 1515 高级中学还有多个自治机构,如教师委员会、心理与教育评议会、学校学生委员会、教学法协会、班主任协会、学校家长委员会和班级家长委员会等(赵伟,2017)。

第五节　日本教育分权改革与学校自主管理

明治维新使日本建立了现代意义上的教育行政管理体制,1872 年《学制令》的颁布标志着中央集权化的教育管理体制建立。日本中央集权化的教育管理体制是仿照法国建的,在文部省的统筹之下将全国划分为大学区、中学区和小学区,并建立相应的督学机构和制度,这套中央集权化的教育管理体制在第二次世界大战之前已经发展得相当严密和稳固。

第二次世界大战以后,日本曾仿效美国,废除中央集权制,实行地方分权制的教育行政体制并进行了相应的改革。例如,1948 年 7 月的《教育委员会法》规定,所有社区,不论是县或市镇都通过选举成立(地方)教育委员会,教育行政保持独立自主,不受议会和一般行政的干涉。同时,削减文部省的权限,规定文部大臣与地方各级教育委员会之间不能有纵向的指挥监督关系,并扩大地方教育行政机关的权力。规定各级地方教育委员会的权限包括:负责建立学校;拨给学校经费;制定课程;选择和审查教科书;提供教育材料;训练在职教师;发给教育证书;为市镇委员会提供技术上的帮助和指导(小林哲也,1981)。

1952 年 4 月日本重新取得主权国家地位,日本社会各界纷纷质疑美国式的教育行政管理体制。1956 年废除《教育委员会法》,通过了《地方教育行政的组织及运营法》。修改后的教育委员会制度,明确规定了上级和中级的指导地位,废除了委员会民选制，将都道府县和市町村教育委员会的产生由民选改为都道府县知事和市町村长经同级议会同意后直接任命。规定了地方各级行政首长控制教育的人事权和财政权，并负责管理本级所设立的大学和短期大学，使都道府县和市町村教育委员会又成为地方政府的一个部门，并延续至今。此外，削减了教育委员会在教育上的特殊权限，扩大了文部省的权力，使文部省不再仅是提供指导、建议和咨询性的机关，而是在一些方面对地方教育行政机关有了相应的控制权力。2001 年日本中央教育行政机关进行了机构重组，正式定名为文部科学省。

一、20 世纪 80 年代以来的教育分权改革

历史上，日本进行了三次大规模的教育改革，第一次为明治维新后，奠定了近代教育的基础；第二次是第二次世界大战后美国占领期间，确立了现代民主主义的教育体制；第三次教育改革开始于 1983 年，改革的设想源于中央教育审议会（为日本中央教育行政机构提供决策和参考的教育咨询机构）1971 年提出的《关于今后学校教育综合扩充、整顿的基本措施》，1983 年中曾根首相发表的"教育改革七条设想"及翌年成立的临时教育审议会（简称临教审）。

20 世纪 70 年代末至 80 年代初期，日本开始兴起新技术革命，并在信息技术、新能源、新材料、生物技术等领域发展迅速，科技的发展和进步给日本社会及其人民的生活带来巨大影响，国民收入普遍提高，闲暇时间增加，社会老龄化问题突出，小家庭化倾向出现，"教育荒废"问题凸显，这些变化和问题要求教育进行深入改革。为此，1983 年 6 月，中曾根首相设置了私人性质的咨询机构"文化·教育恳谈会"，同年 12 月发表了"教育改革七条设想"，公开表明要进行彻底的教育改革。1984 年，设置了直属首相的教育审议机构——临教审，并于 1985~1987 年先后四次递交了关于教育改革的咨询报告，提出了向终身学习社会转型、适应变化的社会、重视个性等教育改革核心思想，奠定了日本教育改革的基本框架——在教育领域引入市场机制。为了贯彻临教审咨询报告精神，根据 1987 年内阁会议通过的《关于当前教育改革的具体措施——推进教育改革大纲》，日本先后进行了五次课程改革，重新修订了《学习指导纲要》，实施了新的教科书检定规则和基准，简化了教科书审查程序。

20 世纪 90 年代起，日本经济长期处于低迷，国家陷入财政危机，政治环境极其不稳定，人口出生率出现明显下降趋势，学校生源受到直接影响，而且，随着教育私有化的加剧，个人教育费用负担不断增加。为了解决这些难题，日本开始了新的地方分权改革探索。1993 年 6 月，众议院和参议院一致通过了《关于推进地方分权改革的决议》，1995 年颁布了《地方分权推进法》。1998 年 9 月，中央

教育审议会正式提交了《关于今后的地方教育行政方式》的中间咨询报告（简称1998 年中教审咨询报告）。该咨询报告依据地方分权改革中的地方分权、放宽权限、信息公开和社会参与等核心理念，对中央与地方的教育权责、教育委员会制度、教育委员会与学校关系及学校自主性自律性等方面提出了系统的改革建议。该报告指出：国家重点承担其所应发挥的作用，将属于地方公共团体的行政权下放给地方，以便充分发挥地方公共团体的自主性和自立性，尽可能就近提供公共教育服务（平原春好等，2001）。针对教育委员会和学校之间"无责任主体"的问题，1998 年中教审中间咨询报告从改革教育委员会与学校的关系、扩大学校自由裁量权、提高校长和教职员能力、改革学校管理组织、鼓励社区居民参与等方面提出了具体的改革建议。此外，1998 年文部省修订的《学习指导要领》对中小学课程做了比较大的改动，削减了课时，降低了难度，开设了新的综合性学习课程，国家对这一课程不做具体的安排，也不编写教材，而由学校根据各自的情况，围绕国家理解、信息、环境、福利、健康等方面，开展形式多样的、综合性的学习。

　　2000 年以来，日本的教育改革继续沿着地方分权化的趋势进行。2005 年 2 月日本中央教育审议会成立了义务教育专门委员会，对义务教育进行全方位的考察和审议，之后中央教育审议会发布了《为新时代而重设义务教育》的报告。报告中提出了重新设计新时代义务教育的结构性改革、提高义务教育质量，应该遵循以下三个基本原则：①中央政府应负责制定目标并提供实现目标所需的基础设施；②以此为基础，通过权力下放扩大地方直辖市和学校的权责；③同时，中央政府负责审查教育成果（图 7.3）。在这个改革框架中，日本将义务教育视作一个投入—产出的过程，中央政府在投入和产出两个方面都加强了控制。中央政府不仅在确立教育目标、制定教育政策方面负有责任，在经费的投入、教师培训和课程研究等事务上也拥有主导权，同时也加强了对基础教育质量的监控和管理。在教育过程方面，则通过分权化来保证地方和学校拥有人事权、决策权等基本权利，为地方灵活性和学校自主办学提供了前提条件。

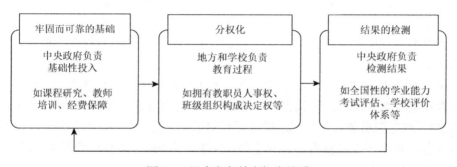

图 7.3　日本义务教育权责关系

与此同时，为了使《为新时代而重设义务教育》这一报告能够进一步落实和执行，中央教育审议会提出了四项国家战略，其中战略三——通过给予地方政府和学校更多的自主权，并鼓励它们变革来提高教育质量，起到了扩大地方政府和学校自主权的作用。在这项战略中，又包含若干行动和支持策略，具体见表 7.6。

表 7.6　战略三的具体内容

项目	政策	财政年 2005	财政年 2006	财政年 2007
改革学校行政结构	扩大学校和校长的自主权 如预算和人事权，公开招聘体系和自由代理体系	中央教育审议会的教育改革报告（2005.10.26）	将改革报告作为各县的指导	将改革报告作为各县的指导
	通过建立学校评价体系保障、提高学校教育质量 如制定学校评价规则作为总的参照；要求学校进行自我评价并向社会公布；加强评估的措施，通过第三方机构进行	中央教育审议会的教育改革报告（2005.10.26）；形成学校评估指南	各地区评估的实际研究；试用第三方评估	体系的修正
	监护人和居民参与学校管理 提高监护人、家长和居民的参与与合作	中央教育审议会的教育改革报告（2005.10.26）	将改革报告作为各县的指导	将改革报告作为各县的指导
改革教育系统的董事会	提高教育董事会的灵活性 如为教育委员会设立三个以上成员；都道府和教育董事会之间的权力分配	中央教育审议会的教育改革报告（2005.10.26）	修正体系	
变革中央政府与地方政府、都道府与直辖市之间的关系	将任命的权力移交给核心城市 如刚开始将自主权转交给一些直辖市，包括核心城市	中央教育审议会的教育改革报告（2005.10.26）	会议等有关团体；体系的修正	
	将教室的组织权移交给学校和市政当局	中央教育审议会的教育改革报告（2005.10.26）	会议等有关团体	体系的修正

如表 7.6 所示，扩大地方政府和学校自主权主要从三个方面入手：第一，改革学校的行政结构，如扩大学校和校长在人事招聘、财政预算等方面的自主权，让家长和社区居民参与到学校管理的过程中等措施。第二，改革教育系统的董事会。教育委员会的成员要不少于 3 位，同时要处理好都道府和教育董事会之间的权力划分问题，都道府对本地的文化、体育事业负有责任。第三，变革中央政府与地方政府、都道府与直辖市之间的关系，中央政府将一部分权力下放给地方政府和直辖市。

2007 年 3 月中央教育审议会提交了《为执行新修订的教育基本法需要紧急采取的教育制度修订措施》咨询报告。随后，《学校教育法》《地方教育行政组织与经营法》《教育职员免许法》三法的修订草案以及《教育公务员特例法》草案被递交给国会，2007 年 6 月获得通过并生效。新修订的《地方教育行政组织与经营法》规定教育委员会在以下六个方面拥有自主决定权：①建立基本教育政策；②实施或修订教育委员会的规则；③设置或废除教育机构；④人事管理；⑤检查、评估教育职能；⑥教育预算指导思想的确定。同时，还要求教育委员会加强自身体系建设，如自治市或县要加强合作，相邻的市镇可以联合建立教育委员会，以便提高和加强教育系统的管理；政府和都道府县要对教育委员会的成员进行培训等。在教育分权方面提出：①教育委员会成员数量上可以灵活设置，将家长纳入教育委员会中；②教育委员会的领导者负责本地区的文化、体育事业；③学校教师和管理人员的日常人事管理权由都道府县下放至市町村。上述职能调整体现出教育行政权被分化、下放的倾向，地方教育委员会拥有制定教育政策、设置教育机构、教职员的人事管理、确定教育预算指导思想等方面的自主权，其职能范围得到扩大。在都道府县和市町村两级教育委员会之间，权力的重心也开始下移，将日常人事管理权由都道府县下放给市町村就是最明显的表现。

在进一步扩大学校自主管理权方面，日本政府主要从两个方面着手：一方面，尽量减少对学校管理规章制度范围内学校事务的干预，以备案制取代年批制；另一方面，扩大学校的预算权，允许学校在预算总额不变的情况下自主编制预算（冯大鸣，2011）。表7.7和表7.8比较了1998年与2006年日本学校在各个方面的自主权占比，结果表明：学校在预算、课程、补充教材、学习考察活动、节假日的调整等方面的自主权明显提高。

表 7.7　对学校管理规章制度范围内学校事务不做干预对比表

时间	课程	补充教材	学习考察活动	节假日的调整	划分学期
1998 年	47.5%	42.2%	27%	21.3%	16.1%
2006 年	89%	83.4%	69.6%	62.2%	15%

表 7.8　学校预算权下放制度对比表

时间	以学校预算备案制取代审批制	以常规预案备案制取代审批制
1998 年	4.8%	3.2%
2006 年	28%	23.1%

此外，为了保障和提高学校自主管理程度，日本政府通过修订法律、颁布政策等方式对学校人员配置及评估体系、学校管理形式、学校与社会合作等方面进行改革。例如，2007年6月新修订的《学校教育法》中规定，可以在中小学设置副校长、高级管理教师及高级顾问教师岗位，以便适应学校自主管理的需要，为学校更好地行使办学自主权提供了人才支持。同时，该法律对学校评估体系提出了要求，指出学校要通过建立评估体系来提高教育标准、通过学校评估的结果来

改善学校管理，学校还要及时向家长、当地居民提供本校的教育管理信息，以便他们参与到学校管理的过程中。

同时，家校合作、社区和家长参与教育管理从制度上得到进一步保障。2001 年，《学校教育法实施规则》提出学校评议员制度，受校长邀请的家长和社区居民可以协助教育委员会对学校管理工作提出意见。《地方教育行政组织与经营法》规定，中小学阶段设置学校运营协议会制度。2006 年修订的《教育基本法》第十三条明确规定，学校、家庭和社区居民及其他有关人员要在认识各自在教育上的作用和责任的同时，致力于相互联合和协作。这些改革和制度性安排，不仅能使学校能够更好地满足本地社区和家长的教育需求，加强家校社之间的有效合作，而且也保障了学校自主办学与民主管理的平衡。

二、教育分权改革对日本学校自主办学的影响

第一，相关法律法规政策确立了中央、地方和学校在教育中的权责关系，为学校办学自主权的扩大与落实提供了法律政策保障。例如，《为新时代而重设义务教育》（2005 年）重构了义务教育的权责框架，确立了中央政府在投入与产出两个环节的主导与控制地位，扩大了地方和学校在人事管理、财政预算、课程建设、教材选择、班级管理等方面的自主权，政府对学校管理规章制度范围内的事务尽量不予干预，学校的自主管理权大为提高。

此外，根据 2006 年修订的《教育基本法》第十六条精神修订的《地方教育行政组织与经营法》，重新调整了地方教育委员会的职能，且表现出明显的权力下放倾向，在都道府县和市町村两级之间也体现出权力重心的下移，如都道府县将日常人事管理权下放给市町村，学校也获得更大的自由裁量权，如人事考核及非常勤讲师聘用、预算和经费使用、学校规划、班级编制等方面权限被下放给学校。由此，日本政府和文部科学省通过出台相应的教育政策和法律法规，为日本学校教育重构了权力框架，地方和学校通过获得更大的自主办学权来提高教育品质与水平，国家则通过建立全国统一的课程体系、教师培训、实施全国性的学业能力考试等方式来进一步检测、监督学校的自主办学。

第二，学校管理人才资源的配置、学校运营协议会制度、学校与社会的合作为学校有效开展自主管理提供了多重保障。首先，新修订的《学校教育法》（2007 年）为了吸引优秀的人才、加强学校自主管理，不仅允许中小学设置副校长、高级管理教师及高级顾问教师，还实行开放的人员招募制度，允许公立中小学从私营部门中招聘高级教育管理人员，以便学校的人才梯队和储备适合学校自主发展的需要。其次，学校运营协议会制度是新修订的《地方教育行政组织与经营法》（2007 年）中确立的。将学校运营协议会制度作为一种长期制度确立下来有利于家长、社区

居民通过正当、合法的渠道表达教育利益诉求，同时也能发挥家长、居民、社区等社会群体参与学校管理的积极性，有利于深化中小学教育管理的民主化程度。最后，日本文部科学省为了推进学校与社会的深度合作，除了修订《学校教育法》《社会教育法》，改变僵化的人事编制标准之外，还形成了一批有特色的制度和项目，如特色兼职教师制度、特别证书制度、学生问题行为综合应对体系等，这些制度和项目充分调动了社会人士参与学校教学、管理活动及学生的成长过程，推动了学校与社会的广泛合作，为学校自主管理赢得了有利的社会环境。

第三，中央政府采取新举措，监督学校自主办学权行使。中央政府在投入环节通过严格控制教师任职许可条件来保障教育人力资源投入的质量，在过程环节设置大臣纠错来干预地方和学校教育的实施，在产出环节通过建立学生学术能力的国家评估制度来把控学校教育质量。这三项教育措施，在教育分权的同时最大程度上维护了中央政府的权威，保障了中央政府对全国教育的控制及必要的统一性，以便学校办学自主权的实施在国家预设的轨道中进行。由此可见，尽管教育分权改革在一定程度上削弱了中央政府在教育管理上的集权，但是，中央政府对教育在投入和产出环节的作用得到进一步加强，学校办学自主权仍是较为有限的自主。

第六节　五国教育分权改革与学校自主管理的比较分析

20 世纪后半叶，分权化成为全球性的改革趋向，截至 1998 年，全世界有 85 个国家正在实施或正在走向教育管理分权化的体制（World Bank，2005）。这一趋势不仅在地方分权制国家有所体现，而且在中央集权制的国家也有明显的表现。出于对国际竞争和教育重要性的普遍认同，以及对提高教育质量、促进教育公平的追求，各国政府纷纷出台革命性的教育政策与法案，在适当集权的基础上进行了分权，包括引入市场机制对公共教育进行改革、变革公立学校的办学和管理体制、扩大学校的办学自主权，出现了学校自治、校本管理、自主管理、学校自主经营、私营化等诸多新理念、新概念，这些概念均表达了放权、赋权与自治的内涵。

一、共同特征

总体而言，美国、英国、法国、俄罗斯、日本等国家的教育分权改革及学校自主管理在以下四个方面呈现出共有特征。

（一）政府角色及其教育管理权责出现明显变化

政府角色和作用的转变，以及权责的变化是与"解除管制""分权""市场化"

"顾客导向""质量和效率"等概念联系在一起的。根据教育传统和教育制度，政府教育管理权责转变有两种方向。一种是具有高度中央集权传统的国家，中央一级的政府简政放权，对教育的微观管理转变为宏观调控，将更多的决策权下放给地方政府和学校，赋予它们更大的管理弹性。例如，法国在 20 世纪 60 年代出现分权化改革的迹象，80 年代得到进一步的推进和实施，国家和地方行政机构的教育管理权限被重新划分，学校自主办学的地位得以确立；俄罗斯 1992 年发布的《俄罗斯联邦教育法》以法律的形式明确了联邦、共和国和地区三级管理体制，打破了高度中央集权式的教育管理传统；日本中央教育审议会 2005 年出台的《为新时代而重设义务教育》的报告重构了义务教育的权责框架，确立了中央政府在投入与产出两个环节的主导与控制地位，在过程环节扩大了地方和学校在人事管理、财政预算、课程建设、教材选择、班级管理等方面的自主权。

　　另一种变化是在具有高度地方分权传统的国家，20 世纪 80 年代以来的教育分权改革则是加强中央一级政府对全国教育的干预和影响，削弱地方教育当局的教育管理权限，增强了教育的统一性。例如，英国通过改革拨款制度、建立教育绩效责任制度及统一的国家课程和测评体系，加强了中央政府对教育的控制，弱化了地方教育当局的管理权限，在削弱了学校在课程与教学方面自主权的同时，给予学校自主管理经费、聘用教职人员等权力。20 世纪 80 年代以来美国的教育分权改革，同样在一定程度上加强了联邦政府对全国教育的影响力以及州政府对教育管理的权力和责任，地方学区的教育管理权相对被削弱。

（二）保障学校自主办学权

　　无论是中央集权制的国家还是地方分权制的国家，学校面向市场自主办学都得到了共同的重视，学校办学自主权的扩大和落实是法案授权和政府放权共同作用的结果。法国、俄罗斯、日本等具有中央集权传统的国家，均逐步放松了政府对学校高度管制，扩大了学校在经费、人事等方面的管理权限，政府从微观管理、过度干预和控制转向宏观调控和监督。具有地方分权传统的国家，如英国，尽管从 20 世纪 80 年代后，中央一级政府通过削减经费拨款、改革拨款制度、制定统一的课程标准，以及将评估结果与拨款挂钩等方式加大对学校课程和教学的指导与干预，但也并不直接插手学校内部的运行。

　　从学校办学自主权来看，五个国家的学校在财政、人事、行政事务等方面正在被赋予新的责任和更大的自主权，政府和学校之间的互动由过去单一的行政命令式转变为双边互动依存式。但是，在与课程相关的领域，学校的自主权正在逐渐缩小。在我们选择的五个国家中，中央政府或州政府，都掌握了决定学校知识的标准、成就评估的方式及评估报告的对象等新的权力。

（三）保障家长与社区参与，提高家长选择权

在各国教育分权改革的过程中，家长的知情权、选择权和参与权受到法律的保障并不断扩大，社区参与不断被提倡，支持家长参与、社区参与的教育管理机制逐渐形成。英国、美国历来重视和保障家长在教育中的知情权、选择权与参与权。具体的举措包括：赋予家长择校权以促进公立学校改善办学质量，提升办学特色；引入市场机制为家长提供更多样化、个性化的教育需求；扩大家长在学校董事会或管理委员会的成员占比来提升家长在学校管理中的话语权。

在日本，第二次世界大战后的现代化、城市化进程造成家庭和社区教育功能的退化，迫切需要家庭和家长参与到学校管理过程中来。因此，在提高学校自主管理程度的同时，学校通过信息公开及评估活动来使家长群体介入和参与学校管理，由此组建了由家长和社区代表组成的学校运营协议会。新修订的《地方教育行政组织与经营法》将学校运营协议会作为一种学校管理制度确定下来，并对其具体的权责作出了规定。在法国和俄罗斯，尽管没有像日本那样将家长参与学校管理作为一种制度确立下来，但是，在变革中同样重视家长参与学校管理，重视家长的选择权、家长表达自身利益诉求的渠道等问题。

（四）市场机制、评估与问责成为重要手段

如前所述，20世纪80年代以来的教育分权改革，无论是中央集权制的国家，还是地方分权制的国家，在共同强调政府权力下放、权力分散的同时，并没有降低国家和政府对教育的干预与影响。但是，我们能够看到的一个共同变化是，政府的教育管理手段和方式已经出现了变化，市场机制、评估和问责成为教育分权改革过程中的重要管理手段和工具。

第一，在教育分权改革及学校自主管理中，在公共教育领域中建立"准市场"和运用市场机制受到各国政府的高度重视。学者Levačić（1995）曾对"准市场"进行了解释。在她看来，公共事业准市场改革的显著特色在于需求方与供给方的分离及需求方可在不同供给方之间做出选择。换句话说，服务的提供与其财政支持相分离，以便私人和民间团体在内的不同供给方可以相互竞争，提供服务。她还指出，准市场通常依然由政府高度调节，政府要控制诸如新供给方的准入、投资、服务的质量和价格，这对需求方来说通常是免费的。如前所述，20世纪80年代英国、美国教育改革的一个主要特征就是在新自由主义思想指导下的"教育市场化"，在法国、日本和俄罗斯同样存在着不同程度的教育市场化取向的改革举措和局部探索。

第二，质量评估成为政府指导和调控公共教育的重要杠杆，各国纷纷建立了完善的质量评估制度，将内部评估与外部评估结合起来。一方面，各国政府肯定学校在质量评估中的重要作用，鼓励它们积极开展自我评估并参与外部评估。另一方面，通过改革原有的评估机构和创建新的官方的、非官方的评估机构，完善外部评估体系。同时，评估的方式和目的也出现了变化。这种变化主要体现在评估的目的和评估时间上，即用后验性评估（a posteriori evaluate）取代了先验性评估（a priori evaluate），评估的重点从关注过程到关注结果，从关注输入到关注输出，并将评估结果与对学校的拨款挂钩（蒲蕊，2006）。

例如，英国在 1992 年成立了教育标准局，该机构独立于教育与技能部，主要负责全国督导机构的宏观管理、协调与监督，以及有关教育督导的政策、规划和编制的制定。教育标准局成立之后，先后多次对学校督导评价的内容、指标和标准进行了修改。1994 年，首次颁布了《学校督导手册》，其中的"学校督导框架"规定了学校督导评价四个方面的内容：学校教育质量，学校所应达到的教育标准，学校对教育经费等资源管理是否有效，学生在精神、道德、社会和文化方面的发展。2012 年，教育标准局再次修订学校督导评价标准，规定了学校督导评价五个一级指标：总体效能、学生成绩、教学质量、学生的行为与安全、领导与管理。再如，俄罗斯在普京总统执政期间，加强了联邦中央对地方教育的监督与控制，成立了教育委员会、监督委员会、管理委员会、监察委员会等教育管理机关，对地区和学校教育活动的开展进行监督。

第三，教育分权改革的关键是逐步分解集权化的教育管理机构，给予地方和学校更多的弹性与自主。为了确保必要的统一性，以及持续提升教育质量、效益及公平，教育绩效问责成了一种重要的制度和手段。例如，从美国的教育改革来看，《改进美国学校法》（1994 年）规定了联邦教育部、州、学区等不同层面的评估，并对教育绩效问责提出了具体要求。1999 年 4 月，加利福尼亚州立法机构通过《公立学校绩效责任法》，该法力图对有关标准教育系统的一些基本问题做出明确回答，如谁应该负有责任，负责什么，如何负责，具有什么激励、干预和支持措施等。2001 年，美国已有 49 个州政府制定了课程标准，而且大部分州也建立了和标准相联系的评价制度，有 33 个州建立了基于表现的绩效责任制度。

二、存在的差异

为了更准确地认识五个国家的教育分权改革及学校自主管理的变革，不能仅仅分析其改革的相似性，也有必要谨慎审视在政策及改革趋同中存在的差异。这种对差异性的分析，能够帮助我们避免在借鉴其他国家的经验时陷入"错误的普遍主义"的泥潭。

（一）不同层级教育决策主体权责变化存在差异

尽管所选的五个国家的教育改革均呈现出分权化及学校自主管理的共同趋势，但是，由于制度、文化背景和传统等方面存在差异，中央、地方和学校等三级主体的教育决策权存在明显差异。

对于具有长期地方分权制传统的国家来说，联邦政府或中央一级在教育分权改革中加强了对教育的控制与影响。有学者在研究了英国《1988 年教育改革法》对教育改革的影响后，得出了中央政府只得不失、地方政府只失不得、学校有得有失的基本特点。英国联邦教育部通过设立国家统一课程和标准化测评体系，设置教育标准局、资格与考试管理局及直接拨款公立学校，加强了中央政府在把控国家教育质量、提高学校自治效能等方面的干预作用，地方教育当局的管理权限一直处于被下放、被剥夺的境地。美国一方面通过颁布联邦法案、加大经费投入、强化绩效责任制等举措，增强联邦政府对教育的宏观影响作用；另一方面，也强调州、地方学区和学校的自主权与灵活性。特别是在奥巴马执政时期，除了继续保障地方和学校在联邦经费和资源配置方面的自主权，还允许学校在问责机制框架下享有充分的自主管理权。

对于中央集权制的国家来说，教育分权改革的重点是中央政府简政放权，扩大地方和学校的教育决策权，突出地方在纵向教育管理体制中一直被忽略的地位，充分发挥地方政府管理教育的便利与优势。当然，中央集权制国家在扩大地方政府与学校的教育管理权的同时，其中央政府依然保留了它独自享有的重要职权，以便始终保持对整个国民教育体系的控制。例如，1983 年以来，法国有关教育权力下放与分散的法令加强了地方政府与学校的自主性和职责范围，但初等和中等教育教学工作并没有下放给地方政府和学校，教学的内容和组织必须遵循国民教育部的有关规章。开设小学、初中、高中及学校运作所需要经费的分配，尤其是人员职务的分配，是教育部部长或其代表的权责。此外，所有人员的录用、培训和管理都是国民教育部有关部门的职责，教学支出仍由国家负责。

（二）教育权力重新分配背后的理念存在差异

学者 Lauglo（1995）认为，"分权"不应是一个单一的概念。为此，他区分了与大众教育制度的传统官僚集中制相关的 8 个选项，其中 4 项反映了权力重新分配时的政治合法化的不同，另外 4 项反映了在办学效益和办学质量上的不同主张（表 7.9）。显然，Lauglo 的研究说明了教育分权背后存在着的理念上的差异，而这些差异也导致了不同国家教育分权模式及权力运行方向的不同。

表 7.9　不同的分权形式所具有的内涵

项目		官僚集权制的替代理念	决策权分配中的重点	评估与监控学校教育实践的手段
政治理论基础	自由主义	广泛分散，如对以相当"庞大"的单位为形式的强大的地方政府的分化；私人办学；市场机制；职业自治	市场力量或职业自治；微弱的国家管理
	联邦主义	联邦政府的权力弱小；没有进一步的规定	没有推论
	平民论的地方民主	"社区"层面的强大的地方政府；家长控制	通过地方事务得到的非正式反馈
	参与式民主	弱小的"外部"控制；集体"内部决策"；固定的内部结构	只有"内部"参与；集体操作；来自基层的管理
质量与效益	教师职业特性	教师个人自治；弱小的"非职业"自治	职业自我调控；相互考评
	目标管理	强大的学校管理；对结果和开支的外部监督	与目标和预算成正比的成绩指标
	市场机制	竞争；强大的学校管理	消费者的要求；对学校的鉴定
	分权	区域层面强大的政府机关；区域层面统一的部门规划	管理信息系统

资料来源：Lauglo（1996）

　　可以说，这八个选项在我们选取的五个国家中都得到了程度不同但往往是同时的强调。首先，新自由主义在所有的国家都得到了强调，在英国最为典型，它与新公共管理密切相关，并整合了市场机制和目标管理。其次，一些国家在改革中，认为分权与教育的性质和教师的职业特性密切相关，教育应该由专业人士管理。这种理念在美国、日本、俄罗斯的分权改革中被不遗余力地坚持。最后，强调地方民主参与也是教育分权改革的一种重要理念。这里需要具体分析地方民主管理。毫无疑问，平民论的地方民主与参与式民主是不同的。在平民论的地方民主中，"普通人"的权利与精英分子（教育职业人士）的权利相对立。所以，平民论的地方民主参与强调社区层面强大的地方政府和家长控制，削弱学校层面和教师的自主权。参与式民主则强调削弱外部控制，包括中央的和地方的、社区的，强调内部的参与和集体决策。从我们比较的国家来看，地方政府对教育的管理在美国、英国受到质疑，而在日本、俄罗斯、法国得到加强。此外，家长参与、社区参与在五个国家均得到了强调。

（三）学校办学自主权程度上存在差异

　　教育分权改革在不同程度上扩大了学校的办学自主权，推进了学校面向市场自主管理。但是，制度、文化、传统等方面的差异，以及所要解决的具体教育问题的不同，导致了各国在学校办学自主权方面存在着差异，即使是同一种教育管理体制类型，学校办学自主权也存在着细微的不同。与美国、法国、日本、俄罗斯等国家的学校相比，英国学校的自主办学权限更大，范围更广。2008 年，经济合作与发展组织公布的各成员国初中阶段公立学校自主决策统计数据证实了这一结论。

经济合作与发展组织从教学组织管理、人事管理、规划与结构管理、资源管理等四个方面，调查了中央、地方和学校等三个层面，统计了公立学校管理事务决策权上的配比情况。如表 7.10 所示，在中央、地方和学校三个层面，英国学校的综合决策权占比达到 91%，法国学校的综合决策权占比 39%，日本学校的综合决策权占比 21%。具体来看，在教学组织管理和资源管理方面，英国学校可以完全独立地进行决策，人事管理决策权占比 83%，规划与结构管理决策权占比 80%。对于法国的学校来说，与其他三项决策相比，教学组织管理决策权占比最高为78%，其后依次为规划与结构管理决策权（占比 33%），资源管理决策权（占比 33%），人事管理决策权（占比 13%）。日本的学校，四项学校事务决策权占比分别为：教学组织管理决策权占比 56%，人事管理决策权和资源管理决策权占比均为 0，规划与结构管理决策权占比 30%。

表 7.10　三国公立学校管理事务决策权在本国占比情况

国家	教学组织管理决策权	人事管理决策权	规划与结构管理决策权	资源管理决策权	综合决策权
英国学校	100%	83%	80%	100%	91%
法国学校	78%	13%	33%	33%	39%
日本学校	56%	0	30%	0	21%

资料来源：OECD（2008）

总之，通过比较分析发现，伴随全球化进程的加快及信息技术的发展，西方五国在教育分权改革及学校自主管理方面中存在着四个方面的共同特征：政府角色及其教育管理权责出现明显变化；保障学校自主办学权；保障家长与社区参与，提高家长选择权；市场机制、评估与问责成为重要手段。但是，由于制度、文化、传统等方面的差异，西方五国在教育分权改革及学校自主管理中存在着明显的差异，包括不同层级教育决策主体权责变化存在差异、教育权力重新分配背后的理念存在差异、学校办学自主权程度上存在差异。

第八章　落实和扩大学校办学自主权的机制体系

党的十八大以来，在习近平新时代中国特色社会主义思想的指导下，为了实现社会主义现代化和中华民族伟大复兴的总目标，教育管理体制开始了全方位系统化改革，管办评分离、落实和扩大学校办学自主权得以进一步推进，学校内部治理结构得以进一步完善。

纵观三十多年来我国落实和扩大学校办学自主权的改革实践，在取得诸多进展的同时，依然困难重重，一些突出问题尚未得到很好解决。如前文所述，政府对学校管得太多、干扰太多的问题依然存在。其他学者的一些研究也证实了这一点：省级及以上教育行政部门的禁令太多，限制了学校的办学自主权，学校按照统一的要求、统一的程序、统一的节奏、统一的模式来培养学生，导致全国学校办学出现同质化，学校办学缺少特色；县级教育行政部门仍旧权小责大，教育行政部门既没有财权也没有人事权，难以真正发挥其在落实与扩大学校办学自主权中的作用等（廖其发，2017）。中小学应有的办学自主权不高也导致符合学校发展需要的教师进不来，长期达不到教育教学要求的教师又无法解雇；按目前绩效工资制度，学校能够自由裁量的比例偏低，导致教师不太愿意承担班主任和毕业班教学等付出较大的任务；学校缺乏对校级副职（有些地方甚至对中层干部）的选拔任用权，导致副校长和中层执行力不强；区（县）在学校教学方法上包揽过多（冯大鸣，2018）。此外，尽管学校章程建设及学校内部治理不断推进，但是，依章程办学的意识未深入人心、学校章程的法律效力在执行中被漠视、章程建设缺乏民主有效的监督（陈立鹏等，2011）、学校内部治理结构有待优化等问题尚未解决（范国睿，2017）。

《中共中央关于制定国民经济和社会发展第十四个五年规划和二〇三五年远景目标的建议》明确提出了建设高质量教育体系。在新的历史发展阶段，要真正落实和扩大学校的办学自主权，解决在改革推进过程中存在的突出问题，不仅需要转变观念、完善相关的法律法规政策、确定明确的目标，更需要创建有效的、可操作的机制体系。为此，本章将以机制设计理论、治理理论、权利及权力等理论为依据，以实证研究为基础，吸收国别研究的有益内容，结合我国教育高质量发展阶段对学校自主办学的新要求，构建具有中国特色的、科学有效的机制体系，以此推进政府进一步简政放权、落实和扩大学校的办学自主权。

第一节　机制体系的构建依据

任何机制体系的创建，首先需要思考的问题都是其构建依据。对于落实和扩大学校办学自主权的机制体系来说，其构建依据涉及机制体系要达成的目标及激励相容问题。

一、达成目标

任何一种机制体系的构建，都要达成一定的目标，落实和扩大学校办学自主权的机制体系概莫能外。由此带来的问题是，在高质量发展阶段，对于落实和扩大学校办学自主权的机制体系来说，要实现的目标，特别是终极目标是什么？对于这个问题的回答，需要考虑以下两个问题。

第一，学校的本质属性及其职能使命。对此，孟宪承（1937）指出：于家庭、邻里以外，社会供给儿童发展一个特殊环境——学校。学校是专为教育而存在的：行为的变化、技能和知识、理想的获得，在学校里有计划地进行。在别的社会环境里，刺激是很复杂的，在这里却化成简单；是互相冲突和混乱的，在这里却选择而组成秩序；刺激和反应的联络，原需经过浪费的尝试，在这里也因指导而可以经济地构成。总之，学校是一个控制性的环境。尽管随着社会与科学技术的发展及人们对学校与社会间关系的认识变化，学校的性质与职能不断发生变化，但是，学校是专门从事教育活动、以培养人为目的这一根本属性和职能从未改变。

第二，教育分权改革与学生发展的关联性，即落实和扩大学校办学自主权，是否会自动促进教学质量提高和学生的学习及学业进步。诸多研究结果显示，学校办学自主权的大小、办学自主程度的高低与教学质量高低并无直接关联，办学自主权高的学校也未必更有利于办学绩效的提高。苏珊·莫尔·约翰逊等学者研究发现，由于特许学校（特别是规章程度最高的州管特许学校）基本不受外部管理规章的约束，某些学校在管理上随心所欲，学校在管理上获得的自主与自治并没有进一步转化为教师的专业自治，在许多情况下，专业人员的利益既得不到保障也无处申诉。因此，学校规章程度的增强，并不意味着教师工作环境的自然改善，并非一定有利于教师的专业发展，因此也不一定有利于学生学习结果的改善（冯大鸣，2004）。富兰（2005）对教育变革的研究结果同样证实了这一结论。他认为，所有的变革都需要三个方面或要素，即使用新的或修订后的材料的可能性、使用新的教学方法的可能性、改变信念的可能性。当它们在一起时才代表了实现一种特定的教育目标或者一系列教育目标的方式。这些研究结论促使我们去反思政府简政放权、落实和扩大学校办学自主权应追求的目标。落实和扩大学校办学自主权的目标，不应仅是单纯追求政府的放权程度，不应仅是学校办学自主权的大小，也不应是形式化的教师和学生的民主参与、家长社区的参与管理，而应将放权和分权的重心落在改进教师的教和学生的学上，围绕学校育人目标改变教师和学校管理者的行为方式与观念，进而改变课堂教学和学生的学习，促进学生德智体美劳全面发展，否则就可能使改革行动走向不切实际的方向，或者是陷入"浮夸风"的危险。

基于此，在高质量发展阶段，落实和扩大学校办学自主权的机制体系，要达成的终极目标应是，通过机制体系推进学校依法自主办学，促进学校形成办学特色和满足学生个性发展需要，培养德智体美劳全面发展的社会主义建设者和接班人。为了实现这一终极目标，我们需要创建一种具有中国特色的、科学合理的机制体系，这种机制体系能够明晰政府的简政放权与学校办学自主权的尺度、内容及范围，科学配置学校的内部权力，以便使来自政府的管制、绩效问责、监督以及学校办学自主权的行使，都能推动学校发生实质性的变革——人的观念和行为方式的改变，从而为培养德智体美劳全面发展的社会主义建设者和接班人这一育人目标服务。

二、激励相容

在机制体系的创建依据方面，涉及的第二问题是激励相容（incentive compatibility）问题。激励相容是机制设计理论中的重要概念。该理论的奠基者Hurwicz（1960）认为，机制的实质为一个信息交流系统，在这个系统里所有的参与者都在不断地互相传递信息，而这些信息并不一定能真实反映参与者对公共物品的支付意愿，但每个参与者都在尽力谋求自身利益最大化。由此带来的问题是，对于任意一个给定的经济或社会目标，在自由选择、自愿交换、信息不完全对等分散化决策条件下，能否设计及怎样设计出一个机制，使活动参与者的个人利益和设计者既定的目标一致。这就涉及激励相容问题，即在机制设计者不了解所有参与人基本信息的情况下，机制设计的一个重要原则就是使参与者显示真实偏好策略成为占优的均衡策略，这就是激励相容的机制设计。

落实和扩大学校办学自主权，同样涉及多元利益主体、错综复杂的权责关系、信息不完全对等和分散化决策。一方面，从学校与外部的关系来看，涉及学校与教育行政部门及政府其他相关部门、家长、社区及其他社会性组织等多方主体、多种组织之间权责配置的变化。另一方面，从学校内部来看，关涉到党政之间、书记、校长及中层管理者、教师个体及其学术性组织、学生、家长及家长组织等多元主体的权责及利益变化。在落实和扩大学校办学自主权的过程中，不同的个人、群体和组织机构有不同的目标、需求和利益诉求，并试图将自身利益最大化，这势必会导致个人利益、群体利益、公共利益之间的矛盾和冲突。要解决这一问题，使每个参与者的个体利益、目标与组织的既定目标相一致，需要依据激励相容原理创建机制体系，即通过建立有效的机制，激励每个参与者，充分调动政府管理人员、校长、学校中层管理者、教师、学生、家长、社区组织等各方主体的积极性，在保证多方参与者实现个人利益的同时也能实现机制设计所追求的整体利益，各主体之间是激励相容的良性合作循环。在这种情况下，即便每个参与者按照自利原则制定个人目标，机制实施的客观效果也能达到设计者所要实现的目标，且没有人因参与这个机制而使情况变坏。

第二节 机制体系的构成内容

机制设计理论指出机制实现的关键是要设计出能够充分调动各方参与者积极性的激励，进而使各参与者达成最大公约数的共识，在实现各参与者利益的同时也实现机制的整体利益。对于学校办学自主权来说，学校办学自主权是否得到有效落实、学校活力是否得到有效激发、办学资源是否得到有效利用、各参与者之间是否激励相容是判断一个机制是否科学的四个重要依据。因而，在高质量发展阶段，为了有效地落实和扩大学校的办学自主权，有必要从分权、管制与保障等三个维度创建具有中国特色的机制体系。

一、分权维度

落实和扩大学校的办学自主权，涉及政府多个教育管理部门、学校内部的校长、教师、学生及家长等多元主体的利益，以及由此带来的错综复杂的权责关系。因此，需要从政府与学校之间的权责配置及学校内部两个维度设计分权机制，才能真正将学校办学自主权落到实处，推进学校依法自主办学。

（一）政校之间的分权机制

现阶段，一些地方的政府对学校办学的过多直接干预依然是学校办学自主权难以落实的重要原因。为此，应进一步推进政府教育行政和学校办学的清单管理制度，建立完善的权力清单、责任清单和负面清单管理制度，科学划分各级政府对学校的管理权限和职责。具体来说，一是用清单制度明晰政府和学校的权责，规定教育行政权的边界，真正实现教育行政管理权力的"瘦身"。二是用清单制度规范政府权力和学校办学自主权的行使，明确规定政府的教育管理权责和学校办学权责。

（二）学校内部的分权机制

　　鉴于落实和扩大学校办学自主权的终极目标是"育人"，所以，现阶段尤其需要在学校内部形成有效的分权机制，保障教师的教学自主权、学生的学习自主权，以及包括家长在内的利益相关者的民主参与权，进而改变教师的教和学生的学。

　　具体来说，一是要完善学校内部的民主决策机制，充分尊重并保障教师、学生、家长的知情权、表达权、参与权与监督权，优化学校内部治理结构，以此凝聚共识，调动各方的积极性。二是创建保障教师教学自主权的机制。在政府向学校下放教育教学自主权的同时，校长及学校其他管理者应把教学选择权、学生评价权、惩戒权、教学改革权等切实还给教师，在学校治理中尊重并保障教师的专业自主权，让教师能够开展个性化的教学。三是创建尊重并保障学生学习自主权的机制，创造条件让学生有权自主规划、自主选择适合自己的教育，使学生现有的被动学习状态转变为主动学习状态。

二、管制维度

　　绝对的权力，导致绝对的腐败。因此，要有效落实和扩大学校的办学自主权，实现既定的育人目标，在机制体系的创建中必须对权力进行有效的监督和制衡。

（一）监督与制衡机制

　　落实和扩大学校办学自主权，涉及多种组织和多元主体。其中，党委政府、教育主管部门、发展和改革委员会、机构编制委员会办公室、人力资源和社会保障局、财政局等组织机构发挥着重要的宏观领导、监督、调控作用。学校中的校长、中层管理者、教师、学生、家长及第三方评价机构等主体同样发挥着重要的主体作用。落实和扩大学校办学自主权存在工作难度大、牵涉面广、收效成果滞后等问题，容易导致懒政怠政、敷衍塞责等"道德风险"。鉴于此，需要优化政府依法行政、学校依法自主办学、社会有序参与的监督与制衡机制，保证个体的利益与整体利益相一致。

　　具体来说，一是细化党委政府各部门的职责职能，厘清不同部门之间的权责边界与奖惩机制，畅通监督渠道，通过清单制度管住重点环节和关键点，对履责尽责不力的政府部门及个人进行问责，避免教育管理中的越位、缺位和错位，保障政府权力在法定范围内、依法定的程序行使。对于已下放的权力，党委政府督查部门要加强对下放权力落实情况的督查，确保下放的权力都能放得下，不出现"肠梗阻"，及时有效发挥作用。

二是完善对学校办学自主权行使的规范与监督，激发学校自主办学的积极性。鉴于目前学校自主办学信心不足、意识不强等，应重视对学校依法自主办学的正向激励。通过建立方向正确、程序公正的激励机制，有效整合物质奖励、精神奖励与职务奖励等不同的奖励内容，帮助校长树立依法自主办学的信心，调动校长和教职员工依法自主办学的积极性，提高学校依法自主办学的能力。

（二）学校办学绩效责任机制

培养德智体美劳全面发展的社会主义建设者和接班人，需要学校持续改进以提高办学绩效和办学质量，这也是落实与扩大学校办学自主权的初衷之一。为此，有必要根据分类管理、分类指导和分类规划的原则，建立具有中国特色的学校办学绩效责任制度，制定绩效评估指标体系。

尽管英美等诸多国家的教育绩效责任体系花样繁多，在同一类绩效责任制中的具体标准和实施策略也常常存在差异，但是，依然存在一些共同的假设和行动原则：绩效责任制度应该与教育目标保持一致，学校是绩效责任的基本单位；消极的制裁措施将激励教育者更加努力地工作，进而提高学生的学业成绩；绩效责任措施应该伴有能力建设；确定目标、规划、监控结果对提高教育质量是极为重要的；一些学校不只是得到帮助，它们应该予以关闭、重组或者接管。显然，完善的绩效责任制度，需要设立明确的目标，制定明确的奖惩机制，并为表现不好的薄弱学校提供必要的支持和协助。此外，可以将学校放权的程度、范围与学校办学绩效结合起来，对办学绩效好的学校，赋予更大程度和范围的办学自主权，并给予奖励；对于办学绩效差的学校，要及时指导协助其改进，适度减少办学自主权。这里的指导和协助，不仅包括来自政府的技术协助，如帮助学校制订改善计划，提供学生学业提高的策略等，还应包括学校改善、教师专业发展的经费资助以及来自专家的协助（蒲蕊，2012）。

三、保障维度

落实和扩大学校办学自主权既不是一蹴而就的，也不是一成不变的静态，而是一个需要持续改进、努力创新的动态过程。因此，需要建立完善的保障机制，为鼓励政府和学校创新管理方式、支持多元主体参与提供动力和保障支持。

（一）领导协调机制

学校办学自主权的真正落实需要党的全面领导和政府的宏观管理与调控。一方面，对于我国学校来说，要有效落实办学自主权，坚持社会主义办学方向，必须要有党的全面领导和各级政府的宏观管理与指导。具体来说，一是各级党委政府应根据国家有关教育"放管服"、学校自主办学方面的政策文件，制定出本地区扩大并落实学校办学自主权方面的政策与工作方案，指导并监督本地区的学校依法自主激发学校的办学活动，保障学校的社会主义办学方向。各省市所制定的政策与工作方案应厘清学校自主办学各环节的具体内容与工作流程，明晰各级党委政府、学校、家长和社区等各主体的权责。二是各级党委政府要通过制度改革与创新，去除与落实学校办学自主权、给学校"松绑"不相容的管理制度，从根本上扭转政府对学校干预过多、学校管理僵化的弊病。与此同时，要提高各级党委政府的教育治理能力，明确党委政府和教育主管部门对学校的管理权责，统筹协调政府内部的发展和改革委员会、教育行政部门、人力资源和社会保障局、财政局、机构编制委员会办公室的教育管理职能，破除利益固化藩篱，理顺教育管理的府际关系，有效形成工作合力，减少对学校办学的直接干预和过度干预。

另一方面，加强学校内部的党组织建设，发挥党组织的政治核心堡垒作用，把党的思想政治组织优势转化为学校办学自主权的落实优势。具体来说，一是要完善学校内部的党组织设置，充分发挥党组织的战斗堡垒作用和党员的先锋模范作用，依靠强有力的基层党组织建设激发各方主体的积极性和学校自主管理动力。二是强化学校内部党组织的政治功能，在一些重大决策事项和重要问题上加强党组织的政治把关，保障学校办学的社会主义方向和办学自主权的依法行使。

（二）信息公开与共享机制

任何旨在预防和解决公共争议的措施的执行，其基础必然是拥有一个充分知情的公众群（Connor，1988）。对于学校的办学自主权而言，中央、地方乃至学校、家庭所拥有的信息并不对等，由于分散决策、信息不完全、自由选择等的存在，各方主体在改革中并不一定表露其真实偏好，从而较难达成整体利益的最大化，致使落实和扩大学校办学自主权的目标难以达成。因而，无论是政府还是学校，都有必要完善信息公开与共享机制，推进政务公开和校务公开，为教师、学生、家长和社区的民主参与创造有利条件，推进不同个体、不同群体和不同机构间的信息交流与共享。

建立信息公开与共享机制是使信息资源得到充分共享与有效利用的途径之

一。信息公开与共享是互联网时代尤为重要的一个特征，信息共享不仅能降低不同部门、单位或个人搜集信息的时间与成本，同时还有利于节约社会成本、提高信息的使用效率，创造更多的社会财富。因此，政务公开和校务公开，应坚持公开是惯例，不公开是例外的原则，在充分论证的基础上，依法科学认定信息公开属性、范围和具体事项，确定政务公开和校务公开的范围、程序、反馈、监督。学校的校务公开尤其应重视学校重大事项和事关利益相关者切身利益的决策，应及时主动公开决策的依据、条件、要求和结果，充分保障利益相关者的知情权和监督权，使学校的决策和管理公开透明。

此外，有必要构建国家级、省级、市级、县（区）级和校级的学校办学信息共享平台，使不同层级、不同部门之间的信息得以交流与共享。信息共享平台的建设不仅能降低地方政府、学校、家长及社会性组织信息收集的成本，增加信息的公开度与透明度，为教师、学生、家长和社区的民主参与创造有利条件，而且，还可以提高党委政府、学校、社会性组织各主体的工作效率，破解传统行政体制烙印下学校办学信息获得不对等的弊端。

（三）能力建设机制

现阶段，落实和扩大学校办学自主权重心已经逐渐从外部的政府简政放权，转向学校内部治理结构完善及改进。这种转变意味着，迫切需要创建一种能力建设机制，并通过这种机制改变教师和校长的知识技能、行为方式、态度观念。从世界各国的经验来看，能力机制的创建需要政府的顶层设计和保障支持，包括建立并完善绩效责任制度、确立教师和校长专业发展及培训的标准、建立外部机制以提供专业发展及技术上的支持、吸纳和培养优秀的教师和校长、完善组织机构和分配资源等。

此外，高质量发展阶段尤其应重视在学校内部创建专业学习共同体文化及其机制，指导全体教职员工在一种高度互动的、专业学习的环境下开展工作。这种有目的的互动、学习和交流，有助于教师把从专业发展课程中学习的理论知识和技能向课堂教学实践转变，不断审视并改进教学，并形成一种关于学生发展的集体责任感。Rosenholtz（1989）的研究证实了专业学习共同体文化及其机制在学校能力建设中的重要性。他认为，在学习充足的学校中，人们一般认为教学改进是一项集体事业而不是一种个人事业，教师得到改进的条件之一就是与同事合作进行分析、评价和试验。教师信任、珍视共享的专业知识技能并使这些知识技能合法化，听取别人的建议并给予校内外人士帮助。他们更可能成为本职工作内越来越优秀的教师。

当然，专业学习共同体文化及其机制的创建需要校长发挥重要的领导作用。

一方面，校长应推进学校内部组织机构的变革，提供并鼓励成员发表意见的机会，优化真实畅通的沟通渠道。另一方面，校长要善用学校全体教职员工的专长，鼓励教师们专业互享，并使这种专业互享学习成为全体成员在学校中的一种生活方式。具体来说，如果教师已经主动进行同僚之间的教学专业互享学习，校长可以通过鼓励与增强，以推广其参与层面与成效；若学校仍未有这样的风气，在促进同僚专业互享学习的初期，可以特别强调某些行为或活动，由外而内，刻意地形成风气，渐渐转化成为教师的内在动力（林明地，2006）。

第三节　机制体系的构建策略

实践证明，要构建具有中国特色的、科学有效的机制体系，切实有效地落实和扩大学校的办学自主权，推进学校依法自主办学，不仅需要各级政府进一步简政放权，更需要从法律法规制度体系、校长管理制度、学校内部治理等方面，系统思考行动的策略。

一、推进教育法治建设，落实清单制度管理

我国从 1985 年颁布《中共中央关于教育体制改革的决定》开始，在教育管理体制改革中主张政府简政放权、落实和扩大学校的办学自主权。但是直到今天，依然存在政府对学校办学的直接干预较多、学校办学自主权难以落实、学校办学活力不足等问题。尽管有诸多原因导致这一问题，但是一个非常重要的原因是法律法规体系尚不完善，由此导致政府间、政府与学校、学校与社会间权责不清。

党的十八届四中全会通过的《中共中央关于全面推进依法治国若干重大问题的决定》明确指出：法律是治国之重器，良法是善治之前提。因此，要构建有具有中国特色的学校自主权落实和扩大的机制体系，首先需要完善法律法规制度体系，落实清单制度管理。

（一）加快立法进程，尽快出台"学校法"

我国目前急需制定非组织法性质的"学校法"原因在于，我国现行的教育法律体系是按照教育的不同层级和阶段进行立法的，对于微观层面的教育法律关系的规范还比较薄弱，尤其是学校作为教育的具体实施者，现行法律关系还没有形成具体、完备的法律，规范学校的法律地位和运行机制（马怀德，2007）。调查也发现，一些地方在政府简政放权、学校依法自主办学的改革探索中，存在着地方

政府不清楚具体应放哪些权、放多大权，校长不清楚自己学校应有哪些办学权、家长应有哪些权等问题。因此，要真正做到政府简政放权、激发学校的办学活力、增强学校内生的办学动力，单纯依法界定政府的教育管理权限是不够的，还需要尽快出台"学校法"，以明晰学校的自主办学权限，划分权责边界。这样，不仅能够避免学校办学自主权的滥用和误用，也可以保障学校办学自主权不被侵犯。

"学校法"应包括以下内容：第一，明确界定学校的办学自主权及政府教育管理权限。一方面，"学校法"应规定学校的法律地位、学校的权利和责任，赋予学校办学自主权，并体现出不同类型、不同学段的学校办学自主权的差异性。另一方面，"学校法"不仅要规定学校的权利和义务，还应该对政府的管理权责做出规定。政府与学校关系调整，以及学校办学自主权能否落实、学校能否依法自主办学，其关键在于政府真正转变职能。因此，"学校法"需要对政府的教育管理权责做出明确规定，从政府与学校两个方面分别明确各自应该做什么，厘清二者的权限及行为。尤其应该注意的是，在"学校法"中，应明确政府及相关部门在经费拨付、教师、办学质量、学校建设、办学环境等方面的主体责任，加强对政府履职尽责行为的监督。

第二，明确学校内部的组织机构、运行规则及相关机制。"学校法"不仅应规定政府和学校各自的职能权责，还需要对学校内部的组织机构、领导制度、多元主体的法律关系做出明确规定，在学校内部建立起完善的内部治理结构。需要重视的是，学校办学自主权不等于校长权力，学校办学自主权的落实涉及学校内部的二次分权。因此，"学校法"应该明确学校与校长、学校与教师、学校与学生之间的权利和义务，赋权于教师和学生，保障教师的教学自主权、学生的学习自主权及参与权。

第三，明确社会对学校办学的参与和监督。学校不是一个封闭的系统，学校办学自主权的落实和扩大不仅涉及政府简政放权和有效监督，也涉及社会的有序参与和监督。因此，"学校法"应明确家长、社区、社会性组织的参与教育和监督教育的权利和义务，保障社会的有序参与和有效监督。

（二）修订或出台社会参与方面的法律

家长和社会参与学校治理已经成为一种共识。本书的调查结果显示，家长、社区、社会性组织的教育参与，不仅仅存在参与有限和参与不足问题，也存在参与社会主体的参与权责模糊、边界不清等问题。因此，要完善学校内部治理结构、实现社会有序参与，急需修订或出台社会参与方面的法律，从法律制度上予以规范。

为此，建议出台家长及家长组织教育参与方面的法案。从西方发达国家教育分权改革的经验来看，大多从法律的高度明确家长教育参与权责。例如，英国在1991 颁布了《家长宪章》。该法案进一步明确了家长的择校权及家长应该享有的知情权。在 2005 年颁布的教育白皮书《为了全体学生：更高的标准，更好的学校》中，英国政府再次明确了家长塑造学校系统和家长驱动学校改进的政策理念，规定了保障家长的择校权、知情权等方面的具体途径（DfES，2005）。因此，为了确保家长及家长组织的有序参与，有必要出台相关法律法规，明确家长和家长组织参与学校治理的权责、参与内容和范围、参与方式和机制，在保障家长及其组织参与权的同时，规范其参与行为，使社会参与做到有法可依。此外，应进一步完善相关教育法律法规，保障并规范社会组织的教育参与。

（三）推进清单制度的有效实施

权力清单、责任清单、负面清单等清单制度，明确规定了政府和学校应该做什么、不能做什么、应该负什么责任。实施清单制度管理，能够有效地把权力放进制度的笼子里，规范政府管理权力和学校办学自主权的行使。因此，要有效落实和扩大学校的办学自主权，应进一步推进政府教育行政和学校办学的清单管理制度实施。

第一，清单制度有利于实现权力的法定化、明晰化和具体化。现代法治的核心是规范公权，保障私权。公权力本身天然存在自我膨胀与扩张的趋势，如果不对其进行规范，就必然导致对私权利的侵害。因此，一方面，要用权力清单规范政府权力，梳理各级政府及其人员在教育行政许可、教育行政处罚、教育行政强制、教育行政收费、教育行政检查等方面的权力，详细列举公权力部门及其工作人员的权力范围、内容、行使等相关要素，并向社会公开。另一方面，用权力清单规范学校办学权。调查发现，现阶段在学校办学自主权问题上，既存在办学自主权不足，也存在办学自主权滥用、误用的问题及风险。因此，要避免"一放就乱"的风险，同样需要用权力清单、责任清单和负面清单制度约束和规范学校办学自主权的运行。在对学校清单制度管理方面，工作的重点应落在根据不同类型的学校、不同学段的学校及不同办学水平的学校，将教育教学自主权、人事工作自主权及经费使用自主权等三个维度的办学自主权以清单的形式具体化，明确规定在此三个维度上，学校应该有哪些、有多大程度的办学自主权，具体应负什么责任，哪些是学校不能踩的"红线"。

调查也发现，在我国的一些地区已经尝试开展学校权责清单制度管理，要求试点学校采取"一事一单一制度"模式。学校权责清单中的每一项需要严格按照法律法规、学校章程及规范性规章制度进行细化，经教育行政部门审核后予以公布，接受社会监督。在清单制定过程中，尤其重视广大教职工、学生及其家长的参与。同时，推行管理负面清单制度，在学校办学、育人、安全稳定、民主治校、师德师风、办学满意度、党风廉政建设等方面规定学校不能踩的"红线"。

第二，清单制度有利于政府简政放权和学校依法自主办学。如前所述，现阶段落实和扩大学校办学自主权过程中存在的主要问题之一，依然是政府直接干预过多、学校办学自主权有限，因此，需要政府进一步简政放权，真正实现教育管理权力的"瘦身"。按照负面清单管理模式，凡是未明文禁止的法律空白地带，市场主体即享有行为自由和经营自由，而无须政府机构的审批和干预。因此，应将权力清单与负面清单结合起来，在制定政府教育管理权力清单的过程中，既要明确权力运行的边界，又要根据简政放权的精神，规限教育行政权的范围，将该放的权力放下去。

第三，清单制度有利于对权力的监督。制定权力清单、责任清单、负面清单的目的并不只是划分政府、学校权责的范围，更重要的目的是通过将清单向社会公开，对公权力的行使形成更有效的监督。因此，在"列单"的同时，还需要进行"晒单"与"跟单"。"晒单"即向社会公开。有效监督的前提是要公开透明。因此，教育行政机构及学校应以合适的方式向社会公开其各项权力内容、范围、权力行使的实际流程及其产生的具体结果，建立权力清单、责任清单和负面清单的公开透明网络，进一步扩大政务公开和校务公开力度，以便教育多元利益主体实施有效监督。"跟单"一方面是指教师、家长、学生、社会公众等根据清单对政府教育行政权和学校办学自主权的行使进行监督。另一方面，也是指政府相关部门及教育督导机构对清单制度的实施情况进行监督和监察，对违反清单的行为进行问责，并将是否违反负面清单规定纳入教育行政部门、政府其他相关部门和学校的考核评价体系，强化责任追究。

二、政府简政放权，依法行政

笔者调研发现，现阶段，政府对学校办学的干预较多依然是学校办学自主权难以落实的重要原因。因此，转变政府职能、依法行政，创建个性化的教育分权机制，是落实和扩大学校办学自主权的重要前提。

（一）明晰政府管理学校的权限和职责

科学划分各级政府管理学校的权限和职责，把属于政府管理权限之外的学校办学权和社会性组织的参与权坚决地下放，是建立健康的政府与学校关系、政府与社会关系，落实和扩大学校办学自主权的关键。

一方面，要坚持政事分开、政校分开，避免政府管理职能的越位、错位和缺位。为此，应进一步推进依法行政，转变政府职能，确立政府在顶层设计规划、法律法规制度供给、协调统一性与多样性、监督和保障教育公平和社会参与方面的新职能。在新的历史发展阶段，政府及其相关部门应致力于创造教育健康发展的良好环境，保证国家教育方针的贯彻落实，保证学校的正确办学方向，规范各级各类学校办学条件和办学行为，保证教育公平性和学生平等的受教育权，维护学校、教师和学生的合法权益（蒲蕊，2009a）。

另一方面，转变政府职能、政府简政放权，并不意味着政府及相关部门减少或者推卸应负的责任。相反，为了学校办学自主权的有效落实，增强学校的办学活力，建设高质量的教育体系，必须强化政府的责任。从法治的角度来看，有什么样的权利就应该有相应的义务，行使什么样的权力就应该承担相应的责任。也就是说，权力无法脱离责任而单独存在，权力与责任总是一致的，否则，这种权力就是非法的、不合理的（蒲蕊，2007b）。现阶段，对学校办学自主权的落实与扩大来说，强调政府的责任变得更为重要。因为，如果不强化政府的责任，就极容易导致权力对责任的回避。这一问题，在我国的教育放权改革探索中曾经出现过，一些地区的政府及其教育行政管理部门将本应属于自身的责任推卸给学校、家长和社会，还美其名曰为简政放权，其实质则是"卸包袱"。

为此，一是要强化各级教育行政部门及其相关政府部门的责任，明确政府间的责任划分，这样才能各司其职，避免由责任不清导致相互推诿和难以问责。二是要强化教育行政管理者的责任，使其能够依法行使教育管理权。库珀（2001）认为：公共行政人员作为一种代理人角色，包括了复杂的责任内容，即对多种委托人负责，这些委托人包括组织的上级、政府官员、职业协会和公民。也就是说，教育行政管理者的责任包括复杂的内容。教育行政管理者不仅要对组织的上级负责，还需要对自己的行为负责，更要对学校健康发展、学生的全面发展及家长、社会其他群体的多元化教育诉求负责。

（二）推进政府简政放权，创建个性化教育分权机制

学校能否自主办学，其前提条件是学校是否有应有的办学自主权。这种办学自主权既有法律赋予的，也有来自政府的授权。因此，在明晰政府管理学校的权责基础上，需要政府进一步简政放权，减少对学校办学的直接干预和过度干预，创建个性化的教育分权机制。

首先，中央政府向地方政府下放权力，充分调动地方政府办学的积极性。改革开放以来，为了解决高度中央集权带来的种种弊端，包括教育领域在内，中央政府积极推进简政放权，加强省级政府的教育统筹权。据统计，2013 年到 2017 年 2 月 13 日，国务院分 9 批审议通过取消或下放的行政审批事项共 618 项，其中，

取消 491 项，下放 127 项。并明确在下放行政审批事项改革中，地区、各部门要做好事中事后监督措施的落实和衔接工作，明确责任主体和工作方法，防止出现监管盲区，提高行政审批改革的系统性、协调性和有效性。经过多年的改革，我国教育部的角色和职责已经发生了明显变化。

我国教育部现有行政许可事项为九项，包括：①实施本科及以上教育的高等学校（含独立学院、民办高校）的设立、分立、合并、变更和终止审批（实施机关为发展规划司）。②中央部属高等学校章程核准（实施机关为政策法规司）。③中小学国家课程教材审定（实施机关为教材局）。④硕士、博士学位授予单位及其可以授予硕士、博士学位的学科名单审核（实施机关为国务院学位委员会办公室）。⑤学位授予单位授予国内外人士名誉博士学位审批（实施机关为国务院学位委员会办公室）。⑥实施本科以上高等学历教育的中外合作办学机构［含内地（大陆）与港澳台地区合作办学机构］设立、分立、合并、变更和终止审批（实施机关为国际合作与交流司）。⑦实施本科以上高等学历教育的中外合作办学项目以及内地（大陆）与香港特别行政区、澳门特别行政区和台湾地区合作办学项目审批（实施机关为国际司）。⑧高等学校设置、调整管理权限范围外的本科专业和国家控制的其他专业审批（实施机关为高等教育司和职业教育与成人教育司）。⑨全国性中、小学教学地图审定（实施机关为教材局）。

今天的教育改革与发展已经进入高质量发展阶段，新发展阶段要求中央政府必须在更大范围、更深层次，以更有力举措推进简政放权、放管结合，优化服务改革。为此，教育部应进一步深化行政审批改革，继续加大放权力度，把该放的权力放下去，能取消的要尽量取消。例如，在义务教育和高中教育课程管理方面，可以适当考虑将一些课程设置、课程安排、教材使用下放给省政府，以便地方政府能够因地制宜，提高地方的灵活性和本地特色，更好地激发学校办学积极性，增强学校办学活力。此外，也可以考虑取消教育部直属学校，将这些学校交给地方政府办学。

其次，地方政府向学校放权，激发学校办学活力。笔者调查发现，现阶段学校之所以办学活力不足、难以形成办学特色，主要原因之一是办学自主权不足，在人事工作、经费使用方面，学校的自主权更小，一些具体方面的办学自主权还出现了"不升反降"的现象。正因为如此，2020 年教育部出台了《关于进一步激发中小学办学活力的若干意见》。在这个文件中，明确提出要深化教育"放管服"改革，落实中小学办学主体地位，增强学校发展动力，提升办学支撑保障能力，充分激发广大校长教师教书育人的积极性、创造性，形成师生才智充分涌流、学校活力竞相迸发的良好局面。

因此，要落实和扩大学校的办学自主权，就需要地方政府放权给学校。具体来说，一是要进一步扩大学校在人事工作方面的自主权，包括副校长推荐、教师招聘、教师解聘、教师职称评聘及教师培训等方面的自主权。二是扩大学校在经费使用与筹集方面的自主权。在符合政府经费管理制度要求的前提下，学校应有制定预算、使用经费的自主权，包括来自社会捐资助学的经费。此外，对于学校经费的使用和管理，应制定适合学校办学特征的经费管理制度，降低刚性增强灵活性，简化经费审批流程，而不是照搬政府部门的管理制度。三是在教育教学的一些具体方面适度扩大自主权。调查发现，目前学校在教学方法选择、教学方式运用、日常学生评价方面拥有较大自主权；在教学计划制订、教学模式创新、研训活动组织等方面的自主权也接近较大水平；在决定选修课程内容方面有一定自主权。在国家规定的课程、合作办学、招生方面，学校的自主权很小。因此，在教育教学方面，特别是在教辅资料、合作办学、招生等方面，适度放权给学校，让学校更具活力，更有特色。

最后，创建个性化的教育分权机制。正如前文所述，由于缺乏明确的政府简政放权方面的相关法律依据和放权标准，各地政府在简政放权、落实和扩大学校办学自主权过程中，或者借鉴西方国家教育分权改革的经验，或者照搬其他先进地区的做法，导致了改革中的形式主义倾向、同质化的权力清单。不同地区之间、城乡之间、同一地区不同学段的学校、同一学段不同办学水平的学校，这些方面的差异在各地政府简政放权、落实和扩大学校办学自主权的改革中，尚未得到足够重视。因此，在落实和扩大学校办学自主权过程中，有必要创建一种个性化的教育分权机制，避免权力下放的"一刀切"。

纵观 20 世纪 80 年代以来西方诸国的教育分权改革，特别是英美等国家，一个普遍的改革措施就是形成了绩效换自主机制。绩效换自主就是政府并不给予学校完全相同的自主权，而是将部分自主权或者自主程度的高低与学校的办学绩效挂钩，办学绩效高的学校，可以获得较高程度的自主，办学绩效低的学校，只能获得较低程度的自主（冯大鸣，2011）。显然，这种改革举措的主要特征是使政府管理学校和学校自主发展的方式由基于规章转向为基于绩效，只要学校实现预定的办学绩效，政府就可以授之以更高程度的管理自主权（蒲蕊和徐蕾，2015）。因此，现阶段我国政府向学校放权，可以将放权给学校的范围和程度与学校办学绩效结合起来，根据学校办学绩效高低，赋予学校不同程度的办学自主权。此外，应考虑区域、城乡之间的差异，放权的程度、内容、范围，以及权力清单、责任清单、负面清单的确定，都应该体现区域特色，满足区域教育发展和学校发展的需要，而不是简单地照搬照抄，或者武断地"一刀切"。

（三）创新政府管理教育的方式和手段

正如前文所述，一些地区的政府在对学校管理中，依然习惯于采取指令性计划、行政命令等微观的、直接的手段管理教育、干预学校，不善于运用规划引领、政策引导、评估监督、制度完善、经费调控、技术支持等宏观的、间接的管理方式和手段。这也是我国学校办学自主权难以落实的主要原因之一。因此，政府必须创新管理学校的手段和方式。

具体来说，政府应积极运用法治思维和法治方式，变行政命令为协调引导，由微观直接管理转向宏观间接管理，从以"管"为主转向"放管服"相结合。政府应减少不必要的行政命令，充分利用立法、拨款、规划、信息服务、政策指导、技术支持、监督评估等手段。这里，尤其应重视以下两个方面：一是政府要有效发挥对学校办学的监督职能，加强对学校全面贯彻党的教育方针、办学自主权的行使等方面的监督，规范学校办学行为，保障教师、学生、家长的合法权益，避免学校办学自主权的误用和滥用。二是加强对学校办学绩效的问责。落实和扩大学校的办学自主权，一个重要目的是通过提高学校的办学质量和效益，更好地培养德智体美劳全面发展的社会主义建设者和接班人。因此，政府应根据分类管理、分类指导和分类规划的原则，制定具有中国特色、符合本地实际和学校发展实际的学校办学绩效评估体系，建立学校办学绩效问责制度。办学绩效好的学校，赋予其更大程度和范围的办学自主权，并给予奖励；对于办学绩效差的学校，要及时指导帮助其改进，适度减少其办学自主权。

三、提高学校依法自主办学的内生动力

政府简政放权只是学校能否依法自主办学的必要条件，但不是充分条件。如果学校没有高度的自主办学意识和相应的自主办学能力，即使把应有的办学自主权下放给学校，学校也未必能够依法自主办学。因此，完善学校内部治理结构，提高学校依法自主办学的内生动力就变得更为重要。

（一）发挥学校党组织的政治核心堡垒作用

学校办学自主权的落实不能没有党的领导。相反，要增强学校的办学活力，提升学校内在的自主办学动力，必须加强党建工作，发挥学校内部党组织政治核心堡垒作用，把党的思想政治组织优势转化为学校办学自主权的落实优势。

具体来说，一方面，应明确党组织在学校的功能定位，坚持党对教育的全面领导，发挥党组织的核心领导作用。党组织在学校自主办学过程中发挥着政治核心作用，是学校全面贯彻落实党的教育方针政策、坚持社会主义办学方向、加强党的建设和思想政治建设以及培养社会主义事业的建设者和接班人的重要保证。为此，应完善学校内部的党组织设置，健全民主集中制，充分发挥党组织的战斗

堡垒作用和党员的先锋模范作用，依靠强有力的基层党组织建设开展学校的改革和创新，确保学校办学自主权依法行使，激发学校内在的自主管理动力。

另一方面，应强化学校内部党组织的政治功能。《关于加强中小学校党的建设工作的意见》中明确指出：坚持党管干部原则，在选人用人中发挥主导作用；坚持党管人才原则，参与讨论决定人才工作政策措施。因此，在学校选人用人、人才工作等方面，应进一步强化学校党组织的政治功能。此外，应进一步明确党组织参与决策的范围、程序，规范党组织会议，在学校的一些重大决策事项和重要问题上，如在学校章程、规划、教学科研、基本建设、招生、经费使用、干部和教师评聘、绩效工资等方面，加强党组织的政治把关。

（二）推进学校章程落地实施

章程是学校办学的纲领性文件，也是学校依法自主办学的重要前提和依据。本书通过调查发现，尽管现阶段基本实现了"一校一章程"，但是无论是学校章程文本本身，还是学校章程落地实施都存在较多问题。一些学校在制定章程和相关制度过程中结合自身学校实际不够，拿来主义严重；学校章程及相关制度建设民主、公开程度不够，不愿意征求校内外利益相关者的意见，导致学校章程及相关制度不能反映全体教职员工和学生的合理诉求，不能体现校内外利益相关者的合法利益；学校章程及相关制度与国家法律法规相抵触，或者不同的规章制度之间相互冲突、彼此矛盾。本书通过调查也发现，一些学校的教师不了解自己学校的章程，也基本没有参与学校章程制定和讨论，一些学校的章程是校长或者校长安排的几个人制定出来的。也有校长表示虽然学校有章程，但是章程制度不健全，缺乏有效的执行机制与监督机制，导致学校章程成为"一纸空文"。因此，现阶段有必要完善学校章程，推进学校章程有效实施，使学校章程真正成为学校自主办学的依据。

第一，学校管理者要高度重视学校章程建设，结合学校实际，优化学校章程内容。具体来说，学校要在依据国家法律法规政策，遵循教育规律和学生身心发展规律，结合学校办学特色和办学实际，借鉴国内外相关经验的基础上，制定并完善学校章程。在学校章程文本的完善过程中，切忌照搬照抄，应该认真研究自己学校的特色、优势、发展潜力，将学校的先进办学理念、管理经验、办学特色整合到学校章程文本内容中。此外，在学校章程制定与完善的过程中，必须重视教师、学生、家长代表、社区代表的参与，充分发挥教职工代表大会、家长委员会、学生组织的民主参与作用，通过民主公正程序，制定出能够真正体现全体教职工、学生和家长意愿的学校章程。

第二，推进学校章程落地实施。学校章程的生命力在于实施。如果法律不能被执行，那就等于没有法律（洛克，1964）。调查发现，目前学校章程建设中，最大的问题就是有章程无实施，学校章程成了应付上级教育行政部门检查的"摆设"。因此，现阶段，在进一步完善学校章程文本的同时，应大力推进学校章程的有效实施。具体来说，学校应该结合自身特点，优化学校章程实施机制，创新推进章程实施的手段，加大学校章程的宣传和教育，让全体师生员工和家长了解学校章程、认同学校章程。校长及学校领导班子成员、中层管理者更应发挥模范作用，带头遵守学校章程，依学校章程办学、依学校章程治理学校。

（三）完善学校内部的民主决策机制

有效地落实学校的办学自主权，意味着需要完善学校内部的民主决策机制和参与机制，意味着办学自主权在学校内部的二次分权。

首先，学校办学自主权的有效落实，需要进一步完善学校内部的民主决策机制，尊重并保障全体师生员工和家长的民主参与权和监督权。只有建立健全学校民主决策机制，充分保障教师、学生、家长的知情权、表达权、参与权与监督权，才能够凝聚共识，优化学校内部治理结构，调动各方的积极性。为此，应进一步完善教职工代表大会制度和家长委员会制度，扩大教师代表、家长代表和高年级学生代表参与学校决策机构的比例，成立以教师为主体的学术性组织，将一些与学术有关的事务交给学术性组织自主决策。

其次，尊重和保障教师的专业自主权。霍伊和米斯克尔（2007）指出，为了应对学生能力日复一日的变化问题，教师应该拥有专业判断的自由。学校中不可能否认专业自治。教师在教室里独立工作，相对来说，不受同事和管理人员的监督，并且拥有对其学生的广泛的自由决定权。教学活动是极为复杂的，需要高度的弹性空间，要想提高教学质量，就必须给予教师应有的专业自主权。然而，现实情况是，教师的教学自主权经常受到来自教育行政部门和学校管理者的过多干预。对教师的访谈调研发现，超过半数的教师表示，在课堂教学策略、教学方法选择、教学设计、教育信息技术运用等方面，存在着教育行政部门和学校管理者干预过多等问题。因此，为了激发教师的教学活力和创造性，教育行政部门应该减少对学校教学的干扰，校长及学校管理者应该把教学选择权、学生评价权、惩戒权、教学改革权等切实还给教师，在学校治理中尊重并保障教师的专业自主权，鼓励并支持教师在教育教学中开展创新性的、个性化的教学。

再次，尊重并保障学生的学习自主权。1985年，联合国教育、科学及文化组织第四次国际成人教育大会通过了《学习权宣言》，对学习权进行了明确的阐释。《学习权宣言》指出，学习活动是教育活动的核心，学习将每个人从由外在力量制约其发展的个体，转变成自己创造自己历史的主体，因此学习权不是一项少数人才能行使的权利，不是一个需要等基本需要得到满足之后才会来到的阶段，不是为未来而保留的一种文化奢侈品，而是每一个人生存和发展不可缺少的条件（洪流，1986）。显然，对于受教育者来说，学习权的提出是对受教育权内涵的拓展，意味着教育不再是被动接受，学习也不再是外在于学习者的一种被动的、强制性的行为，而成为一种基于学习者内在需要的自觉追求。因此，要实现学校的育人目标，培养德智体美劳全面发展的社会主义建设者和接班人，需要尊重并保障学生的学习自主权。

尊重并保障学生学习自主权，一方面，要求学校必须以生为本，在学校教育中赋予学生学习自主权，使学生现有的被动学习状态转变为主动学习状态，重视学生在学习过程中的自主性、选择性、发展性和创造性，并努力建立一种弹性学习制度。这种制度将自主选择提到了显著地位，让学习者有机会选择适合自己的学习途径，在学什么、如何学、何时学、何地学的问题上消除障碍，有可能以一种自主、灵活的方式来有效地获取知识（劳凯声，2015）。

另一方面，在教育教学的过程中，教师应尊重学生的自主性和个性，采取包括现代信息技术手段在内的多元化的方式方法，鼓励学生积极参与到学习中来，增强学生独立自主探究的意识，允许学生发表不同的见解和意见。此外，变革传统的"唯考试""唯分数"的教学评价制度和学生评价制度，将个性化、创新能力、实践能力、参与能力、探究能力等纳入评价内容，以评价、保障并发展学生的自主学习能力。

目前，我国一些地区的学校正在推进学生学习自主权方面的改革探索。例如，潍坊高新区钢城现代学校创建了 UDP 课程。潍坊高新区钢城现代学校是一所农村学校，该校通过创建 UDP 课程，引导学生主动探究，自主学习。UDP 课程框架是通过实践使学生理解力得到发展的一种课程体系。UDP 是 3 个英文单词的首字母，U 代表 understanding，即理解力；D 代表 development，即发展；P 代表 practice，即实践。它是一个通过单元设计实现理解力发展的工具，是一套学科统合的解决方案。观念聚合、逆向设计、真实情境、深度探究是 UDP 课程框架的四大特征。"我们的思路是用设计思维改变教与学，从学习内容、教学方式、组织架构、学习环境四个方面对教与学进行系统化重构，将学科内容融入真实情境，引导学生进行深度探究，激发学生求知欲望，让学生的学习变得有趣有用，让学生感受到学习是有意思和有意义的事情"前任校长臧秀霞说道（赵方，2018）。此外，中山大学附属外国语小学则通过"快普乐"（QIPRA）探究教学法，把学习自主权交还给学生。"快普乐"探究教学法是对传统的课堂教学模式的挑战，把学习主动权完全交给学生，整个探究循环——疑、寻、示、悟、行（question，inquiry，presentation，reflection，action），完全由学生完成，老师只起引导作用。该学校的课堂常常以"抛问题"开始，学生在真实的经历中探索知识，通过交流碰撞出思维的火花，就好像老师往知识的湖里扔下一颗石子，然后一石激起千层浪。这种学习的最大优点，是孩子们可以自己确定探究的内容和探究问题的方法。教育最重要的是尊重孩子的好奇心，培养他们的问题意识和探索能力（赵方，2018）。

最后，保障家长和社区的参与权，推进家庭、学校、社区伙伴关系的建立。富兰（2000）曾经指出，无论在个人方面还是在机构方面，见解的形成、探索、管理及协作都不能在小圈子里实施。如果你不和各种各样的涉及相同的和不同的事务、其他的大的网络相连接，那么，令人鼓舞的见解在理论上的概括、调查和解决问题、获得更大的能力及建立有成效的相互关系，其效果都是有限的。我们的调查发现，受访校长和教师均认为家长和社区参与是学校办学自主权落实的重要影响因素之一，家校社合作伙伴关系有助于学校依法自主办学。为此，在学校内部治理中，需要进一步理顺家庭、学校和社区之间的关系，创建有效的家长和社区参与学校治理机制，使家长和社区做到有序参与，享受权利并承担义务。那么，社区和家长应该参与哪些方面？以何种形式参与学校教育和学校治理？对此，美国学者爱普斯坦（2012）提出了关于参与的六种类型。

类型 1：家长会。支持家庭以家长教育的方法，提供家庭支持，帮助家庭了解儿童和青少年的发展，帮助布置家庭环境，以利于学生在每一年龄和每一年级的学习。帮助学校了解学生的家庭背景、文化及对孩子的期望。

类型 2：沟通。通过各种清晰有效的方式，就学校的课程计划及学生的学业进展情况与家长进行沟通。创设沟通的双向通道（从学校到家庭及从家庭到学校），以使家庭能够容易地与教师、管理者、咨询人员及其他家庭进行交流和沟通。

类型 3：志愿。改善成员吸纳计划，改善培训和活动并修改时间计划，以吸引更多家庭作为志愿者或观众参与到学校或在其他地方开展的活动。这样，教育工作者就可以与那些关心学生和支持学校的定期或不定期的志愿者进行合作。

类型 4：家庭学习。家长和他们的孩子在家里共同参与学习活动，如家庭作业、学习目标确定及其他与课程相关的活动和决定等。鼓励教师设计一些家庭作业，使学生能够与家庭成员分享并共同讨论感兴趣的作业和观点。

类型 5：做出决定。通过各种学校委员会和改进小组、家长教师协会或家长教师组织及其他的家长组织，使家长作为参与者关心学校的决定、管理和倡导各种活动。帮助家庭和教师代表从他们所代表的群体中获取信息，同时也向他们提供相关信息。

类型 6：与社区合作。协调社区内的各种企业、机构、文化的和民间的组织，高等院校以及其他社区群体，为家庭、学生和学校提供各种服务与资源，使学生、教师和家庭也能够为他们所生活的社区做出贡献。

四、完善校长负责制 推进校长职级制改革

1985 年《中共中央关于教育体制改革的决定》重新确立了中小学校长负责制。作为一项重要的学校领导体制，中小学校长负责制有助于激发校长依法自主办学的动力、强化校长的主体责任和发挥校长的引领作用。因此，现阶段，应进一步完善校长负责制，推进校长职级制改革，选拔和培养优秀的校长。

（一）完善校长负责制

毋庸置疑，中小学校长负责制的再次确立及发展，给我国学校的发展注入了生机与活力。与此同时，对校长权力监督不力，也导致了校长权力的误用、滥用，甚至出现了腐败问题。特别是社会主义市场经济体制的建立及社会越来越多地参与学校事务，学校也越来越独立地与社会进行着各种利益交换，市场在学校与社会的资源交换与配置中所起的作用也越来越突出。学校作为教育利益和教育资源的集中地，以教育利益和教育资源与社会进行着各种各样的利益和资源的交换，包括政治、文化、经济等利益和资源，形成了非常复杂的权力交换体系（蒲蕊，2009a）。因此，在落实和扩大学校办学自主权的新阶段，有必要进一步完善中小学的校长负责制。

一是以法律的方式明确校长的法律地位、校长应有的权责，以及校长权力行使的程序和方式，制定校长的权力清单、责任清单和负面清单，从而使校长的权力在法律制度允许的范围内运行。二是从学校内部和外部完善对校长权力行使的监督制度。一方面，在党委政府的领导下，在学校内部建立决策权、执行权和监督权的三维结构，完善党组织、教职工代表大会、家长委员会对校长权力行使的监督机制。另一方面，强化政府对校长权力行使的监督与制约，防止和制止校长滥用和误用权力，以权谋私。

目前，我国的一些地区在党委政府的领导下，对学校内部领导体制进行着改革探索，形成了宝贵经验。例如，成都市青羊区的学校民主管理委员会（简称民管会）制度的探索，其改革的重要目的是理顺政府与学校的权责关系，真正落实学校的办学自主权，切实推进教师、学生、家长和社区参与学校决策。具体的改革举措就是成立民管会，让民管会负责对学校事务进行决策和监督。民管会由教职工、家长、社会人士、高中学生、教育行政机构的代表等成员组成，是对学校事务进行民主决策、民主管理、民主监督和咨询的学校最高级的自治性组织。民管会的成员，都是对教育比较了解的人，对学校的发展具有强烈的责任感，同时，他们有不同类型的经验，能够真正履行民管会赋予的职责。民管会所承担的一项

重要职权，是直接推选学校校长，并报请教育行政部门核准后聘任；同样，对不合格的校长，民管会有一票否决的权力——只要有 2/3 的民管会成员认为校长在职期间不称职，那么校长将被民管会弹劾。通过区教育局的审核，校长将"下岗"。在校长选聘和"下岗"的过程中，评价工作主要由外部聘请的教育专家担任，民管会履行程序监督的职权，以保证程序公正。

（二）推进校长职级制改革

1999 年，《关于深化教育改革全面推进素质教育的决定》中指出，要继续巩固和完善中小学校长岗位培训和持证上岗制度，试行校长职级制，逐步完善校长选拔和任用制度，鼓励优秀校长到薄弱学校任职。这是校长职级制第一次正式出现在国家的政策中。其后，《国家中长期教育改革和发展规划纲要（2010—2020 年）》（2010 年）、《关于深化教育体制机制改革的意见》（2017 年）、《关于深化教育教学改革全面提高义务教育质量的意见》（2019 年）等多个国家纲领性的教育政策中，均明确提出了推行校长职级制。

校长职级制的核心就是取消校长的行政级别，对校长实施职务等级管理，使校长不再受行政级别的束缚，推进校长专业化，目的就是要实现教育家办学。校长职级制改革主要解决的问题是原有校长管理体制存在的弊端。1985 年，国家在对机关事业单位工资制度改革的过程中，提出了将中小学事业单位人员的工资待遇挂靠行政单位，即市重点中学、区县重点中学、初级中学和中心小学（完小）的校长分别挂靠行政机关的正处级、副处级、科级和副科级，中小学的校长有了一定的行政级别。这一改革带来了诸多问题：校长的任命与管理归口组织部门，不归教育局；校长拥有与学校挂钩的行政级别，且不同学校行政级别差异大，导致校长交流困难，特别是难以向行政级别低、薄弱学校流动；在行政级别管理下，校长难以静下心来办学；等等。

为了解决这些存在于校长管理制度中的问题，我国多地已经陆续开展校长职级制改革探索。例如，上海市实行校长职级制后，嘉定区率先试行校长准入制度，区教育局制定了《上海市嘉定区校长准入办法》，明确规定了担任校长必须首先取得校长准入证书，并对参加校长准入证考核的教师提出了学历、职称、管理经验等各方面的要求，每年组织校长准入考试，通过公开竞聘的方式选拔任用校长。长宁区规定新任校长必须从后备干部中产生。每两年推荐一次学校校级后备干部，形成后备干部储备库，并开展后备干部培训班、高级研究班进行培养（张清，2019）。2019 年 11 月，为进一步加强中小学校长队伍建设，促进校长专业化发展，建立"教育家办学"的激励机制和政策导向，努力造就一支政治过硬、品德高尚、业务精湛、治校有方的中小学校长队伍，北京市开始推行校长职级制改革，主要包括：职级结构、申报评审认定条件、管理制度和组织领导。在管理制度中，包括实行中小学校长任期目标管理制度、完善中小学校长年度和任期目标考核评价制度、完善中小学校长绩效工资制度、健全和完善中小学校长奖惩机制、建立中小学特级校长流动制度、健全中小学校长培训制度。

五、优化监督与问责制度机制

党的十八大报告明确指出：健全权力运行制约和监督体系。坚持用制度管权管事管人，保障人民知情权、参与权、表达权、监督权，是权力正确运行的重要保证。要确保决策权、执行权、监督权既相互制约又相互协调，确保国家机关按照法定权限和程序行使权力[①]。因此，要有效落实学校的办学自主权，就必须对权力进行监督和制衡，保障权力结构不发生倾斜，确保政府教育行政权和学校办学自主权依法行使。

（一）强化对政府教育行政权的监督和问责

只有持续完善监督和问责制度，才能将政府的权力关在制度的笼子里，才能确保政府教育行政管理机构及其国家公职人员依法行政。

第一，加强政府内部的监督审计，优化人大、政协、监察、纪检、审计等部门对政府教育行政管理相关部门权力行使的监督和检查。加强政府内部的层级监督及监察、审计等专门监督，主动接受党内监督、人大监督、民主监督、司法监督、社会监督、舆论监督，形成科学有效的教育行政权力运行制约和监督体系。如前所述，通过清单管理制度的实施，管住重点环节和关键点，对履责尽责不力的政府教育管理部门及个人进行问责，避免教育管理中的越位、缺位和错位，保障政府权力在法定范围内、依法定的程序行使。对于已下放的权力，党委政府督查部门要加强对下放权力落实情况的督查，对落实不力的要移交纪委、监委追究相关责任，确保下放的权力都能放得下。

第二，推进政务公开，加大信息透明度，强化社会力量对政府权力的监督和制约作用。透明性主要是指政治信息的公开性。每一个公民都有权获得与自己的利益相关的教育政策信息，包括立法活动、政策制定、法律条款、政策实施、行政预算、公共教育预算与开支、教育资源配置、重要教育建设项目批准与实施以

---

① 胡锦涛在中国共产党第十八次全国代表大会上的报告，http://www.gov.cn/ldhd/2012-11/17/content_2268826_4.htm [2023-05-21]。

及其他有关的教育行政信息。透明性要求将上述教育行政信息能够及时通过各种方式（广播、电视、报纸、宣传册、公共论坛、网络平台、社区或村委公共宣传栏等）为公民所知（蒲蕊和徐玉特，2018）。因此，各级政府应持续完善政务公开制度，坚持"公开为常态、不公开为例外"的原则，依法科学认定信息公开属性、范围和具体事项，及时、全面、准确地向社会公开政府职能、法律依据、实施主体、职责权限、办事流程、监督方式等事项。同时，通过立法明确规定政府对政务公开的法律责任和义务，政府有向公民答复及解释义务，这样才能保障公民享有的知情权和咨询权。

（二）强化对学校办学自主权行使的监督和问责

落实和扩大学校的办学自主权是学校自主办学、自主发展、增强办学活力的前提。但是，如果监督制约机制缺失或不健全，办学自主权在学校层面就可能被误用或者滥用，阻碍学校发展，侵犯教师、学生、家长的合法权益。因此，需要对学校办学自主权的行使进行有效的监督和制约。

第一，政府对学校的监督和问责，应坚持法治原则和发展性原则。坚持法治原则，意味着政府在法律法规许可的范围内行使监督权，同时还要遵守教育方针政策，遵循教育规律。政府不应以监督的名义，干扰学校正常的教学秩序。政府对学校的监督，有两个基本的限制，一是限于保障和维护公共利益以及公民基本权利实现的必要范围之内；二是应在法律保留的原则下依法行使监督权（余雅风，2010）。坚持发展性原则，意味着政府对学校监督问责的目的不是挑毛病或者给学校分等，也不是为了惩罚或者控制，更不是限制或制约学校的发展，而是要重视监督和问责的激励导向与发展功能，即通过监督问责来规范学校的办学行为，激发学校的办学活力，推进学校更好地依法自主办学。

第二，完善学校内部监督制约机制。完善学校内部监督制约机制的主要目的，是要确立办学自主权运行的基本程序和规则，确保权力在法定范围、以法定方式运行，形成完善的以权利制约权力机制。现阶段，学校内部监督制约制度和机制的完善，尤其应重视完善教职工代表大会制度，依法保障教职工代表大会参与学校民主管理和监督的职权。2011 年 12 月，教育部颁布了《学校教职工代表大会规定》（教育部令第 32 号），明确规定了学校教职工代表大会有八项职权：①听取学校章程草案的制定和修订情况报告，提出修改意见和建议；②听取学校发展规划、教职工队伍建设、教育教学改革、校园建设以及其他重大改革和重大问题解决方案的报告，提出意见和建议；③听取学校年度工作、财务工作、工会工作报告以及其他专项工作报告，提出意见和建议；④讨论通过学校提出的与教职工利益直接相关的福利、校内分配实施方案以及相应的教职工聘任、考核、奖惩办法；

⑤审议学校上一届（次）教职工代表大会提案的办理情况报告；⑥按照有关工作规定和安排评议学校领导干部；⑦通过多种方式对学校工作提出意见和建议，监督学校章程、规章制度和决策的落实，提出整改意见和建议；⑧讨论法律法规规章规定的以及学校与学校工会商定的其他事项。

参 考 文 献

爱普斯坦. 2012. 学校、家庭和社区合作伙伴行动手册（第3版）[M]. 吴重涵, 薛惠娟译. 南昌：
    江西教育出版社：56-57.

柏成华. 2008. 新公共管理视野下的学校变革[J]. 教育理论与实践, （28）：29-32.

边沁J. 1983. 答〈美国国会宣言〉[C]//哈特 HLA. 法理学与哲学论文集（英文版）. 纽约：牛
    津大学出版社：181-182.

蔡军. 2018. "3+1"校本管理模式的构建[J]. 教学与管理, （23）：4-5.

操太圣, 卢乃桂. 2006. 教师赋权增能：内涵、意义与策略[J]. 课程·教材·教法, （10）：78-81.

昌红梅. 2016. 以改革创新促进义务教育高位均衡[J]. 中国党政干部论坛, （3）：91.

陈伯璋, 许添明. 2002. 学校本位经营的理念与实务[M]. 北京：高等教育出版社.

陈建吉. 2000. 当代西方学校管理的新模式：校本管理[J]. 外国中小学教育, （2）：16-19.

陈立鹏. 1998. 再谈学校章程[J]. 中小学管理, （10）：7-8.

陈立鹏, 梁莹莹, 王洪波. 2011. 我国中小学章程建设现状与思考[J]. 中国教育学刊, （1）：
    24-28.

陈佑清. 2012. 学校变革的三种影响力量[J]. 教育发展研究, 32（4）：20-23.

程晋宽. 2010. 全球视野下学校管理改革的基本趋势[J]. 教育科学研究, （5）：22-24.

褚宏启. 2004. 我们需要什么样的现代学校制度[J]. 教育研究, （12）：32-38.

褚宏启. 2009. 基于学校改进的学校自我评估[J]. 教育发展研究, （24）：41-47.

褚宏启. 2018. 我国基础教育行政改革40年回顾与未来展望[J]. 中小学管理, （11）：27-30.

达尔L. 1999. 论民主[M]. 李柏光, 林猛译. 北京：商务印书馆：76-78.

大河内一男, 海后宗臣, 等. 1984. 教育学的理论问题[M]. 曲程, 迟风年译. 北京：教育科学出
    版社：49.

狄骥. 1959. 宪法论（第一卷）[M]. 钱克新译. 北京：商务印书馆：197, 200.

董君武. 2019. 在学校变革中, 构建校长的自主管理能力"圆台"[J]. 人民教育, （Z3）：62-63.

董圣足. 2010. 中外学校法人分类比较研究[J]. 国家教育行政学院学报, （1）：84-91.

杜丁. 2015-09-28. 北京多所中小学实行"理事会领导下的校长负责制"[N]. 新京报, D07.

杜祖贻. 2003. 杜威论教育与民主主义[M]. 陈汉生, 洪光磊译. 北京：人民教育出版社：65.

樊明建, 邱刚田, 赵剑云. 2020. 四川成都双流："两主一参"释放新建校办学活力[J]. 中小学
    管理, （11）：15-17.

范国睿. 2017. 基于教育管办评分离的中小学依法自主办学的体制机制改革探索[J]. 教育研究,
    38（4）：27-36.

范国睿, 孙闻泽. 2018. 改革开放40年教育体制机制改革的历史与逻辑分析[J]. 教育研究,
    39（7）：15-23, 48.

冯大鸣. 2004. 美、英、澳教育管理前沿图景[M]. 北京：教育科学出版社：158-159.

冯大鸣. 2011. 西方六国政府学校关系变革[M]. 上海：上海教育出版社：7，50，68-69，154，158-159，174.

冯大鸣. 2018. 我国义务教育学校办学自主权的实证分析[J]. 中国教育学刊，（10）：55-60.

冯丽敏. 2013. 中小学办学自主权研究：以北京市基础教育体制改革校为例[D]. 北京：首都师范大学：24-33.

冯元民，张竞. 2019. 放活、管住、服务好：看山东潍坊高新区如何深化"放管服"改革[J]. 人民教育，（21）：42-45.

冯增俊. 2002. 当代国际教育发展[M]. 上海：华东师范大学出版社：44.

弗登博格 D，梯若尔 J. 2015. 博弈论[M]. 黄涛译. 北京：中国人民大学出版社：213-224.

富兰 M. 2000. 变革的力量：透视教育改革[M]. 中央教育科学研究所，加拿大多伦多国际学院译. 北京：教育科学出版社：107-108.

富兰 M. 2005. 教育变革新意义（第三版）[M]. 赵中建，陈霞，李敏译. 北京：教育科学出版社：40.

高博. 2015. 基于管办评分离视域下远程教育质量评估体系的思考[J]. 山东社会科学，（S1）：89-91.

高翔. 2010. 校本课程研发与管理实践探索[J]. 当代教育科学，（22）：16-19.

高云华，叶宏开. 2000. 高等学校纪检监察工作研究（三）[M]. 北京：北京师范大学出版社：163.

葛新斌，胡劲松. 2001. 政府与学校关系的现状与变革：以珠江三角洲地区公立中小学为例[J]. 华南师范大学学报（社会科学版），（6）：86-92.

公丕祥. 2008. 法理学[M]. 2版. 上海：复旦大学出版社：145.

顾明远，梁忠义. 2000. 世界教育大系·初等教育[M]. 长春：吉林教育出版社：202.

郭道晖. 2005. 法理学精义[M]. 长沙：湖南人民出版社：152-154.

汉森 M. 2005. 教育管理与组织行为（第五版）[M]. 冯大鸣译. 上海：上海教育出版社：116，118.

蒿楠. 2016. 论教育治理体系下的学校自主发展[J]. 教育理论与实践，36（29）：10-13.

郝琦蕾，常梦. 2020. 学校特色发展：问题、原因及路径[J]. 当代教育科学，（3）：54-59.

何东昌. 1998. 中华人民共和国重要教育文献：1991～1997[M]. 海口：海南出版社：1879，2287，3469.

贺菲，肖全胜. 2010. 学校发展规划制订与实施的困境[J]. 教育发展研究，30（2）：51-55.

洪流. 1986. 联合国教科文组织第四次国际成人教育大会宣言[J]. 成人教育，（2）：47-48.

胡定荣. 2020. 论校本课程开发政策的未来走向[J]. 课程·教材·教法，40（9）：26-33.

胡建淼. 1993. 十国行政法：比较研究[M]. 北京：中国政法大学出版社：124.

胡劲松. 2004. 德国学校法的基本内容及其立法特点：以勃兰登堡、黑森和巴伐利亚三州学校法为例[J]. 比较教育研究，（8）：5-6.

胡劲松，葛新斌. 2001. 关于我国学校"法人地位"的法理分析[J]. 教育理论与实践，（6）：19-24.

黄超，代建军. 2020. 从"外源型"走向"内生型"：学校课程变革的内在超越[J]. 教育理论与实践，40（25）：56-60.

黄崴. 2002. 校本管理：理念与模式[J]. 教育理论与实践，（1）：28-32.

黄崴，贾汇亮. 2004. 校本评价：理念与方法[J]. 教育理论与实践，（7）：37-40.

黄忠敬. 2009. 学校领导如何引领学校变革[J]. 教育发展研究，（18）：70-73.

惠迪 J，鲍尔 S，哈尔平 D. 2003. 教育中的放权与择校：学校、政府和市场[M]. 马忠虎译. 北京：教育科学出版社：3-4，7，44.

霍菲尔德 W. 2009. 基本法律概念[M]. 张书友译. 北京：中国法制出版社：70.

霍伊 W K，米斯克尔 S G. 2007. 教育管理学：理论·研究·实践（第 7 版）[M]. 范国睿主译. 北京：教育科学出版社：111.

江平. 1994. 法人制度论[M]. 北京：中国政法大学出版社：2，41.

金锦萍. 2005. 非营利法人治理结构研究[M]. 北京：北京大学出版社：37.

凯尔森 H. 1996. 法与国家的一般理论[M]. 沈宗灵译. 北京：中国大百科全书出版社：89.

孔伟艳. 2010. 制度、体制、机制辨析[J]. 重庆社会科学，（2）：96-98.

库珀 T L. 2001. 行政伦理学：实现行政责任的途径（第四版）[M]. 张秀琴译. 北京：中国人民大学出版社：64.

拉斯穆森 A. 2009. 博弈与信息：博弈论概论（第四版）[M]. 韩松，等译. 北京：中国人民大学出版社：335-338.

劳凯声. 2011. 教育体制改革与改革伦理问题[J]. 首都师范大学学报（社会科学版），（4）：1-16.

劳凯声. 2015. 把学习的权利还给学生：受教育权利的历史演进及当前发展的若干新动向[J]. 北京师范大学学报（社会科学版），（3）：31-39.

劳凯声，郑新蓉，等. 1997. 规矩方圆：教育管理与法律[M]. 北京：中国铁道出版社：220-221.

李汉学，柳燕. 2019. 论普通高中办学自主权的边界及其实现[J]. 教育理论与实践，39（11）：12-15.

李红婷. 2018. 点·链·片·块：区域学校联盟发展的路径与策略[J]. 中小学管理，（4）：53-55.

李树峰. 2006. 校长问责制的定义探析[J]. 教育科学，（3）：50-54.

李松林，王伟. 2009. 学校特色发展实践的理论反思[J]. 山西师大学报（社会科学版），36（4）：114-118.

李素敏，马洁. 2006. 美国校本管理的理论基础[J]. 河北大学学报（哲学社会科学版），（1）：89-93.

李维安. 2002. 现代公司治理研究：资本结构、公司治理和国有企业股份制改革[M]. 北京：中国人民大学出版社：13.

李维安. 2003. 网络组织：组织发展新趋势[M]. 北京：经济科学出版社：45-46.

李为民. 2010. 美国教育司法审查的合理性原则及其启示[J]. 外国教育研究，37（11）：77-81.

李文俊. 2017. 机制设计理论的产生发展与理论现实意义[J]. 学术界，（7）：236-245，328.

李晓燕，夏霖. 2014. 关于扩大中小学办学自主权的思考[J]. 中国教育学刊，（3）：26-29.

李曜明. 2014-03-27. 顺德教育放权改革路径[N]. 中国教育报，001.

梁能. 2000. 公司治理结构：中国的实践与美国的经验[M]. 北京：中国人民大学出版社：106.

廖其发. 2017. 论中国基础教育领导管理体制的分类分权改革：以 1977 年以来的经验教训为依据[J]. 西南大学学报（社会科学版），43（4）：71-80.

林海明，张文霖. 2005. 主成分分析与因子分析的异同和 SPSS 软件：兼与刘玉玫、卢纹岱等同志商榷[J]. 统计研究，（3）：65-69.

林明地. 2006. 学校领导：理念与校长专业生涯[M]. 北京：九州出版社：174.

刘复兴. 2002. 教育政策的边界与价值向度[J]. 清华大学教育研究，（1）：70-77.

刘磊，施剑松，俞水. 2014-06-10. 公办中小学理事会如何动真格[N]. 中国教育报，005.

刘敏，阮李全. 2013. 论高职院校办学自主权及其回归[J]. 国家教育行政学院学报，（1）：39-43.

刘绍贤. 1987. 欧美政治思想史[M]. 杭州：浙江人民出版社：39.

刘卫宁，崔金英. 2009. 西方校本管理运动的社会文化背景探析[J]. 宁夏大学学报（人文社会科学版），31（6）：213-215.

龙卫球. 2002. 民法总论[M]. 2 版. 北京：中国法制出版社：376-377.

卢立涛. 2009. 改革开放 30 年我国中小学学校评价的回顾与反思[J]. 教育科学研究，（10）：28-32.

罗朝猛. 2009. 政府教育分权与放权：公立中小学校办学自主权落实的必要前提：美、英、日、澳政府教育分权与放权考察[J]. 基础教育参考，（4）：36-41，45.

罗朝猛. 2014. 我国公立学校权利研究[M]. 广州：广东教育出版社：41.

罗素 B. 1988. 权力论[M]. 靳建国译. 北京：东方出版社：23.

洛克 J. 1964. 政府论（下）[M]. 叶启芳，瞿菊农译. 北京：商务印书馆：132.

吕达，周满生. 2004a. 当代外国教育改革著名文献（美国卷·第三册）[M]. 北京：人民教育出版社：212-220.

吕达，周满生. 2004b. 当代外国教育改革著名文献（苏联—俄罗斯卷）[M]. 北京：人民教育出版社：223，239，269.

马怀德. 2000. 公务法人问题研究[J]. 中国法学，（4）：40-47.

马怀德. 2007. 学校法律制度研究[M]. 北京：北京大学出版社：2-3，27-31，36.

马俊驹. 2004. 法人制度的基本理论和立法问题之探讨（上）[J]. 法学评论，（4）：3-12.

孟德斯鸠 C L. 1961. 论法的精神[M]. 张雁深译. 北京：商务印书馆：154.

孟宪承. 1937. 教育概论[M]. 北京：商务印书馆：47.

米尔恩 A J M. 1995. 人的权利与人的多样性：人权哲学[M]. 夏勇，张志铭译. 北京：中国大百科全书出版社：111-112.

潘懋元. 1990. 教育外部关系规律辨析[J]. 厦门大学学报（哲学社会科学版），（2）：1-7，38.

庞德 L. 1984. 通过法律的社会控制：法律的任务[M]. 沈宗灵，董世忠译. 北京：商务印书馆：48.

庞德 L. 2007. 法理学（第四卷）[M]. 北京：法律出版社：43-44，76.

彭波. 2015. 义务教育质量均衡发展：内涵要求及路径选择：兼论义务教育质量的特性[J]. 教育理论与实践，35（23）：9-12.

彭虹斌. 2011. 大陆法系与英美法系国家公立中小学法律地位比较与启示[J]. 外国中小学教育，（5）：31-36.

彭世坤. 2020. "四自主"构建学校治理新生态[J]. 中国教育学刊，（2）：104-105.

平原春好，室井秋，土屋基规. 2001. 现代教育法概说[M]. 东京：学阳书房：181.

蒲蕊. 2005. 当代学校自主发展：理论与策略[M]. 广州：广东高等教育出版社：53.

蒲蕊. 2006. 评估型政府与公共教育体制改革[J]. 教育研究，（6）：34-40.

蒲蕊. 2007a. 公共利益：公共教育体制改革的基本价值取向[J]. 教育研究与实验，（1）：34-37.

蒲蕊. 2007b. 论教育行政的伦理精神[J]. 教育研究，（9）：39-44.

蒲蕊. 2009a. 政府与学校关系的重建：一种制度分析的视角[M]. 武汉：武汉大学出版社：211，227.

蒲蕊. 2009b. 政府与学校关系重建：一种制度分析的视角[J]. 教育研究，30（3）：81-85.

蒲蕊. 2012. 义务教育质量与绩效责任制度[J]. 教育学报，8（4）：76-81.

蒲蕊. 2019. 新中国基础教育管理体制 70 年：历程、经验与展望[J]. 中国教育学刊，（10）：48-53.

蒲蕊，柳燕.2016. 教育管办评分离中政府、学校和社会的角色[J]. 教育科学研究，（12）：44-48.

蒲蕊，徐蕾.2015. 对教育放权改革的思考[J]. 教育学报，11（5）：13-18.

蒲蕊，徐玉特.2018. 善治视角下的农村学校发展模式[J]. 教育科学研究，（10）：19-23，39.

漆新贵，蔡宗模.2010. 特色学校建设：内在生成的理念[J]. 中国教育学刊，（2）：22-25.

钱俊君.2004. 权力之善：社会主义政治权力善的探析[D]. 长沙：湖南师范大学：23.

秦惠民.1998. 走入教育法制的深处：论教育权的演变[M]. 北京：中国人民公安大学出版社：
　　203.

任天舒，李艳辉.2018. 中小学校长有效领导的制约因素及策略研究[J]. 教学与管理，（31）：9-12.

单中惠.2004. 外国素质教育政策研究[M]. 济南：山东教育出版社：189.

沈宗灵.1998. 权利、义务、权力[J]. 法学研究，（3）：3-11.

史华楠.2015. 教育管办评分离的条件、目标和策略分析[J]. 中国教育学刊，（7）：65-72.

孙翠香，范国睿.2008. 学校变革成本分析：以政府主导型变革为例[J]. 教育发展研究，（19）：
　　21-26.

孙绵涛.2007. 关于教育政策内容分析的探讨：以中国1978年后教育体制改革政策内容的分析
　　为例[J]. 教育研究与实验，（3）：39-45.

孙绵涛.2010. 中国教育体制改革若干重大理论问题的探讨[J]. 华南师范大学学报（社会科学
　　版），（1）：27-32，158.

孙霄兵.2015. 民办学校的依法治理[J]. 中国高教研究，（11）：7-12.

孙志建.2011. 政府治理的工具基础：西方政策工具理论的知识学诠释[J]. 公共行政评论，4（3）：
　　67-103，180-181.

唐红松.2019. 基于集团化办学的校本管理探索[J]. 中国教育学刊，（6）：102.

田凌晖.2011. 公共教育改革：利益与博弈[M]. 上海：复旦大学出版社：58-60，137-139.

涂端午.2009. 教育政策文本分析及其应用[J]. 复旦教育论坛，7（5）：22-27.

托克维尔.1995. 论美国的民主（上卷）[M]. 董国良译. 北京：商务印书馆：67.

王寰安.2008. 教育资源配置的竞争机制研究[J]. 中国教育学刊，（12）：28-31.

王建梁，张业琴.2008. “绩效责任制”下美国中小学校长的自治权现状评析[J]. 上海教育科
　　研，（5）：27-28，88.

王乐夫，蒲蕊.2007. 教育体制改革的公共利益取向[J]. 中山大学学报（社会科学版），（6）：125-129，
　　134.

王丽华，褚伟明.2015. 促进教师研究的学校内部机制构建：国际进展与前瞻[J]. 教育发展研
　　究，35（6）：66-73.

王莉君，孙国华.2003. 论权力与权利的一般关系[J]. 法学家，（5）：107-113.

王太高.2005. 公共利益范畴研究[J]. 南京社会科学，（7）：82-87.

王伟.2009. 学校特色发展：内涵、条件、问题与途径[J]. 中国教育学刊，（6）：31-34.

王文新.2011. 法国教育研究[M]. 上海：上海社会科学院出版社：6.

王晓辉.2009. 比较教育政策[M]. 南京：江苏教育出版社：214.

韦伯M.2010. 经济与社会（第一卷）[M]. 阎克文译. 上海：上海人民出版社：147.

维特根斯坦L.1962. 逻辑哲学论[M]. 郭英译. 北京：商务印书馆：540.

魏叶美，范国睿.2017. 中小学自主办学的应然特征、实然困境与策略[J]. 教育理论与实践，37（17）：
　　13-16.

沃尔夫 H J，巴霍夫 A，施托贝尔 L. 2007. 行政法（第三卷）[M]. 高家伟译. 北京：商务印书馆：297.

吴志宏. 1998. 中小学管理比较[M]. 上海：上海教育出版社：225.

吴遵民. 2009. 教育政策国际比较[M]. 上海：上海教育出版社：106-107，131，214.

西蒙 Y，勒萨热 R. 2007. 法国国民教育的组织与管理[M]. 安延译. 北京：教育科学出版社：169-179，195.

夏勇. 2004. 权利哲学的基本问题[J]. 法学研究，（3）：3-26.

夏勇. 2007. 人权概念起源：权利的历史哲学[M]. 北京：中国社会科学出版社：37.

小林哲也. 1981. 日本的教育[M]. 徐锡龄，黄明皖译. 北京：人民教育出版社：41.

谢梅，高霞. 2013. 学校自主发展督导实践探索[J]. 中国教育学刊，（5）：26-29.

徐玉特. 2015. 基础教育管办评分离：困境与破解[J]. 教育科学研究，（7）：22-27，38.

许杰. 2014. 现代学校制度建设动力机制探析[J]. 中国教育学刊，（6）：9-14.

闫龙. 2011. 学校发展规划制定和落实中的问题与分析[J]. 国家教育行政学院学报，（4）：40-43.

杨春福. 2000. 权利法哲学研究导论[M]. 南京：南京大学出版社：187.

杨润勇. 2011. 新背景下我国教育管理体制政策调整问题研究[J]. 教育研究，32（3）：26-30.

杨天平，陈光祥. 2006. 学校变革：现代学习型学校制度建设研究[J]. 学术研究，（5）：125-128.

杨挺，龚波. 2012. 论教育管理体制改革背景下的学校法人身份问题[J]. 教育研究，33（5）：31-35.

杨卫安，邬志辉. 2012. 机制设计理论与城乡教育一体化建设[J]. 理论与改革，（5）：57-59.

杨志刚. 2014. 基础教育管办评分离的实践探索与理论分析[J]. 中国教育学刊，（7）：7-9，18.

杨志刚. 2016. 薄弱学校改造的实质及多样化策略[J]. 教育科学研究，（1）：34-37.

姚本先，曹前贵. 2006. 中小学校特色建设中若干问题探析[J]. 教育研究，（9）：86-89.

姚金菊. 2010. 宜确立学校的"公法法人"法律地位[J]. 首都师范大学学报（社会科学版），（6）：43-46.

叶必丰. 1996. 行政法学[M]. 武汉：武汉大学出版社：78.

叶波. 2011. 论校本课程开发与特色学校建设[J]. 教育发展研究，33（20）：11-14.

叶冲，李化树. 2016. 论完善民办教育政府扶持体系的制度设计[J]. 教育评论，（6）：58-61.

叶忠. 2009. 学校与政府关系的转型：从国家管理到公共治理[J]. 教育科学研究，（8）：24-27.

鄞益奋. 2007. 网络治理：公共管理的新框架[J]. 公共管理学报，（1）：89-96，126.

余进利. 2004. 校长课程领导：角色、困境与展望[J]. 课程·教材·教法，（6）：7-12.

余雅风. 2010. 构建高等教育公共性的法律保障机制[M]. 北京：北京师范大学出版社：268.

袁曙宏. 2009. 现代公法制度的统一性[M]. 北京：北京大学出版社：5.

张虹. 2013. 我国基础教育教育信息化政策二十年（1993—2013 年）：以政策文本阐释为视角[J]. 电化教育研究，34（8）：28-33，60.

张慧英. 2009. 我国中小学自主办学的权限及存在问题[J]. 教学与管理，（10）：32-34.

张杰. 2015. 教育治理视域下教育中介组织的角色定位[J]. 教育理论与实践，35（34）：21-24.

张清. 2019. 校长职级制来袭，你准备好了吗？[EB/OL]. https://www.sohu.com/a/330715552_177272 [2019-08-01].

张瑞海. 2011. 普通高中特色发展：一种新的发展观视角[J]. 教育科学研究，（11）：5-9.

张睿. 2011. 论公共生活视野中的学校管理[J]. 当代教育科学，（10）：7-9.

张树义. 2012. 行政法学[M]. 2 版. 北京：北京大学出版社：80，89-90.

张爽. 2010. 论当前学校变革情境中校长领导力的提升[J]. 当代教育科学，（18）：6-10.

张维迎. 1996. 博弈论与信息经济学[M]. 上海：上海人民出版社：275.

张文显. 2006. 二十世纪西方法哲学思潮研究[M]. 北京：法律出版社：413，419.

张文显. 2011. 法理学[M]. 4 版. 北京：高等教育出版社：94.

张晓峰. 2015. 自主、选择与问责：英美基础教育的政策旨向[J]. 外国中小学教育，（10）：12，13-16.

张阳. 2020. 项目管理：让校本教研去虚向实：以数学学科校本教研为例[J]. 基础教育课程，（17）：44-51.

张颖. 2016. 教师赋权背景下教师参与学校管理存在的问题及对策[J]. 教育评论，34（4）：72-75.

赵德成. 2013. 区域行政推动下的学校发展规划[J]. 教育研究，（3）：54-58.

赵方. 2018. 将学习自主权还给孩子，国际教育本土化的五种探索[EB/OL]. https://www. sohu.com/a/225657029_177272[2018-03-16].

赵福庆，吕春玲. 2009. 学校自主管理的五大策略[J]. 中国教育学刊，（S1）：32-35，89.

赵伟. 2017. 俄罗斯基础教育机构的内部治理[J]. 继续教育研究，（2）：111-113.

中央教育科学研究所比较教育研究室. 1992. 简明国际教育百科全书·教育管理[M]. 北京：教育科学出版社：84-86.

周光礼. 2012. 中国大学办学自主权（1952—2012）：政策变迁的制度解释[J]. 中国地质大学学报（社会科学版），12（3）：78-86，139-140.

周光礼，刘献君. 2006. 政府、市场与学校：中国教育法律关系的变革[J]. 华中师范大学学报（人文社会科学版），（5）：131-136.

朱春芳. 2016. 主体共治，校本管理：英国基础教育治理模式探析[J]. 比较教育研究，38（7）：21-26.

朱慧. 2007. 机制设计理论：2007 年诺贝尔经济学奖得主理论评介[J]. 浙江社会科学，（6）：188-191.

祖强. 2008. 机制设计理论与最优资源配置的实现：2007 年诺贝尔经济学奖评析[J]. 世界经济与政治论坛，（2）：83-87.

左慧. 2014. 现行制度下的初中学校管理模式改进[J]. 教育科学研究，（9）：37-40，54.

Addi-Raccah A，Gavish Y. 2010. The LEA's role in a decentralized school system: the school principals' view[J]. Educational Management Administration & Leadership，38（2）：184-201.

Altrichter H，Heinrich M，Soukup-Altrichter K. 2014. School decentralization as a process of differentiation，hierarchization and selection[J]. Journal of Education Policy，29（5）：675-699.

Arar K，Nasra M A. 2018. Linking school-based management and school effectiveness: the influence of self-based management，motivation and effectiveness in the Arab education system in Israel[J]. Educational Management Administration & Leadership，48（1）：186-204.

Bach A，Böhnke A，Thiel F. 2020. Improving instructional competencies through individualized staff development and teacher collaboration in German schools[J]. International Journal of Educational Management，34（8）：1289-1302.

Bandur A. 2018. Stakeholders' responses to school-based management in Indonesia[J]. International Journal of Educational Management，32（6）：1082-1098.

Bell B，Cowie B. 2001. The characteristics of formative assessment in science education[J]. Science

Education，85（5）：536-553.

Benavot A，Resh N. 2003. Educational governance，school autonomy，and curriculum implementation：a comparative study of Arab and Jewish schools in Israel[J]. Journal of Curriculum Studies，35（2）：171-196.

Botha R J. 2013. The need for creative leadership in South African schools[J]. African Studies，72（2）：307-320.

Bron J，Thijs A. 2011. Leaving it to the schools：citzenship，diversity and human rights education in the Netherlands[J]. Educational Research，53（2）：123-136.

Channa A，Faguet J P. 2016. Decentralization of health and education in developing countries：a quality-adjusted review of the empirical literature[J]. The World Bank Research Observer，31（2）：199-241.

Cheng Y C. 2003. School leadership and three waves of education reforms[J]. Cambridge Journal of Education，33（3）：417-439.

Chrispeels J H，Castillo S，Brown J. 2000. School leadership teams：a process model of team development[J]. School Effectiveness and School Improvement，11（1）：20-56.

Chrispeels J H，Martin K J. 2002. Four school leadership teams define their roles within organizational and political structures to improve student learning[J]. School Effectiveness and School Improvement，13（3）：327-365.

Coghlan M，Desurmont A. 2007. School autonomy in Europe：policies and measures[J]. Eurydice，323-339.

Cohen M D，March J G，Olsen J P. 1972. A garbage can model of organizational choice[J]. Administrative Science Quarterly，17（1）：1-25.

Connor D M. 1988. A new ladder of citizen participation[J]. National Civic Review，77（3）：249-257.

Deem R. 1994. Free marketeers or good citizens？Educational policy and lay participation in the administration of schools[J]. British Journal of Educational Studies，42（1）：23-37.

DfES. 2005. Higher Standards，Better Schools for All：More Choice for Parents and Pupils：White Paper[M]. London：Dept for Education and Skills：23-28.

Dimmock C，Hattie J. 1994. Principals' and teachers' reactions to school restructuring[J]. Australian Journal of Education，38（1）：36-55.

Drucker P F. 1999. Knowledge-worker productivity：the biggest challenge[J]. California Management Review，41（2）：79-94.

Dumay X，Dupriez V. 2014. Educational quasi-markets，school effectiveness and social inequalities[J]. Journal of Education Policy，29（4）：510-531.

Earley P，Bubb S，Eddy-Spicer D，et al. 2016. Governing bodies，headteacher performance and pay：the role of external advisers [J] . Educational Review，68（3）：257-273.

Elster J. 1998. A plea for mechanisms[C]//Hedstrom P，Swedberg R. Social Mechanisms. Cambridge：Cambridge University Press：45-73.

Ezenwaji I O，Otu M S，Ezegbe B N，et al. 2019. Community participation in quality assurance in secondary school management：the case of school-based management committee （SBMC）[J]. Quality Assurance in Education，27（1）：24-40.

Fairbrother G P, Kennedy K J. 2011. Civic education curriculum reform in Hong Kong: what should be the direction under Chinese sovereignty? [J]. Cambridge Journal of Education, 41 (4): 425-443.

Fuchs T, Woessmann L. 2004. What accounts for international differences in student performance? A re-examination using PISA data[R]. CESIFO Working Paper No. 1235.

Gertler P J, Patrinos H A, Rubio-Codina M. 2008. Empowering parents to improve education: evidence from rural Mexico[J]. Journal of Development Economics, 99 (1): 68-79.

Gobby B, Keddie A, Blackmore J. 2018. Professionalism and competing responsibilities: moderating competitive performativity in school autonomy reform[J].Journal of Educational Administration and History, 50 (3): 159-173.

Hahn Y, Wang L C, Yang H S. 2018. Does greater school autonomy make a difference? [J]. Journal of Public Economics, 161: 15-30.

Hanushek E A, Link S, Woessmann L. 2013. Does school autonomy make sense everywhere? Panel estimates from PISA[J]. Journal of Development Economics, 104 (3): 212-232.

Heclo H. 1978. Issue networks and the executive establishment[C]//King A. The New American Political System[M]. Washington D C: AEI Press: 175-177.

Herbst M, Wojciuk A. 2017. Common legacy, different paths: the transformation of educational systems in the Czech Republic, Slovakia, Hungary and Poland[J]. Compare, 47 (1): 118-132.

Hess Jr G A. 1999. Expectations, opportunity, capacity, and will: the four essential components of Chicago school reform[J]. Educational Policy, 13 (4): 494-517.

Heyward M O, Cannon R A, Sarjono. 2011. Implementing school-based management in Indonesia: impact and lessons learned[J]. Journal of Development Effectiveness, 3 (3): 371-388.

Holloway J, Keddie A. 2019. Competing locals in an autonomous schooling system: the fracturing of the"social" in social justice[J]. Educational Management Administration & Leadership, 48 (5): 786-801.

Hoque K E, Alam G M, Raduan M, et al. 2011. Site-based management: Impact of leader's roles on institutional improvement[J]. African Journal of Business Management, 5 (9): 3623-3629.

Hurwicz L. 1960. Optimality and informational efficiency in resource allocation processes[C]//Arrow K. Mathematical Methods in the Social Sciences. Stanford: Stanford University Press: 12.

Husen T. 1981. The School in Question[M]. New York: Oxford University Press: 36-39.

Jones C, Hesterly W S, Borgatti S P. 1997. A general theory of network governance: exchange conditions and social mechanisms[J]. Academy of Management Review, 22 (4): 911-945.

Kameshwara K K, Sandoval-Hernandez A, Shields R, et al. 2020. A false promise? Decentralization in education systems across the globe[J]. International Journal of Educational Research, 104: 101669.

Khattri N, Ling C, Jha S. 2012. The effects of school-based management in the Philippines: an initial assessment using administrative data[J]. Journal of Development Effectiveness, 4 (2): 277-295.

Kwan P, Li B Y M. 2015. Empowerment or impediment? School governance in the school-based management era in Hong Kong[J]. Asia Pacific Journal of Education, 35 (3): 319-330.

Lange O. 1936. On the economic theory of socialism [J]. The Review of Economic Studies，（4）：53-71.

Lauglo J. 1995. Forms of decentralization and their implications for education[J]. Comparative Education，31（1）：5-30.

Lee H Y，Samuela M. 2020. Decentralised centralism：insights from a Malaysian cluster school of excellence[J]. Journal of International and Comparative Education，9（1）：29-43.

Leer J. 2016. After the big bang：estimating the effects of decentralization on educational outcomes in Indonesia through a difference-in-differences analysis[J]. International Journal of Educational Development，49：80-90.

Levačić R. 1995. Local Management of Schools：Analysis and Practice[M]. Buckingham：Open University Press：167.

Lipsky M. 1980. Street-Level Bureaucracy：Dilemmas of the Individual in Public Services[M]. New York：Russell Sage Foundation：151.

Liu Y，Bessudnov A，Black A，et al. 2020. School autonomy and educational inclusion of children with special needs：evidence from England[J]. British Educational Research Journal，46（3）：532-552.

Malen B. 1994. Enacting site-based management：a political utilities analysis[J]. Educational Evaluation and Policy Analysis，16（3）：249-267.

Marks H M，Louis K S. 1997. Does teacher empowerment affect the classroom？The implications of teacher empowerment for Instructional practice and student academic performance[J]. Educational Evaluation and Policy Analysis，19（3）：245-275.

Marks H M，Louis K S. 1999. Teacher empowerment and the capacity for organizational learning[J]. Educational Administration Quarterly，35（5）：707-750.

Naper L R. 2010. Teacher hiring practices and educational efficiency[J]. Economics of Education Review，29（4）：658-668.

OECD. 2008. Education at a glance 2008[R]. Paris：OECD Publications：488.

Ogawa R T. 1994. The institutional sources of educational reform：the case of school-based management[J]. American Educational Research Journal，31（3）：519-548.

Parker L，Raihani R. 2011. Democratizing indonesia through education？Community participation in Islamic schooling[J]. Educational Management Administration & Leadership，39（6）：712-732.

Pedro F. 1988. Higher education in Spain：setting the conditions for an evaluative state[J]. European Journal of Education，23（1）：125-139.

Robertson P J，Wohlstetter P，Mohrman S A. 1995. Generating curriculum and instructional innovations through school-based management[J]. Educational Administration Quarterly，31（3）：375-404.

Rodall C A S，Martin C J. 2009. School-based management and citizen participation：lessons for public education from local educational projects[J]. Journal of Education Policy，24（3）：317-333.

Rosenholtz S J. 1989. Teachers' Workplace：The Social Organization of Schools[M]. New York：Addison-Welsley Longman Limited：73，104.

Rust V D, Blakemore K. 1990. Educational reform in Norway and in England and Wales: a corporatist interpretation[J]. Comparative Education Review, 34 (4): 500-522.

Salas-Velasco M. 2020. Does greater school resource allocation improve efficiency in education production? Performance assessment of Spanish public sector-funded schools[J]. International Journal of Educational Management, 34 (5): 903-915.

Scharpf F W. 1997. Games Real Actors Play: Actor-Centered Institutionalism in Policy Research [M]. New York: Routledge: 36-50.

Shatkin G, Gershberg A I. 2007. Empowering parents and building communities: the role of school-based councils in educational governance and accountability[J]. Urban Education, 42 (6): 582-615.

Shin S H, Slater C L, Backhoff E. 2013. Principal perceptions and student achievement in reading in Korea, Mexico, and the United States educational leadership, school autonomy, and use of test results[J]. Educational Administration Quarterly, 49 (3): 489-527.

Smith T M, Rowley K J. 2005. Enhancing commitment or tightening control: the function of teacher professional development in an era of accountability[J]. Educational Policy, 19 (1): 126-154.

Stoker G. 2006. Public value management: a new narrative for networked governance[J]. The American Review of Public Administration, 36 (1): 41-57.

Swanepoel C. 2008. The perceptions of teachers and school principals of each other's disposition towards teacher involvement in school reform[J]. South African Journal of Education, 28 (1): 39-51.

Taylor B O, Levine D U. 1991. Effective schools projects and school-based management[J]. Phi Delta Kappan, 72: 394-397

U. S. Department of Education. 2008. Education and inclusion in the United States: an overview[R]. Washington D. C.: Education Publications Center, U. S. Department of Education: 9.

Urbanovic J, Navickaitė J, Dačiulytė J R. 2019. Autonomy, collaboration and competition: the impact of education management reforms which aim to increase school autonomy on relations between schools[J]. NISPAcee Journal of Public Administration and Policy, 12 (1): 175-197.

van der Mescht H, Tyala Z. 2008. School principals' perceptions of team management: a multiple case- study of secondary schools[J]. South African Journal of Education, 28 (2): 221-239.

Vegas E. 2007. Teacher labor markets in developing countries[J]. The Future of Children, 17 (1): 219-232.

Verger A, Curran M. 2014. New public management as a global education policy: its adoption and re-contextualization in a Southern European setting[J]. Critical Studies in Education, 55 (3): 253-271.

Verschelde M, Jean H, Rayp G, et al. 2015. School staff autonomy and educational performance: within-school-type evidence[J]. Fiscal Studies, 36 (2): 127-155.

Waldron J. 1987. Nonsense Upon Stilts: Bentham, Burke, and Marx on the Rights of Man[M]. London: Routledge: 53.

Wan E. 2005. Teacher empowerment: concepts, strategies, and implications for schools in Hong Kong[J]. Teachers College Record: The Voice of Scholarship in Education, 107 (4): 842-861.

Weick K E. 1976. Educational organizations as loosely coupled systems[J]. Administrative Science Quarterly, 21 (1): 1-19.

Wellman C. 1997. An Approach to Right[M]. Dordrecht: Kluwer Academic Publishers: 5.

West A, Allmendinger J, Nikolai R, et al. 2010. Decentralisation and educational achievement in Germany and the UK[J]. Environment and Planning C: Government and Policy, 28(3): 450-468.

Wilkins A. 2015. Professionalizing school governance: the disciplinary effects of school autonomy and inspection on the changing role of school governors[J]. Journal of Education Policy, 30 (2): 182-200.

Windscheid B. 1900. Lehrbuch des Pandektenrechts Erster Band (Achte Auflage) [M]. Düsseldor: Verlagshandlung von Julius Buddens: 130-131.

Witziers B, Bosker R J, Krüger M L. 2003. Educational leadership and student achievement: the elusive search for an association[J]. Educational Administration Quarterly, 39 (3): 398-425.

Wohlstetter P, Odden A. 1992. Rethinking school-based management policy and research[J]. Educational Administration Quarterly, 28 (4): 529-549.

Wohlstetter P, Smyer R, Mohrman S A. 1994. New boundaries for school-based management: the high involvement model[J]. Educational Evaluation and Policy Analysis, 16 (3): 268-286.

Woods P, Simkins T. 2014. Understanding the local: themes and issues in the experience of structural reform in England[J]. Educational Management Administration & Leadership, 42 (3): 324-340.

World Bank. 2005. Expanding Opportunities and Building Competencies for Young People: A New Agenda for Secondary Education[M]. Washington D. C.: The World Bank Publication: 169.

Wößmann L. 2003. Schooling resources, educational institutions and student performance: the international evidence[J]. Oxford Bulletin of Economics & Statistics, 65 (2): 117-170.

Xia J G, Gao X Y, Shen J P. 2017. School autonomy: a comparison between China and the United States[J]. Chinese Education & Society, 50 (3): 284-305.

Yamauchi F. 2014. An alternative estimate of school-based management impacts on students' achievements: evidence from the Philippines[J]. Journal of Development Effectiveness, 6 (2): 97-110.

Yi P. 2015. Do school accountability and autonomy affect PISA achievement? Evidence from South Korea[J]. KEDI Journal of Educational Policy, 12 (2): 197-223.

后　记

本书是国家社会科学基金重点项目"学校办学自主权边界及落实机制研究"（项目批准号：16AGL019）的结项成果。

本书在研究的过程中，得到了许多领导、同仁和同学的帮助和支持。感谢全国哲学社会科学办公室、武汉大学教育科学研究院、华中师范大学教育学院等部门给予的指导和支持；感谢课题组成员高新发、李子彦、徐玉特、沈胜林、贺静霞、柳燕、黄菁菁为本书的顺利研究贡献的宝贵智慧；感谢所有接受问卷和访谈调查的教育行政部门的领导、中小学校长、教师的支持和配合；感谢基金项目在开题、中期汇报和结项评审的过程中，专家们在充分肯定的同时提出的宝贵意见和建议；感谢李欣颖、万芳、邓眹瑶、王嫚、江春燕、周琰、任月明等同学在文献搜集和校对过程中所做的细致工作；感谢华中师范大学教育学院领导和同事们在本书出版期间给予的大力支持；感谢科学出版社徐倩老师、邓娴老师在本书出版过程中的无私帮助和辛勤劳动！

学校办学自主权是一个尚待深入研究的复杂问题，限于自身的学识和水平，本书难免存在疏漏，诚望得到专家指正。

蒲　蕊

2023 年 4 月